陕西省教育厅科学研究计划项目（13JZ081）基金资助
陕西省重点建设专项资金项目——历史地理学省重点扶持学科项目（10722，60103）资助
咸阳师范学院学术著作出版基金资助
咸阳师范学院拟建硕士点支撑学科中国语言文学学科建设经费支持
咸阳师范学院省级特色专业汉语文学专业建设经费支持

陕西（高校）哲学社会科学重点研究项目——关中古代陵寝文化研究中心科研计划资助项目研究成果

诗意皇陵

——关中古代陵寝及其文化文学特征述论

袁方／著

科学出版社
北京

内 容 简 介

本书从关中地区古代帝后陵墓切入，论述陵主生平事迹，围绕历代咏陵文学作品展开，探讨关中帝陵所包含的丰富的文化信息。全书论述通俗易懂，可读性强。从文学角度的研究，为关中古代陵寝文化的研究提供了另一视角。

本书可供历史、文学等领域的研究者、学生及对文史感兴趣的读者阅读与参考。

图书在版编目（CIP）数据

诗意皇陵：关中古代陵寝及其文化文学特征述论 / 袁方著.—北京：科学出版社，2017.6
ISBN 978-7-03-053023-3

Ⅰ. ①诗⋯　Ⅱ. ①袁⋯　Ⅲ. ①陵墓-研究-关中-古代　Ⅳ. ①K878.84

中国版本图书馆CIP数据核字（2017）第117483号

责任编辑：陈　亮　范鹏伟 / 责任校对：贾伟娟
责任印制：徐晓晨 / 封面设计：北京天穹教育科技有限公司

科学出版社 出版
北京东黄城根北街16号
邮政编码：100717
http://www.sciencep.com

北京虎彩文化传播有限公司 印刷
科学出版社发行　各地新华书店经销
*

2017年6月第 一 版　开本：720×1000　B5
2019年7月第二次印刷　印张：18 1/4
字数：300 000
定价：82.00元
（如有印装质量问题，我社负责调换）

我对皇帝的认识过程
（代序）

我对皇帝的认识，始于对帝陵的认识。

我出生并度过了自己童年、少年时期的村庄——关中平原腹地的陕西省咸阳市乾县大杨镇大杨南村，原来叫咸阳地区乾县大羊公社大羊大队南村。在我及村人看来，这个村庄实在是一个极其普通的村庄。说她普通，是因为在关中平原像这样的村落随处可见：绿的树，黄的墙，青的瓦；每到饭时，家家户户的烟囱里冒着炊烟，随后就是母亲拖长声音呼儿唤女的声音；到了傍晚，村里除了鸡鸣狗叫，就是孩子的嬉闹声；然后就是春种秋收，夏播冬藏，一如天下的乡村。就在这个极普通的、不大的村落里，我生活了将近十八个年头。在那十八个年头里，我不仅熟悉村里的每一位老少爷们儿，甚至熟悉春来秋去在许多人家屋檐下筑巢产卵并养育幼鸟的每一只燕子。

即便这样，我仍然能隐约地感觉到这个村子的特殊之处：出了东门，一抬头，就能看见东北方向平顶的唐王陵（昭陵）；再往前走几步，回头向西北一望，姑婆陵（当地人对乾陵的称呼）及酷似女人乳房的两个山包就映入眼帘。

不过，小的时候，没有人告诉我唐王陵就是埋着唐太宗李世民的昭陵，也没有人告诉我姑婆陵里埋葬着唐高宗李治和中国历史上唯一的女皇帝武则天。至于为什么要把乾陵称为姑婆陵，更是无人提及。村人们之所以关注这两个陵墓（两座山），其实更多的是关心下不下雨。关中地区一直干旱少雨，旱得久了，人们就抬头看天：如果姑婆陵的方向乌云压顶甚至电闪雷鸣，村人就知道这场雨和自己无关；如果更远一些的唐王陵有云在酝酿，人们就说雨要来了。至于到底为什么，村里谁也说不清楚，只说一代一代就这么从老辈人那里传了下来。

我上小学时，学校就在我们大杨南村，原是一座寺庙，到我上学时就拆得只剩下大殿。大殿的四角有四个房间，学校几个领导就住在其中，中间的大厅就做了会议室。当时我上几年级记不清了，只记得刚好遇到了"评法批儒"。有一天下午，老师要求我们都集中到会议室去看"评法批儒"展览。去了才知道，是美术老师把那些被认为是"法家"的帝王将相的头像都画了下来，挂在了大殿的西墙上。第一个就是秦始皇。看上去秦始皇高大威猛，留着翘起来的胡须。不过，成年之后看到的所有皇帝的画像几乎都留着看上去很猛很翘的胡须，包括十五岁就死掉的隋恭帝杨侑，他居然也留着稀稀落落的几根胡须，看上去十分可笑。那次展览，最让我惊异的是那些帝王中居然还有一个戴着皇冠、美丽动人的女子，我凑过去一看，上面写着"武则天"。我惊讶得半天合不上嘴，很大声地问我的同桌："武则天还是个女的？！"我的同桌，那个张姓的同学微笑着看了看站在我们旁边的女班主任赵老师，然后"呵呵"地笑着瞅了瞅我。我尴尬地抬头看了看班主任。班主任看上去倒是对我的无知很平静，她什么话都没有说，只是微微地笑了笑。这微微一笑，看上去高深莫测，显得很有学问。

几十年过去了，我依然对我的同桌、后来成为我最好的朋友之一的张姓同学那天下午的表现十分怀疑，也许他其实事先也不知道武则天是男是女，只是他比我聪明：武则天那张画像连瞎子都能看出是个女人！他看到了，也惊异了，但没有说出来，而我却说了出来，而且还那么大声。

其实，仔细地想想，对于我们这一代在"文化沙漠"年代成长起来的人来说，小学二三年级不知道武则天是男是女其实是一件蛮正常的事情，因为没有人告诉你这些，老师们整天忙着开这样那样的会议，参加一个接一个的"运动"，还有一个又一个的"学习班"，他能按时给你上课，已经很不容易了；而家人和村人，一年到头都在地里刨食，每天把太阳从东山背到西山，至于武则天是男是女，实在是无暇顾及。因为，你即便弄清了武则天是男是女，也不能解决明天饿肚子的问题。再说，皇帝是什么人，你是什么人，两者的差距就像"霓虹灯到月亮距离"，大到你无法想象，操人家那份闲心干吗？

可是，对于一个孩子，无法想象并不等于不想象，甚至，越是觉得无法想象他偏要想象。在我幼小的心灵里，皇帝是这样的一种人：他永远呆在一个空荡荡的房子里，高高地坐在椅子上，永远没有笑容；他想杀谁就杀谁，他说杀谁就杀谁，哪怕明明知道杀错了也不改；他有着数不清的老婆，也有数不清的儿子和女儿；他每天都穿新衣服；他从来不种地，却想吃什么就吃什么，吃完了也不用自己洗碗；他可以每天顿顿都吃肉；尤其是，他可以把"下锅菜"拿碗端着吃，而不是像大杨村的人，一大锅面条，只有半勺子"下锅菜"……

我的家乡以面食为主食，中午一般都吃面条，吃面条除了搁盐加醋，还要放一点炒菜进去才好吃，但那时候菜少油更少，主妇就只能凑合着，将一撮韭菜、几根大葱切好，拿一个比碗大不了多少的长把儿炒瓢儿，滴几滴油进去，塞进锅底下烧热，把切好的韭菜或葱花倒进去炒熟，然后倒进大黑锅里，锅里算是有了星星点点的绿色，和零零星星的油花儿。家乡的人就把这种菜叫做"下锅菜"。

皇帝居然可以把"下锅菜"拿碗端着吃，你可以想象他奢侈的程度！

一个可以把"下锅菜"拿碗端着吃的人，我们村的人确实无法想象，更不敢与之相提并论了。

后来我年岁渐长，上了初中。记得初一时，语文课本里有一篇古文，是写陈胜、吴广农民起义的，题目就叫《陈胜和吴广》，里面写陈胜开始起义时的情景，其中就有"王侯将相宁有种乎"这样振聋发聩的句子。课文中还有一句话我记忆很深，即"辍耕之垄上"。这一句之所以印象深，是因为我记住了"辍"居然是"停止"的意思，而"之"居然可以作动词"去"讲。课文学完了，问题也来了。按当时的说法，秦始皇是法家的代表人物，法家的对立面是儒家，儒家的代表人物是孔老二，他是一个坏人，作为对立面的秦始皇就应该是个好人。这样推下来，陈胜、吴广是农民起义英雄，"英雄"自然是好人，他们要推翻的是秦始皇，而秦始皇也是个好人，好人为什么要推翻好人呢？

若干年后，我知道了我们当时学的课文其实是伟大的史学家司马迁所著《史记·陈涉世家》的一段节选，但是，"好人为什么要推翻好人"这个问题却依然留着没有解决。

1980年秋，我到省城西安去读大学。我读大学的那几年，是中国社会发生翻天覆地变化的几年，官方媒体一直称其为"改革开放"。其实，回过头来看，"改革开放"不啻为一次彻底的革命，而且这种革命现在依然进行着。当时和后来相当长一段时期，中国社会的变化可以用"繁复"来形容，影响到了我们社会的每一个人，影响到了我们社会的每一个角落，自然也影响到了我的家乡，我们村。

对于我们村来说，最显著的变化是村名由"大羊村"变成了"大杨村"。更重要的是，这一变，我们村居然和一个皇帝有了联系。

据村里识文断字的人说，本来我们村子就叫"大楊村"，后来人们觉得"楊"写起来太复杂，为了方便，随手就写成了"羊"，这样一传十，十传百，"大羊"居然成了官方的称呼。多年之后，我在清代编写的一本地方志的影印本中就亲眼见过将我们村写成"大羊"。

那么，为什么原来叫"大杨村"呢？

据元好问《杨振墓碑》载，公元618年，唐高祖李渊废掉了隋恭帝杨侑。废帝杨侑后来被封鄜国公。"鄜国公宾于唐，唐以奉天之地四百顷奉之，其子孙遂为县人。鄜国公以行基嗣，行基生棻，棻生温，温生幼言，幼言生颛，颛生皋，皋生兔，兔生光赞，光赞生怀顺，怀顺官金紫，仕为西台御史，袭封至五代汉，国为除。夫人彭城刘氏，有子十二人，长曰公侯，次曰公神，公留，公贤，公洪，公素，公石，公柞，公良，公通，公演，公伏，始分世田。随诸房所居，号十二杨村。"①杨村属十二杨村之一，因系长子杨公侯所居，金初，以大家之宗主祭祀事，故名大杨村。

名曰"大杨村"，全村却无一户杨姓，如今的张、董、袁、葛四姓人家估计全属杨家佃户的后代。大杨村现分东村、西村、南村。东村一色张姓，无一旁姓；西村张姓为主，偶有董姓；南村袁姓为主，偶有葛姓。东村、西村实际连在一起，而我出生的大杨南村距东村尚有一箭之遥的路程，是人口最少的一个村。

虽然如今的大杨村村民是佃户的后代，但无论如何还是和皇帝扯上了一点关系。杨侑虽然没当几天皇帝，而且是被太原留守、晋阳宫监李渊（即后来的唐高祖）逼着登上了皇位、坐上了龙椅，成了隋恭帝，但是，当一天的皇帝也是皇帝，被逼着坐了龙椅不假，可龙椅毕竟不是老虎凳。

---

① 《咸阳经典旧志稽注·民国乾县新志》，西安：三秦出版社，2010年，第302—303页。

隋恭帝的庄陵就在乾县县城以东的乳台村。这一切都是实实在在的历史事实，谁也无法改变。

2011年8月13日，因为田野考察，我第一次近距离来到了隋恭帝的庄陵。小的时候，听庄陵附近的人说，这座规模不大的陵墓是武则天奶奶的陵墓，证据就是这座陵墓所在的村子叫"乳台村"。后来经过考证，专家认定，这座覆斗状陵墓的墓主其实是隋朝末代皇帝隋恭帝杨侑，而非武则天的奶妈。之前我多次从这座陵墓的旁边经过，但唯独这一次，我的感受非常。毕竟，这可是中国历史上那么多皇帝中唯一一个能够和我扯上一点点关系的皇帝呀！

8月中旬的关中依然闷热，临近傍晚，依然闷热难当，残阳如血。看着这座在夕阳下寂寞的陵墓，想起史书上记载的关于隋恭帝杨侑的点点滴滴，我不禁地问：杨侑，当结束十五岁的生命时，皇帝这个宝座对于你究竟是福还是祸？

因为和隋恭帝杨侑这层特别的关系，我特意了解了一下这位少年皇帝。

杨侑的登基，实乃中国历史上少有的闹剧。杨侑生于大业元年，即公元605年，是隋炀帝杨广的孙子，元德太子杨昭的第三子，母韦妃。杨侑自幼"性聪敏，有气度"（《情书》语）。大业三年（607年），被封为陈王，后改封为代王，食邑一万户。隋炀帝亲征高丽时，命杨侑留守长安（今陕西西安）。大业十一年（615年），杨侑跟从隋炀帝巡幸晋阳（今山西太原），隋炀帝任命他为太原太守。不久，镇守京师。

大业十三年（617年）五月十五日，李渊在晋阳（今山西太原）起兵造反，同年十一月初九日，起义军攻入隋朝都城长安（今陕西西安）。在攻城的时候，城外的李渊高呼着要拥戴杨侑为大隋朝的新皇帝，而城内的杨侑死活都不答应：我爷爷还活着呐，还当着皇帝哩！只不过人在扬州不在长安罢了！然而，大隋朝的气数已尽，于是，长安城被李渊攻陷。不过，也许是后人杜撰，也许是李渊那时候对未来没有把握还留着一手，李渊攻城时，对杨侑倒是很客气。据《资治通鉴》记载：甲辰，李渊命诸军攻城，约"毋得犯七庙及代王、宗室，违者夷三族！"长安城攻陷之后，"代王在东宫，左右奔散"，皇宫里乱作一团，即便是在这样的时刻，"渊迎王于东宫，迁居大兴殿后，听思廉扶王至顺阳阁下，泣拜而去"①。之后的十一月十六日，即公元617年12月18日，李渊遥尊远在江都的隋炀帝为太上皇，拥立杨侑为皇帝。当日杨侑就在大兴殿正式登基，改年号为"义宁"。这一年，杨侑13岁，搁现在也就是读初中的年龄。

当然，李渊提着脑袋起兵造反，绝非为了使杨家的江山千年万年长。13岁的杨侑名义上是皇帝，但实际不过是李渊手中的傀儡。果然，义宁二年（618年）三月，隋炀帝死于"江都之变"。消息传来，李渊见杨侑已无用处，于同年五月十四日（618年6月12日）逼他退位。当然，名义上是杨侑欲"禅让"于李渊，李渊说了几句客气话，然后心安理得地自行称帝，并降封杨侑为酅国公，闲居长安。到了第二年，也就是武德二年（619年）五月十二日（《新唐书》《资治通鉴》皆作八月初一日，即公元619年9月14日），杨侑就莫名其妙地死了，年仅15岁，谥号恭皇帝。杨侑死后没有子嗣，以族子杨行基袭封酅国公的爵位。多年以后，杨行基第十代十二个孙子中的老大杨公侯，其封地就在大杨村。

关于隋恭帝杨侑的死因，历史上一直有两种说法，一说是杨侑暴病而亡，一说是被李渊害死的。说杨侑暴病而亡显然是遮人耳目的谎言，史料对这位隋朝最后一个皇帝的零碎记载之中，没有任何迹象证明他身体羸弱或有过病征，更没有什么可以导致死亡的病征。相反，在那些零碎的记载之中，我们看到的是一个身心健康、聪明伶俐、气度非凡的健康少年形象。

那么，隋恭帝杨侑的死就只有一种可能，即是被李渊害死的！

李渊为什么要害死一个看上去对自己已经没有任何威胁的少年呢？

原因只有一个：心虚！

从杨家的束发少年手中夺得了大隋天下，心虚是显而易见的。另外，从李渊夺取江山前后的表现来看，他是一个很谨慎的人。当然，核心原因是一个"权"字，是至高无上的皇权使然。如果杨侑不是隋朝的末代皇帝，而只是丁门小户人家的一个普通少年，李渊断不会下此狠手。

从李渊夺取政权前前后后的行迹来看，其人品的确不怎么样。因而，武德九年"玄武门之变"后，李渊被自己的儿子李世民威逼着交出皇权而

---

① （宋）司马光：《资治通鉴》卷184《隋纪》，长春：吉林人民出版社，2000年，第1830页。

很不情愿地做了太上皇，在某种意义上也是一种必然。

我真正改变对皇帝的看在法是读了元代散曲家睢景臣的【般涉调】《哨遍·高祖还乡》之后，尽管我清楚地知道这位元代的散曲作家在作品中对皇帝不乏调侃，更使用了夸张等表现手法。

睢景臣的【般涉调】《哨遍·高祖还乡》曰：

社长排门告示，但有的差使无推故，这差使不寻俗。一壁厢纳草也根，一边又要差夫，索应付。又是言车驾，都说是銮舆，今日还乡故。王乡老执定瓦台盘，赵忙郎抱着酒胡芦。新刷来的头巾，恰糨来的绸衫，畅好是妆么大户。

[耍孩儿] 瞎王留引定火乔男女，胡踢蹬吹笛擂鼓。见一彪人马到庄门，匹头里几面旗舒。一面旗白胡阑套住个迎霜兔，一面旗红曲连打着个毕月乌。一面旗鸡学舞，一面旗狗生双翅，一面旗蛇缠葫芦。

[五煞] 红漆了叉，银铮了斧，甜瓜苦瓜黄金镀，明晃晃马镫枪尖上挑，白雪雪鹅毛扇上铺。这些个乔人物，拿着些不曾见的器仗，穿着些大作怪的衣服。

[四煞] 辕条上都是马，套顶上不见驴，黄罗伞柄天生曲，车前八个天曹判，车后若干递送夫。更几个多娇女，一般穿着，一样妆梳。

[三煞] 那大汉下的车，众人施礼数，那大汉觑得人如无物。众乡老展脚舒腰拜，那大汉挪身着手扶。猛可里抬头觑，觑多时认得，险气破我胸脯。

[二煞] 你身须姓刘，你妻须姓吕，把你两家儿根脚从头数：你本身做亭长耽几杯酒，你丈人教村学读几卷书。曾在俺庄东住，也曾与我喂牛切草，拽坝扶锄。

[一煞] 春采了桑，冬借了俺粟，零支了米麦无重数。换田契强秤了麻三秆，还酒债偷量了豆几斛，有甚糊突处。明标着册历，见放着文书。

[尾声] 少我的钱差发内旋拨还，欠我的粟税粮中私准除。只道刘三谁肯把你揪扯住，白甚么改了姓、更了名、唤做汉高祖？

在这篇传世之作中，睢景臣通过一个很不起眼的小人物——无知乡民的特殊视角来展现汉高祖刘邦这个不可一世的大人物，把至高无上的皇帝贬得一文不值,这种写作手法实属高妙。在中国封建社会,皇帝驾到本是极其隆重的场面,可是在这位乡民的眼中不过是乱哄哄的一场戏:"瞎王留引定火乔男女,胡踢蹬吹笛擂鼓",到村口迎接皇帝的就是这么一群不着调的人,吹吹打打乱七八糟。皇帝的仪仗队里的五面旗子,分别画有日、月、凤凰、飞虎、蟠龙等图案,代表着至高无上的天子的神圣和庄严,但在乡民的眼中,却是"白胡阑套住个迎霜兔""红曲连打着个毕月乌""鸡学舞""狗生双翅""蛇缠葫芦",不伦不类,煞是好笑。至于红叉、银斧、金瓜锤、朝天镫、鹅毛宫扇等显示帝王威严的器物,在乡民看来,虽未见过也毫不稀奇。威风凛凛的仪仗队,竟成了"穿着些大作怪衣服"的"乔人物"。在对皇帝的仪仗极尽挖苦讽刺之能事后,作者又通过乡民的眼睛来写皇帝的车驾:"车前八个天曹判,车后若干递送夫。"天曹判是天上的判官,递送夫是押解犯人的差役,他们簇拥在皇帝的前后,可见皇帝一行是怎样令人畏怖、令人厌恶的货色!接下去写众人迎候施礼,汉高祖却"觑得人如无物",以"挪身着手扶"表示回礼,一副小人得志的模样。伏尔曼诺夫说过,艺术的打击力要放在最后,《哨遍·高祖还乡》自然也不例外。在乡民跪拜后,"猛可里抬头觑,觑多时认得",作威作福的汉高祖居然就是昔日乡里的无赖,不由得"险气破我胸脯"。最后的三支曲子,通过乡民之口,揭穿"刘三"的老底,眼前这个不可一世的皇帝老儿,不过是个贪酒、赖债、明抢、暗偷、胡作非为的流氓,可是居然改名换姓称作什么"汉高祖"。作品以乡民的独特视角来刻画汉高祖。乡民是无知的,又是有识的;他的看法多属误解,但又反映出许多真实。无知与有识、误解与真实相交织,呈现在读者面前的是乡民复杂而变形的内心世界。封建社会的最高统治者皇帝在这个世界里遭到了最无情的嘲弄,完全失去了他的庄严与神圣,展现了无法伪装的本来面目。

睢景臣是元代有影响的散曲作家,《哨遍·高祖还乡》是他的代表作。此曲把显赫一时的汉高祖刘邦作为辛辣讽刺的对象。汉高祖荡平天下当了皇帝后,诛杀了淮阴侯韩信,又亲自率兵攻打造反的淮南王黥布,然后威风凛凛地回到故乡沛县。《史记·高祖本纪》载:"高祖还归,过沛,留。置酒沛宫,悉召故人父老子弟纵酒,发沛中儿得百二十人,教之歌。酒酣,高祖击筑,自为歌诗曰:'大风起兮云飞扬,威加海内兮归故乡,安得猛士兮守四方!'……沛父兄诸母故人日乐饮极欢,道旧故为笑乐。

十余日，高祖欲去，沛父兄固请留高祖。高祖曰：'吾人众多，父兄不能给。'乃去。沛中空县皆之邑西献。高祖复留止，张饮三日。"①由此可见刘邦当年的还乡不仅神气，而且还很热闹，走时全城送行。

刘邦的大汉王朝距离元朝已经很遥远，但元曲作家却多以"高祖还乡"题材作套曲。这大约与元朝皇帝每年都要回一次上都有关。其他人的作品都没有流传下来，唯独睢景臣这一篇没有按照史实描写刘邦还乡，而是换了一个全新的角度，写出了截然不同的情景的作品流传了下来。

俗话说，"林子大了，什么鸟都有"。这话原来是形容我们这些普通人的，其实，用在皇帝身上非常合适，皇帝原来同样什么人都有！中国封建社会非常漫长，长达两千多年，在这两千多年里，大大小小总共有几百个皇帝，这几百个皇帝中，可以说什么样的人都有：流氓的，如汉高祖刘邦；荒淫无道的，如明武宗朱厚照、隋炀帝杨广；断袖之癖的，如汉哀帝刘欣；惧内的，如唐高宗李治；爱玩蛐蛐的，如明宣宗朱瞻基；爱干木匠活的，如明熹宗朱由校；几十年不上朝的，如明神宗朱翊钧；玩物丧志的，如南唐后主李煜；等等。

中国历史上自然也有"好"皇帝，甚至，有些皇帝不仅仅治国有术，其做人也值得称道。之所以在上面连篇累牍地罗列皇帝乱七八糟的事情，是想撕开我心灵深处蒙在"皇帝"这一称谓上的薄纱，还原历史的真相；或者说，试想通过这种方法，告诉我自己，皇帝跟我们这些凡夫俗子一样也是人，是人就有人的缺点与毛病。

对于皇帝这个特殊的群体，中国的文人很早就关注到了。不过，对于当朝皇帝，哪怕他荒淫无道，哪怕他狗屁不如，文人更多的还是歌颂，很少敢于直接批评的，因为你要是骂皇帝狗屁不如，估计你吃饭的家伙就要掉了。文人写的最多的还是前朝前代的皇帝，但前朝前代的皇帝都已化作了尘土，都已经埋进了黄土，不要紧，皇帝死了还有陵墓在，于是，咏陵文学就作为咏史文学的一个组成部分产生了，对前朝前代皇帝敬仰的、崇敬的、不屑的等情感就集中地表现在那些咏陵的诗文中。

关中地区作为汉唐帝陵最为集中的地区，留存了历朝历代文人吟咏帝陵的大量诗词曲赋，众多在文学史上如雷贯耳的名字都和帝陵联系在一

---

① （汉）司马迁：《史记》卷8《高祖本纪》，北京：中华书局，1959年，第389—390页。

起。写作这本述论的目的，就是想和读者诸君一起探讨一下咏陵文学——这种夹在历史和文学之间的特殊文学。因为这个特殊的对象，所以，本书的各个篇章大致从陵墓切入，然后探讨一下陵主，再围绕咏陵文学展开。本书总共选择了九位帝王、一位皇后（吕后）的陵墓，其余的帝王陵因涉及的文学作品太少，难以成篇，故没有纳入。另外，因篇幅有限，所选的文学作品以诗词为主，长篇的文字和散佚较多的碑文基本上没有涉及，在此予以说明。

我不想在这里说"由于作者水平有限，疏漏的地方在所难免"之类的话，因为我是想表达我对帝王陵墓、帝王及咏陵文学的认识和看法，不是想写一本教科书，您权当看个笑话。对于文中有关历史描述的错误，您也不必过于较真，因为中国历史上真正的信史几乎不存在。当然，对于书中的讹误，衷心欢迎您的批评、指正，笔者一定虚心接受。如果说历史是个任人打扮的小姑娘，中国的历史更是个不断地被打扮的小姑娘，只要"皇帝"愿意，只要对"皇帝"有利，只要能够做到"为尊者讳"，人们不惜把小姑娘打扮成风骚的少妇。

所以，您千万别当真！

袁　方

2016年3月

目 录

第一章 秦始皇陵
——自料骊山万年计,岂知遗恨在樵童 …………… 1

第二章 汉高祖长陵
——犹恨四方无壮士,还乡悲唱大风歌 …………… 27

第三章 吕太后长陵
——吕氏强梁嗣子柔,我于天性岂恩仇 …………… 51

第四章 汉文帝霸陵
——霸陵原上多离别,少有长条拂地垂 …………… 78

第五章 汉武帝茂陵
——一曲哀歌茂陵道,汉家天子葬秋风 …………… 104

第六章 汉宣帝杜陵
——为郡异乡徒泥酒,杜陵芳草岂无家 …………… 129

第七章　唐太宗昭陵
　　——昭陵一望长安道，万里今非旧马蹄 …………… 155

第八章　武则天乾陵
　　——今古兴亡有同恨，乾陵火照奉天时 …………… 189

第九章　唐玄宗泰陵
　　——终是圣明天子事，景阳宫井又何人 …………… 223

第十章　唐宪宗景陵
　　——石麟埋没深秋草，金狘崔嵬空月明 …………… 258

后记 ………………………………………………………… 275

参考文献 …………………………………………………… 277

第一章

秦始皇陵
——自料骊山万年计，岂知遗恨在樵童

一

三十多年前的一个仲春季节，一天，正在古城西安读大学的我和两位同学，一人骑着一辆单车，前往距离西安二十多千米的临潼。三个风华正茂、意气风发的所谓"天之骄子"此行的目的只有一个：拜谒秦始皇陵。那正是一年中最好的季节，一望无涯的麦浪在春风中荡漾，像是绿色的海洋；麦子正在秀穗，空气中弥漫着青草的芬芳；麦田里套种的豌豆，偷偷地咧开了紫色的小嘴。

沿着那条不大宽敞的西临公路，我们直奔秦始皇陵。

三十多年过去了，当年的几个风华正茂的青年如今都成了脸上写满了沧桑的中年。在毕业三十周年的聚会上，不知为什么我们突然提到了那次出行，并为当时参观秦始皇陵是不是收门票争论了起来。大多数人的意见是，以秦始皇陵景区和兵马俑景区狮子大张口的门票价格，还有多如牛毛的导游以及如狼似虎的"黑导游"的现状来看，当年肯定是收门票的。

我印象中，当年参观秦始皇陵，的确是不收门票的。至于已经开始被炒作的兵马俑景区是不是收门票，我一点印象都没有了。

当年的秦始皇陵上，疯长的野草写满了历史和沧桑，荒芜的陵区似乎没有管理人员的存在，就连竖立在陵北的高大墓碑，在岁月的侵蚀下都显得斑斑驳驳，清代陕西巡抚毕沅手书的"秦始皇帝陵"几个大字也已漶漫不清。那个时候，西安电影制片厂拍摄的《西安事变》刚刚热映，其中有一个桥段就是蒋介石和张、杨二位将军一干人等拜谒完秦始皇陵，披着罗斯福呢面料的披风、戴着白手套的蒋委员长对张、杨二位将军说：此处风景不错，我们合个影吧！于是，在众人的簇拥下，蒋介石居中，三人在秦始皇陵前的墓碑前站定，镁光灯"噗"地一闪，历史的这一瞬间就被锁定。我们一行三人当时正是不知天高地厚的年龄，满以为今天的"天之骄子"，到以后必定是指点江山的"风云人物"，不过，对于将来是否能成为改变历史进程的"盖世英雄"，似乎心里都没有底，但历史名人的"光"还是要沾的，于是，我们将"海鸥"牌的照相机调到自拍状态，三人像当年的蒋、张、杨一样气宇轩昂地站定在秦始皇的墓碑前，"咔嚓"一声，相机留住了我们三人的青春岁月。照片洗印出来之后，效果和我们当时的想象有很大的差距，因为没有三脚架，相机就放在随便找来的几块烂砖上，仰拍的效果过于明显，几个人的形象倒是十分高大，但由于旁边不知道为什么扎有一圈铁丝网，所以效果倒像是英勇就义前的场面。

　　这就是秦始皇陵留给我最初的印象和记忆。至于陵墓的主人秦始皇的功过是非，我们似乎很少思考。其实，那是一个不需要我们思考的年代，秦始皇的历史功绩和历史局限，在教科书上明明白白地写着。"书上写的岂能有错？"这就是我们那个时代的思维模式。

　　最近一次拜谒秦始皇陵墓是在2016年3月底。三十多年过去，秦陵景区的变化用"天翻地覆"来形容毫不为过：一是游人多到不可胜数，中国的、外国的，黑种人、白种人、黄种人都有；二是景区内外"导游"无数，游人难辨真伪；三是景区的景象与过去相比大为改观。

　　有一个现象可能是秦始皇当年始料不及的，即他的陵墓前游人屈指可数，而陵墓的副产品兵马俑却是游人如织。

　　是啊，来到骊山秦陵景区的人，谁不想看看号称"世界第八大奇迹"的兵马俑呢？至于秦始皇陵，不过是大土堆一个，跟关中地区的其他皇陵没有太大的区别，更何况还没有被开发。所以，有很多游客一听秦始皇陵就是一个土堆，干脆就放弃参观了。因为距兵马俑景区不远，还有一个华清池景区，那可是当年周幽王为博褒姒一笑而亡国的地方，也是当年倾城倾国的杨贵妃洗浴的地方，也是蒋介石被张学良、杨虎城部捉住的地方。论香艳的程度，论刺激的程度，自然比一个土堆更有想象空间。所以，来到秦始皇陵墓前且流连忘返的人，大多是些想"发思古之幽情"的游客。

说起来，如今稍显冷清的秦始皇陵确实是一块风水宝地。秦始皇陵墓在临潼区以东、骊山北麓。作为终南山支脉的骊山在这里形成环抱之势，秦始皇陵便处在这群峰环抱之中。秦陵右靠青翠的骊山，左傍如带的渭河，面前是极为广阔的原野，绿树嘉禾，一望无垠。郦道元《水经注》里说，骊山山南产玉石，北山产黄金，是一个美丽的地方。金、元时期人们通过总结古代风水学的经验而写成的《大汉原陵秘葬经》里说："立冢安坟，须籍来山去水。择地斩草，冢穴高深。"也就是说，建立坟墓的地方一定要背山靠水，坟墓建在高处，墓穴要尽量挖得深一些。这样，山环水抱必有"气"，有"气"则兴旺发达。而且，陵墓在高处，地势开阔，明堂清亮。这些虽然都是古代堪舆学的观点，但是，从当今环境学的观点来分析，也是符合科学道理的。当然，秦始皇之所以将骊山选为自己的墓地，还有一个重要的原因，即这里还是秦王公的墓葬区。古人对先人的葬地非常重视，一般都选择在国都附近。当年，秦国都在雍城时，秦公的墓地都在雍地。后来，秦的国都由雍城东迁以后，秦王公及族人的墓地也随之向东迁移。由咸阳向东一直到骊山这一狭长的地带，是秦建都咸阳后历代秦王的墓葬区。咸阳有秦文王、秦武王陵，骊山则是秦后期的王陵区域，宣太后、悼太子、孝文王、昭襄王、庄襄公、帝太后等人，都埋葬在这一区域。秦孝公十三年（前350年）这里还设立了芷阳邑。秦始皇就是顺着这一条基本上自西向东的秦王陵区为自己选定墓址，因为就在他陵墓以西10千米左右，就是他的父亲庄襄王的陵墓。按照中国古代的礼法，帝王一即位，马上就要开始给自己建造陵墓。依照这一礼法，秦始皇陵的开工时间，应是在秦王政元年，即公元前246年。据司马迁的《史记·秦始皇本纪》记载："始皇初即位，穿治郦山，及并天下，天下徒送诣七十馀万人，穿三泉，下铜而致椁，宫观百官奇器珍怪徙臧满之。令匠作机弩矢，有所穿近者辄射之。以水银为百川江河大海，机相灌输，上具天文，下具地理。以人鱼膏为烛，度不灭者久之。"[①]

---

① （汉）司马迁：《史记》卷6《秦始皇本纪》，北京：中华书局，1959年，第265页。

站在历史的坐标点上来看秦始皇陵，的确有很多"创新"。秦始皇陵极其宏大的规模和建制，都为后来的帝王陵建造开创了先河。以封土的形式建造高大的陵冢始于秦始皇。在中国历史上，墓上起坟丘，虽然从春秋末期就开始了，但建得像秦始皇陵如此高大（始建时地面的封土约115.5米，现为近50米）、陵区范围之广（秦始皇帝陵区范围东西南北7.5千米）的还从来没有过。此后，汉、唐各代的皇帝纷纷仿效。在自己的陵园设立城邑也始于秦始皇。秦始皇陵原名丽山，又称丽山园。秦王政十六年（前231年）在陵北设有丽邑，丽邑设有专门管理帝陵区的行政长官。在墓侧建寝殿，也是秦始皇陵"首创"。厚葬之风，无法计数的陪葬品，同样起于秦始皇。《汉书·楚元王传》说秦始皇陵"珍宝之臧，机械之变，棺椁之丽，宫馆之盛，不可胜原"①。

关于秦始皇及其陵墓，我以为汉代贾山的《至言》描述得最为到位："（秦始皇）贵为天子，富有天下，赋敛重数，百姓任罢，赭衣半道，群盗满山，使天下之人戴目而视，倾耳而听。一夫大呼，天下响应者，陈胜是也。秦非徒如此也，起咸阳而西至雍，离宫三百，钟鼓帷帐，不移而具。又为阿房之殿，殿高数十　，东西五里，南北千步，从车罗骑，四马鹜驰，旌旗不桡。为宫室之丽至于此，使其后世曾不得聚庐而托处焉。为驰道于天下，东穷燕、齐，南极吴、楚，江湖之上，濒海之观毕至。道广五十步，三丈而树，厚筑其外，隐以金椎，树以青松。为驰道之丽至于此，使其后世曾不得邪径而托足焉。死葬乎骊山，吏徒数十万人，旷日十年。下　三泉合采金石，冶铜锢其内，桼涂其外，被以珠玉饰以翡翠，中成游观，上成山林。为葬薶之侈至于此，使其后世曾不得蓬颗蔽冢而托葬焉。秦以熊罴之力，虎狼之心，蚕食诸侯，并吞海内，而不笃礼义，故天殃已加矣。"②将生前的荣华带进坟墓，陵墓极尽奢华与排场，这一切都肇始于秦始皇。所以，从这个意义上来说，"始皇帝"倒也名副其实。

问题在于，奢华与排场，不是用气吹出来的，那是需要真金白银民脂民膏一砖一瓦一点一滴来铸造的，而且，还需要动用大量的人力。秦陵的修建时间前前后后总共持续了38年。陵址选定后，便开始按照规划修建。修建陵墓的主持人是当时的相邦，所以，从吕不韦到李斯，总共

---

① （汉）班固：《汉书》卷36《楚元王传》，北京：中华书局，1962年，第1954页。
② （汉）班固：《汉书》卷51《贾邹枚路传》，北京：中华书局，1962年，第2327—2328页。

有五任丞相都曾主持过这一浩大的工程。从嬴政做了秦王的公元前246年开始动工，到秦统一全国之后，更是大量地征集民夫来修建皇帝长眠之所，最多的时候征调了72万人。想一想，秦当时人口约2000万，男人以一半计算，而男性劳动力不会超过700万人，72万人可是全国劳力的十分之一啊！

秦始皇三十七年，也就是公元前210年，秦始皇50岁了。丞相李斯向他禀报说：我带领72万人修筑丽山，已经挖得很深了，连火都无法点着，凿的时候只能听到空空的声响，似乎到了地底，再也挖不下去了。秦始皇听了并没有满意，而是继续下令说："旁行三百尺乃止。"李斯遵命做了，这才罢了。

作为中国历史上第一个真正意义上的"皇帝"，秦始皇嬴政倾全国之力为自己修建墓穴，可以说开了一个很不好的先例。

二

究竟是什么促使秦始皇如此大兴土木为自己修建陵墓呢？除了所谓的"礼法"，除了迷信，秦始皇之所以大兴土木，极尽奢华与排场，用极其残忍的扰民工程给自己营造陵墓，这一切更多源于嬴政的性格。

人的性格是复杂的，多面的，秦始皇自然也不例外。综合前人的研究成果，我们可以看出，坚忍、嫉恨、报复、抗争、狂傲自大、专横跋扈、肆意极欲、慎思、远虑、暴戾、寡恩薄义、生性多疑等，都可以视作秦始皇的性格特征。

人是环境的产物，尤其是童年、少年时期的遭遇对个人性格的形成有直接的关系，秦始皇自然也不例外。像中国历史上很多有成就的人一样，嬴政也有一个苦难的童年。他童年的苦难不是从小就给地主放猪放羊，也不是出门讨饭被恶霸地主开门放狗把腿咬得稀烂，他童年的苦难是随时都可能被砍头！秦始皇从小就生在赵国为人质，受尽屈辱不说，还时刻有生命危险。秦赵一旦交恶，最先被杀的肯定是双方的质子，很不幸的是嬴政就是这样一个随时都可能被杀的质子。恶劣的环境，使他对谁都不信任，崇尚暴力和权势。一旦当权，就会滥用。实际上，他也是个政治畸形儿。别人害了他，他就去报复别人，残害别人。秦始皇的一生，是怀疑的一生，他怀疑世上所有的人都是自己的敌人，世上所有的人都想篡夺他的皇位。

在秦始皇嬴政性格形成的过程中，有三个人起了极大的甚至是决定性的作用，这三个人是吕不韦、嫪毐和他的母后赵姬。

嬴政到底是不是吕不韦的儿子？和嬴政的秦朝相隔不远的汉代的司马迁说"是"，两千多年以后的钱穆先生说"不是"。关于秦始皇的身世，司马迁在《史记·秦始皇本纪》里说："秦始皇帝者，秦庄襄王子也。庄襄王为秦质子于赵，见吕不韦姬，悦而取之，生始皇。以秦昭王四十八年正月生于邯郸。及生，名为政，姓赵氏。"①这里似乎没有什么问题，庄襄王见到吕不韦的姬，只是"悦而取之"，然后生下秦始皇。其实，司马迁在这里留了一手，并未将问题点透说明，而在《史记·吕不韦列传》中，他却是这样说的："吕不韦取邯郸诸姬绝好善舞者与居，知有身。子楚从不韦饮，见而说之，因起为寿，请之。吕不韦怒，念业已破家为子楚，欲以钓奇，乃遂献其姬。姬自匿有身，至大期时，生子政。子楚遂立姬为夫人。"②这段文字中，把秦始皇的身世交待得清清楚楚，吕不韦选取自己众多的姬中"绝好善舞者"同居，知道她有了身孕。然而等到子楚"见而说之"并"请之"时，"吕不韦怒"，因为这个女人毕竟已经怀上了自己的骨血啊！继而一想，自己为了这盘布的很大的棋局把自己的全部身家都搭上了，一个怀孕的女人又算得了什么？于是，吕不韦就将她献给了庄襄王。而这个赵国女子居然隐瞒了自己已经怀有身孕的事实，就装作稀里糊涂地跟着新男人走了。到了足月分娩的日期，就生下了儿子赵政。这里似乎也没有什么疑问，嬴政的确是吕不韦的儿子。但两千多年之后的钱穆先生不这样看，他在《秦汉史》中如此说："称秦始皇为吕不韦子，其说实无根。"③之所以说这种说法"无根"，钱先生的依据是"余考《秦策》，吕不韦为子楚游秦，已在孝文王时。所说乃孝文后弟阳泉君（即娶走怀孕的歌女的是阳泉君而非子楚）。与《史记》所载不同。若以《秦策》，不韦入秦，始皇已生十年，不韦岂能预为钓奇。至不韦纳姬事，《秦策》亦无

---

① （汉）司马迁：《史记》卷6《秦始皇本纪》，北京：中华书局，1959年，第223页。
② （汉）司马迁：《史记》卷85《吕不韦列传》，北京：中华书局，1959年，第2508页。
③ 钱穆.《秦汉史》，北京．生活·读书·新知三联书店，2009年，第11页。

之"。钱穆先生认为"史公不取《秦策》，由其好奇"①。司马迁和钱穆孰对孰非，莫衷一是。可能是有关秦始皇的身世问题太过吸引人的眼球，从古至今，人们一直在争论这个问题，至今也没有定论。

其实，秦始皇到底是不是吕不韦的儿子，这个问题即便继续争论下去也很可能无解，因为每个人站的角度不同，依据的史料不同，结论自然也不同。《史记》有讹误不假，钱先生所依据的《秦策》难道就没有讹误吗？如果史料没有讹误，历朝历代的那些大学问家能为了这样一个问题争论几千年？

无论秦始皇是谁的儿子，都无法改变一个事实，即如果没有吕不韦，秦国的历史就要改写，中国的历史就要改写。由此，我们基本上可以判定，吕不韦在嬴政"三观"形成的童年、少年时期，起了相当大的作用，甚至，在很多时候，秦始皇都得看吕不韦的脸色。我们可以设想，当十三岁的嬴政登上秦王的宝座，每当朝臣们为某个问题争得脸红脖子粗，都把眼光投向高高在上的秦王时，而秦王呢，却把求助的眼光投向了整天在后宫和自己的母后鬼混的"仲父"相国吕不韦。那眼神的背后，表面上是无奈和无助，然而更多的却是仇恨。

若干年后，秦始皇"勋塞天下"，其丰功伟绩足以彪炳春秋，但是在当时，他就是一个总角少年，而且还是一个有生理缺陷的少年。虽然贵为秦王，他却无法阻止太后在后宫淫乱。在后世的秦始皇画像、塑像和影视作品中，秦始皇高大威武，这其实更多是后人的臆想，因为目前唯一留下的关于秦始皇的长相及身材的资料，就是《史记·秦始皇本纪》中司马迁借着尉缭之口说的"秦王为人，蜂准，长目，挚鸟膺，豺声"②。郭沫若据此推断，秦始皇有生理缺陷，"挚鸟膺"就是现今医学上所说的鸡胸，"蜂准"应该就是马鞍鼻，"豺声"是表明有气管炎，认为其胸形、鼻形变异与气管炎常发显示他是个软骨病患者③。姑且不论那个对秦始皇恨得牙都痒痒的尉缭说的是否事实，也不论郭沫若先生的分析是否有科学依据，但有一点是毫无疑问的，十三岁时的秦王嬴政，确乎是一个身体还没有完全发育的少年。这个少年活在吕不韦的阴影下，他后来性格中的阴

---

① 钱穆：《秦汉史》，北京：生活·读书·新知三联书店，2009年，第11页。
② （汉）司马迁：《史记》卷6《秦始皇本纪》，北京：中华书局，1959年，第230页。
③ 郭沫若：《十批判书》，《郭沫若全集》，北京：人民出版社，1982年，第427页。

鸷、坚忍、嫉恨、报复、抗争、慎思、远虑、多疑等特征的形成，都和吕不韦有很大的关系。

吕不韦是个聪明人。这从当年在异人（后来的子楚、庄襄王）身上的巨大风险投资就可以看出。

《资治通鉴·周纪五》详细描述了这场"风险投资"开始的画面：秦太子之妃曰华阳夫人，无子；夏妃生子异人。异人质于赵；秦数伐赵，赵人不礼之。异人以庶孽孙质于诸侯，车乘进用不饶，居处困不得意。阳翟大贾吕不韦适邯郸，见之，曰："此奇货可居！"乃往见异人，说曰："吾能大子之门！"异人笑曰："且自大君之门！"不韦曰："子不知也，吾门待子门而大。"异人心知所谓，乃引与坐，深语。……不韦曰："能立適嗣者，独华阳夫人耳。不韦虽贫，请以千金为子西游，立子为嗣。"异人曰："必如君策，请得分秦国与君共之。"①

多年以后，吕不韦的冒险成功了，当年的投资有了"高额回报"，他坐上了那个"一人之下，万人之上"的相国位置，而且，即便是那个在他之上的人，也把他恭称为"仲父"。

正因为吕不韦是个聪明人，所以，当他从那个坐在更高的位子上的少年眼中读出了更多、更复杂的内容时，"恐觉祸及己"②，同时，为讨太后欢心，吕不韦苦苦寻觅，终于找到了一个不知死活的家伙——嫪毐。

嫪毐在被吕不韦送进宫之前是干什么的，史料上没有记载，他很可能就是一个市井无赖小混混。之所以判定他是一个卑贱的市井无赖小混混，是因为稍微有些身份的男人闲着没事估计不会"以其阴关桐轮而行"③，这种行为肯定会被有身份的人所不齿。以吕不韦对年轻太后的了解，他知道太后需要这样的男人，于是，他把嫪毐"以其阴关桐轮而行"的"奇逸"消息，"令太后闻之，以啗（同"啖"，引诱）太后"。"太后闻，果欲私得之。吕不韦乃进嫪毐，诈令人以腐罪告之。不韦又阴谓太后曰：'可事诈腐，则得给事中。'太后乃阴厚赐主腐者吏，诈论之，拔其须眉为宦者，遂得侍太后。太后私与通，绝爱之。有身，太后恐人知之，诈卜当避

---

① （宋）司马光：《资治通鉴》卷5《周纪》，长春：吉林人民出版社，2000年，第54页。
② （汉）司马迁：《史记》卷85《吕不韦列传》，北京：中华书局，1959年，第2511页。
③ （汉）司马迁：《史记》卷85《吕不韦列传》，北京：中华书局，1959年，第2511页。

时，徙宫居雍。"①从司马迁的这段描写中，我们能看到一个奸诈的吕不韦，更能看到一个纵欲的太后。而另一个人物嫪毐，这时候则更像是一枚任人摆布的棋子，一个很可怜可悲的角色。

事实上，嫪毐在很大的程度上就是太后的一个性工具，仅此而已。但是，这是嫪毐手中无权的时候。有人说过，权力是最好的春药。服用了权力这一剂"春药"之后，嫪毐变了，变得不知死活。

由于嫪毐深得太后的宠爱，秦王嬴政此时又年龄尚幼，对太后的话安能不从？于是，"嫪毐常从，赏赐甚厚，事皆决于嫪毐。嫪毐家僮数千人，诸客求宦为嫪毐舍人千余人"②。后来，"嫪毐封为长信侯。予之山阳地，令毐居之。宫室车马衣服苑囿驰猎恣毐。事无小大皆决于毐。又以河西太原郡更为毐国"③。嫪毐的权力越来越大，以至于在史书上有这么一段记载，秦国要攻打魏国，魏国群臣商议想通过贿赂秦国的手段平息战火，但是，究竟是贿赂吕不韦，还是贿赂嫪毐，魏国的群臣分为两派，"秦自四境之内，执法以下至于长挽者，故毕曰：'与嫪氏乎？与吕氏乎？'虽至于门闾之下，廊庙之上，欲之如是也。今王割地以赂秦，以为嫪毐功；卑体以尊秦，以因嫪毐。王以国赞嫪毐，以嫪毐胜矣。王以国赞嫪氏，太后之德王也，深于骨髓，王之交最为天下上矣。秦、魏百相交也，百相欺也。今由嫪氏善秦而交为天下上，天下孰不弃吕氏而从嫪氏？天下必舍吕氏而从嫪氏，则王之怨报矣"④。从这里我们可以清楚地看出嫪毐当时在秦国炙手可热的程度。权力在手，羽翼渐丰，嫪毐开始忘记了自己的身份，他开始飘飘然不知道北在哪儿了，"毐专国事，浸益骄奢，与侍中左右贵臣俱博饮，酒醉争言而斗，瞋目大叱曰：'吾乃皇帝之假父也，窭人子何敢乃与我亢！'"⑤。

需要注意的是，即便是这个时候，嬴政仍然隐忍着没有动手。自己的父亲早逝，在后宫守寡的母亲莫名其妙地生了孩子，而且还是一前一后的两个孩子，嬴政不可能不知道其中的内情；一个被拔了胡须和眉毛的"宦者"和自己的母后昼夜不分地呆在后宫，嬴政不可能不怀疑；嫪毐长信侯

---

① （汉）司马迁：《史记》卷85《吕不韦列传》，北京：中华书局，1959年，第2511页。
② （汉）司马迁：《史记》卷85《吕不韦列传》，北京：中华书局，1959年，第2511页。
③ （汉）司马迁：《史记》卷6《秦始皇本纪》，北京：中华书局，1959年，第227页。
④ （汉）刘向：《战国策》卷25《魏策》，上海：上海古籍出版社，1985年，第920页。
⑤ （汉）刘向《说苑》卷16《正谏》，上海：上海古籍出版社，1985年，第43页。

的爵位可能是自己的母后在他跟前说的，但最终的批准权还在秦王自己手里；国家的"事无小大皆决于毐"，坐在帝王宝座上的嬴政自然更是心知肚明；将河西的太原郡更名为"毐国"，这么大的事情嬴政不可能不知道。

嫪毐的种种行径，秦王嬴政既然都十分了解，为什么就任其肆意妄为呢？

有评论家指出，秦始皇此时年纪尚幼，羽翼未丰，怕动起手来不是嫪毐的对手；还有人认为，秦始皇此举乃欲擒故纵之策，实为"放长线钓大鱼"。我以为这些观点谬矣！嫪毐和太后在后宫里淫乱，甚至生下了两个儿子，封他为长信侯，将太原郡更名为"毐国"，甚至，嫪毐在别人面前说自己是秦王的继父，这些，秦王嬴政都可以接受，都可以忍，因为在嬴政看来，这些还没有对自己的政权形成威胁。一旦自己的政权受到威胁，嬴政就会动手还击，而且，这个还击对于对手而言是致命的。

我们可以设想，如果嫪毐仅仅把自己定位为太后的一件性工具，仅此而已，也许他可以安安生生地活到七老八十，直到有一天寿终正寝。然而，有了对权力的渴望，嫪毐就不愿意只是充当一件玩物，野心开始无限制地膨胀。据司马迁记载，"始皇九年，有告嫪毐实非宦者，常与太后私乱，生子二人，皆匿之"。注意，这时候秦始皇并没有动手，真正促使他动手的因素是"（嫪毐）与太后谋曰'王即薨，以子为后'"①。很显然，这里的"子"就是嫪毐和太后所生的两个儿子，显然是准备篡权谋国。这才真正戳到了秦王的痛处，他不能再无动于衷了，"于是秦王下吏治，具得情实"，开始派人调查且证实外面传得纷纷扬扬的"谣言"全是确凿的事实。嫪毐觉察到大事不好，就先动手了："长信侯毐作乱而觉，矫王御玺及太后玺以发县卒及卫卒、官骑、戎翟君公、舍人，将欲攻蕲年宫为乱。"②这个时候，秦始皇如果还是隐忍不发，那他就是古今中外头号的窝囊废了，"王知之，令相国昌平君、昌文君发卒攻毐。战咸阳，斩首数百，皆拜爵，及宦者皆在战中，亦拜爵一级。毐等败走。即令国中：有生得毐，赐钱百万；杀之，五十万。尽得毐等。卫尉竭、内史肆、佐弋竭、中大夫令齐等二十人皆枭首。车裂以徇，灭其宗。及其舍人，轻者为鬼

---

① （汉）司马迁：《史记》卷85《吕不韦列传》，北京：中华书局，1959年，第2512页。
② （汉）司马迁：《史记》卷6《秦始皇本纪》，北京：中华书局，1959年，第227页。

薪。及夺爵迁蜀四千余家，家房陵"①。车裂而死，嫪毐死得确实很难看，这是他罪有应得；嫪毐的族人也自然要被株连，卫尉竭、内史肆、佐弋竭、中大夫令齐等二十多个同谋的脑袋也自然要"搬家"。至于嫪毐和太后所生的那两个"孽种"，则是被"囊扑杀之"②，也就是被装进两只麻袋，然后打死。

我们无法得知当嫪毐的四肢和头颅被绳索套在车上，然后由五匹马拉着走向不同的方向的瞬间，除了对死亡的恐惧之外他还会想到什么，会不会想到如果他一直只是一个咸阳街头的小混混，他会寿终正寝？他会不会后悔自己的所作所为？还有，他会不会怨恨那个纵欲的太后？

但有一点是毫无疑问的，即嫪毐改变了秦王嬴政，他变得嗜血、残酷、易怒、变态、多疑、妄想、专制、暴虐、冷酷无情，从此之后，他动不动就大开杀戒，甚至，有时候就算没有什么原因，他都会举起屠刀，砍向那些无辜的人。他成为中国历史上最著名的"暴君"之一，一个在中国历史上争论最多的皇帝。

当然，与其说是嫪毐伤害了他，还不如说是他的母亲伤害了他，改变了他！

当嫪毐造反的事水落石出时，最令秦王感到可悲的是，那个在邯郸曾是他唯一依靠的母亲居然同意缪毐的阴谋！

连母亲都不可信了，这个邯郸弃儿还能相信谁？

在吕不韦、嫪毐和太后这三个对秦始皇影响最大的人当中，母后赵姬是最让他头疼、最难处理的一个。从种种迹象尤其是秦始皇一生都不立皇后的事实来推测，关于秦始皇的身世问题，可能在当时的朝野上下都有议论，估计秦始皇本人可能也有所风闻。他的亲生父亲到底是庄襄王还是吕不韦，到现在仍是一本糊涂账，但他的亲生母亲却千真万确是这个不懂得一点收敛的赵国女人。秦始皇以九五之尊，可以除掉嫪毐，威逼吕不韦自杀，但对于自己的亲生母亲，即使他的这个母亲让他在全天下人面前丢尽了脸，在一个讲究以孝治天下的国度，他也有点束手无策。

也许，他忘不了自己的曾祖父秦昭襄王——那个前后在位足足56年、一直野心勃勃地想吞并赵国打通东进道路的老秦王。在秦昭襄王五十

---

① （汉）司马迁：《史记》卷6《秦始皇本纪》，北京：中华书局，1959年，第227页。
② （汉）刘向《说苑》卷16《正谏》，上海：上海古籍出版社，1985年，第43页。

年,也就是嬴政3岁那年,秦国又一次包围了赵国首都邯郸,气急败坏的赵王赶紧派人去押着异人到城头:秦国若不退兵,就杀了异人。幸好吕不韦交游广泛,提前得到消息,赶紧拉着异人外逃。就这样,匆匆忙忙撇下赵姬和幼子嬴政的异人回到祖国,开始了锦衣玉食的王子生活。但是,这可苦了留在邯郸的赵姬嬴政母子。当吕不韦和异人在国都安享富贵之时,这对母子却要成日东躲西藏,唯恐被赵国抓起来杀头。母子二人在邯郸度过的岁月,秦始皇可能至死难忘。所以,当他车裂了嫪毐,只是将"取皇太后迁之于萯阳宫"①,他不愿意别人再提起自己的这个母亲,不愿意别人揭开自己心灵上的那道伤疤,下令曰:"敢以太后事谏者,戮而杀之!"②

翻开有关记载秦始皇母亲的所有史书,无论是《史记》《资治通鉴》,还是刘向编订的古代历史小说《说苑·正谏》,我们都会发现一个奇怪的现象,即秦始皇的母亲在这些史籍中,未曾留下只言片语。当年,吕不韦将她送给秦国的质子异人,她默默地接受了;嬴政做了秦王,她做了太后,以司马迁为首的史官记录她先是和吕不韦,后来又与嫪毐淫乱,嫪毐想谋害她的亲儿子秦王,她一声不吭;嫪毐事败被车裂,她的另外两个儿子被装进布袋乱棍打死,也未见她说什么;当她的儿子下令曰:"敢以太后事谏者,戮而杀之!"后果然"从蒺藜其脊肉,干四肢而积之阙下,谏而死者二十七人矣"③,后来谏而死者又增加到二十八人,她也充当了一个没嘴的葫芦。所以,后世对秦始皇母亲赵姬的印象,就是一个淫乱女人,仅此而已!

也许,历史对待这个女人是不公平的,起码应该给她说话的权利。秦始皇的母亲姓什么、叫什么,我们至今无从知晓,"赵姬"这一称谓,源自明代冯梦龙带有演义性质的《东周列国志》,自然不足为信。这样一个女人,被男人抛来弃去,被命运打进地狱,又被送入天堂。在她被当作玩物在几个男人之间递来送去,没有人在乎她怎么想,更没有人在乎她是否愿意,她就这么被钉在耻辱柱上,连分辩的机会都没有。

其实,这个不知姓名的女人的一生说起来十分悲惨,以往的史学家、小说家对她的评价都过低。对吕不韦来说,她只是一件礼物;对异人来

---

① (汉)刘向《说苑》卷16《正谏》,上海:上海古籍出版社,1985年,第43页。
② (汉)刘向《说苑》卷16《正谏》,上海:上海古籍出版社,1985年,第43页。
③ (汉)刘向《说苑》卷16《正谏》,上海:上海古籍出版社,1985年,第43页。

说，她只是一个侍妾；对她的儿子秦始皇嬴政来说，她只是一个体现自己尽了孝道的工具；而对嫪毐来说，她只是一个助他拥有权力的阶梯。

但赵姬对秦始皇的影响是巨大的，大到他从此不相信任何人，从他十三岁当了秦王，到后来做了秦始皇，一直到他死，他都没有立一个皇后。

秦始皇病态、变态的性格，就是在与吕不韦、赵姬、嫪毐的纠葛中形成的。但是，这种病态、变态的性格，并不妨碍秦始皇成为中国历史上第一个真正意义上的皇帝，不妨碍他建立了令后人津津乐道的大秦帝国！

秦始皇的历史功勋，简而概之，有以下几点：

（1）能在短短十年之间就灭了当时其余的六国，这一点简直就是"前无古人"，而且还将当时混乱的局面整治成了一个崭新的局面。

（2）创立了一套君主专制的中央集权。

（3）推行郡县制：分天下为三十六郡，郡下设县。

（4）实行"车同轨"，修建由咸阳通向燕齐和吴楚地区的驰道，以及由咸阳经云阳（今陕西淳化西北）直达九原（今内蒙古包头西）的直道。

（5）统一文字：战国时期，"田畴异亩，车途异轨、律令异法、衣冠异制、言语异声、文字异形"，秦始皇令李斯把原来秦国的大篆整理简化而成小篆，在全国通行。

（6）统一度量衡：以商鞅时的秦国度、量、衡器具，作为全国斗算长短、大小、轻重的统一标准。

（7）统一货币：禁止使用六国各自的龟、贝、玉等币，规定全国统一使用金、铜两种圆形货币，其中金为上币，铜为下币。

（8）沟通水路：秦疏浚鸿沟作为水路枢纽，又于前214年，在西南地区修筑了"五尺道，修长达六十多里之灵渠，沟通了湘、漓二水"。

（9）北伐匈奴：战国末年以来，匈奴时常南侵，威胁到燕、赵、秦等国人民的生命财产和安全。公元前215年，秦国大将蒙恬率军北伐，击退了匈奴，一举拿下了河套地区。

（10）在经济上推行重农抑商政策，扶植封建土地私有制的发展：始皇三十一年（前216年）下令占有土地的地主和自耕农只要向政府申报土地数额，交纳赋税，其土地所有权就得到政府的承认和保护。

（11）促进了各地、各民族之间的经济文化交流，对后世产生了深远影响。

（12）留下了至今仍神秘莫测的兵马俑，这一奇迹使中国闻名于世。

虽然秦始皇"焚书坑儒"，千百年来为人所诟病，但其功绩不容抹杀。

其实，简单地说，秦始皇和后来的中国皇帝一生就做两件事情：一是夺取政权；二是巩固政权。

贾谊在《过秦论》中评论道：

> 及至秦王，续六世之余烈，振长策而御宇内，吞二周而亡诸侯，履至尊而制六合，执棰拊以鞭笞天下，威振四海。南取百越之地，以为桂林、象郡，百越之君俯首系颈，委命下吏。乃使蒙恬北筑长城而守藩篱，却匈奴七百余里，胡人不敢南下而牧马，士不敢弯弓而报怨。于是废先王之道，焚百家之言，以愚黔首。堕名城，杀豪俊，收天下之兵聚之咸阳，销锋铸锯，以为金人十二，以弱黔首之民。然后斩华为城，因河为津，据亿丈之城，临不测之溪以为固。良将劲弩守要害之处，信臣精卒陈利兵而谁何，天下以定。秦王之心，自以为关中之固，金城千里，子孙帝王万世之业也。①

三

然而，这样一个泱泱的大秦帝国，仅二世即亡，个中原因古今的政治家在思考，史学家在思考，文人们也在思考。文人们的思考就在他们的诗文中表现了出来。

（唐）李显《幸秦始皇陵》：

> 眷言君失德②，骊邑想秦馀。
> 政烦方改篆，愚俗乃焚书。
> 阿房久已灭，阁道遂成墟。
> 欲厌东南气，翻伤掩鲍车。

李显，其实并不是一个成功的皇帝。他自己是皇帝，父亲是皇帝，母亲是皇帝，弟弟是皇帝，儿子是皇帝，侄子是皇帝，但他自己两次做皇帝

---

① （汉）司马迁：《史记》卷6《秦始皇本纪》，北京：中华书局，1959年，第280—281页。
② 失德：失缺德行，无德。

的时间加起来也就是五年光景,这个皇帝和唐朝的很多个皇帝一样,属于文艺爱好者,其标志就是在位期间他"置修文馆学士",同时也写诗,这首《幸秦始皇陵》就是他留存下来不多的诗之一。从文采上说,此诗平平,毫无帝王的霸气,但对秦始皇的批评基本到位,秦始皇在世期间的几件大事如统一文字,修建阿房宫,他死后赵高、李斯等人密不发丧,用鲍鱼掩饰尸体的臭味等都在诗中有所体现。

对秦始皇功过评价到位且诗作才气十足、霸气十足的反倒是从来没有做过皇帝的李白。

(唐)李白《古风》:

> 秦王扫六合①,虎视何雄哉!
> 挥剑决浮云,诸侯尽西来。
> 明断自天启,大略驾群才。
> 收兵铸金人,函谷正东开。
> 铭功会稽岭,骋望琅邪台。
> 刑徒七十万,起土骊山隈。
> 尚采不死药,茫然使心哀;
> 连弩射海鱼,长鲸正崔嵬②。
> 额鼻象五岳,扬波喷云雷。
> 鬐鬣③蔽青天,何由睹蓬莱?
> 徐市载秦女,楼船几时回?
> 但见三泉下,金棺葬寒灰。

这是李白《古风》组诗的第三首。这组诗歌全面评价了秦始皇的功过。其"功"在于统一全国,并统一了文字、货币、度量衡、历法等,建立起中国历史上第一个君主专制的、统一的、多民族封建国家;但是他奢靡浪费,严刑峻法,残暴无道。

战国末期,秦国最为强盛,所以其他六国就听从苏秦的计谋"合纵",简称六合。这首诗前段从篇首至"骋望琅邪台",颂扬秦王之雄才大

---

① 六合:天地四方,此处指齐、楚、燕、韩、赵、魏六个诸侯国。
② 崔嵬:高大貌。
③ 鬐鬣:音 qí liè,鱼脊和鱼颔上的羽状部分。

略和统一业绩。头四句极力渲染秦始皇消灭六国平定天下的威风。不言平定四海，而言"扫"空"六合"，首先就张扬了秦王之赫赫声威。再用"虎视"形容其勃勃雄姿，更觉咄咄逼人。起二句便有"猛虎攫人之势"。紧接着写统一天下的具体事情，也就势如破竹了。第三句"浮云"象征当时天下混乱阴暗的局面，而秦王拔剑一挥，则寰区大定，一个"决"字，显得何其果断，有快刀斩乱麻之感。于是乎天下诸侯皆西来臣属于秦了。由于字字掷地有力，句句语气饱满，不待下两句赞扬，赞扬之意已溢于言表。"明断自天启"也作"雄图发英断"，但不管"明断""英断"也好，"雄图""天启""大略"也好，把对政治家的最高赞词都用上了。诗篇至此，一扬再扬，预为后段的转折蓄势。紧接"收兵"两句写秦始皇统一天下后所采取的巩固政权两大措施，亦是张扬气派。一是收集天下民间兵器，熔铸为十二金人，消除反抗力量，使"天下莫予毒也已"，于是秦和东方交通的咽喉函谷关便可敞开了。二是于琅邪台、会稽山等处刻石颂秦功德，为维护统一作舆论宣传。"会稽岭"和"琅邪台"一南一北，相距数千里，诗人紧接写来，有如信步户庭之间。"骋望"二字形象生动地展示出秦王当时志盈意满的气概。秦之统一措施甚多，择其要者，则纲举目张，叙得简劲豪迈。对秦王的歌颂至此臻极，然而物极必反，这犹如贾谊《过秦论》的开篇，真是轰轰烈烈，使后来的反跌之笔更见有力。后段十二句，根据历史事实进行生动艺术描写，讽刺了秦王骄奢淫侈及妄想长生的荒唐行为。先揭发其骊山修墓奢靡之事，再揭发其海上求仙的愚妄之举。这四句相对于前段，笔锋陡转。写始皇既期不死又筑高陵，揭示出其自私、矛盾、欲令智昏的内心世界。但诗人并没有就此草草终篇，在写其求仙最终破产之前，又掀起一个波澜。此节文字运用浪漫想象与高度夸张手法，把猎鲸场面写得光怪陆离，有声有色，惊险奇幻：赫然浮现海面上的长鲸，骤然看来好似一尊山岳，它喷射水柱时水波激扬，云雾弥漫，声如雷霆，它的鬐鬣张开时竟遮蔽了青天。诗人这样写，不但使诗篇增添了一种惊险奇幻的神秘色彩，也制造了希望的假象，为篇终致命的一跌作势。长鲸征服了，不死之药总可求到吧，可惜的是，此后不久，始皇却在巡行途中病死。"但见三泉下，金棺葬寒灰"，这是最后的反跌之笔，使九霄云上的秦王跌到地底，真是惊心动魄，以此二句收束筑陵、求仙事，笔力陡健，而口吻冷峻。想当初那样"明断"的英主，竟会一再被方士欺骗，仙人没做成，只留下一堆寒冷的骨灰，而"徐市载秦女，楼船几时回？"让方士大讨其便宜。历史的嘲弄是多么无情啊。

此诗虽属咏史，但并不仅仅为秦始皇而发。唐玄宗和秦始皇就颇相类似：两人都曾励精图治，而后来又变得骄侈无度，最后迷信方士妄求长生。这更见李白的高妙之处。全诗史实与夸张、想象结合，叙事与议论、抒情结合，欲抑故扬，跌宕生姿，既有批判现实精神又有浪漫奔放激情，是李白《古风》中的力作。

（唐）王维《过始皇墓》：

> 古墓成苍岭，幽宫象紫台。
> 星辰七曜①隔，河汉九天开。
> 有海人宁渡，无春雁不回。
> 更闻松韵切，疑是大夫哀。

秦代的那座古墓成了长满野草的山岭，可它那幽暗的地宫，却是豪华壮丽的宫殿。墓顶上镶着大珍珠，象征日月和金木水火土五星；墓底用水银灌注成江湖河海。墓中有江海人岂能渡过；暗黑阴冷，永远无春的地下，绝无雁鸭飞回（暗示只有金银铸成，不会活动的雁鸭漂浮）。野风吹得松树哗哗作响，像是被始皇封为大夫的泰山松的哀悼声。王维的《过始皇墓》一改诗人寄情于山水的做法，而是直接讽刺了秦始皇苦心孤诣经营自己死后墓葬的历史事实。

另一位唐代诗人白居易则从一个较小的角度评价了秦始皇，亦劝诫后人（主要是后世的皇帝）的厚葬行为。

（唐）白居易《草茫茫——惩厚葬也》：

> 草茫茫，土苍苍。
> 苍苍茫茫在何处，骊山脚下秦皇墓。
> 墓中下涸二重泉，当时自以为深固。
> 下流水银象江海，上缀珠光作乌兔。
> 别为天地于其间，拟将富贵随身去。
> 一朝盗掘坟陵破，龙樟神堂三月火。

---

① 七曜：古代对日、月与金、木、水、火、土五大行星的一种总称。

> 可怜宝玉归人间,暂借泉中买身祸。
> 奢者狼藉俭者安,一凶一吉在眼前。
> 凭君回首向南望,汉文葬在霸陵原。

《草茫茫——惩厚葬也》写秦始皇修建规模浩大的骊山陵墓,其中金银珠宝不计其数。秦始皇想把人间的富贵在死后带进坟墓。但正因为这些,盗墓的人一直很多,最终可能连自己的棺椁都不能幸免。诗人以为这是奢侈的缘故,而与此同时,葬在灞陵原上的汉文帝的陵墓却安然无恙,原因就在于汉文帝简朴,陵墓里面几乎没有陪葬品。

将秦始皇陵墓和汉陵进行对比的还有和杜审言、崔融、苏味道并称"文章四友"的唐代诗人李峤的《奉和骊山高顶寓目应制》,抒发其"空见白云悬"之情。

(唐)李峤《奉和骊山高顶寓目应制》:

> 步辇陟山巅,山高入紫烟。
> 忠臣还捧日,圣后欲扪天。
> 迥识平陵树,低看华岳莲。
> 帝乡应不远,空见白云悬。

类似主题的还有很多。

(唐)鲍溶《经秦皇墓》:

> 左岗青虬盘,右坂白虎踞。
> 谁识此中陵,祖龙①藏身处。
> 别为一天地,下入三泉路。
> 珠华翔青鸟,玉影耀白兔。
> 山河一易姓,万事随人去。
> 白昼盗开陵,玄冬火焚树。
> 哀哉送死厚,乃为弃身具。
> 死者不复知,回看汉文墓。

---

① 祖龙:在中国古代皇帝被神化为真龙天子,秦始皇是第一个皇帝,是真龙天子之祖,所以后来用祖龙代指秦始皇,也借指其他帝王。

（唐）许浑《途经秦始皇墓》：

> 龙盘虎踞树层层，势入浮云亦是崩。
> 一种青山秋草里，路人唯拜汉文陵。

许浑诗前两句写秦始皇陵的自然风景，秦始皇陵地形雄伟，有"龙盘虎踞"之势，并以"树层层"来烘托。"亦是崩"一出，如无坚不摧的神剑，轻轻一挥，直使眼前的庞然大物骨化形销了。或更荒唐的"牧火宵焚"；秦始皇苦心经营的"子孙帝王万世之业"，也很快就土崩瓦解了。诗人的嘲讽尖锐泼辣，这三个字干脆利落，严于斧钺，真有入木三分的气概。此诗浑厚有味，通过对比手法来对历史人物加以抑扬，反映了作者对刚愎残暴的统治者的愤恨和对谦和仁爱的统治者的怀念，诗意缜密，可以窥见作者的诗心。这首诗明白无误地表现出作者自己的历史观、是非观，可说是一首议论诗。但它字挟风雷却出之以轻巧疏宕、唱叹有情的笔墨，有幽美的艺术魅力，而不像是在评说是非了。

张九龄的《和黄门卢监望秦始皇陵》则对秦始皇的求仙、厚葬乃至暴政引发秦朝灭亡之事进行了讽刺。

（唐）张九龄《和黄门卢监望秦始皇陵》：

> 秦帝始求仙，骊山何遽卜。
> 中年既无效，兹地所宜复。
> 徒役如雷奔，珍怪亦云蓄。
> 黔首无寄命，赭衣相追逐。
> 人怨神亦怒，身死宗遂覆。
> 土崩失天下，龙斗入函谷。
> 国为项籍屠，君同华元戮。
> 始掘既由楚，终焚乃因牧。
> 上宰议扬贤，中阿感恒速。
> 一闻过秦论，载怀空杼轴①。

同为唐代诗人的皇甫湜则从一块石头写起，讥讽了秦始皇的厚葬及暴

---

① 杼轴：亦作"杼柚"，织布机上的两个部件，即用来持纬的梭子和用来承经的筘，亦代指织机。此处指营谋。

政最后导致秦亡,以"炯戒千春"。

(唐)皇甫湜《佷石铭》:

佷①石苍苍,骊山之旁。
镵朴礲②瘦,巍然四方。
昔秦皇帝,谋之不臧。
七十万人,兹焉惶惶。
发石此山,言砝于坟。
若有凭依,屹住中达。
淫刑蹴迫,人力无施。
故老相传,以佷名之。
自昔太古,不封不树。
有葛于沟,有薪于野。
后圣有作,缘情不忍,为之棺椁。
其在唐虞,则维窚③木。
噫嘻暴秦,虐用其人。
坟而象山,下锢三泉。
穷珍总奇,力瘁财瘅。
驱驱而前,如刈草菅。
天毒其衷,神愤其凶。
谪戍一呼,九州风从。
白挺荆棘,指麾崤潼④。
险阻不阕,干戈到锋。
尸露于劫,燧燔⑤于童。
蓬颗无依,不十年中。
禹葬会稽,不改其行。
圣德洋洋,厥响久长。

---

① 佷:音 hěn,古同"很",违背,不顺从。
② 镵:音 chán,锐器;礲:音 lóng,磨。
③ 窚:音 cuàn,同"窜",空隙。
④ 潼:指崤山、潼关。
⑤ 燧燔:燃放告警的烟火。

> 至于汉刘，释之而言。
> 中如可欲，犹深南山。
> 矧①私其身，以尽其人。
> 刻词佷石，炯戒②千春。

佷石，石名，在陕西省临潼县骊山侧。宋乐史《太平寰宇记·关西道三·雍州》："佷石在县东十里。初，始皇之葬，远采此石，将致之骊山，至此不复动。石高一丈八尺，周回十八步。"

唐德宗时期的诗人荆叔的五绝《题慈恩塔》则在短短的篇幅中寄托了无穷无尽的感慨。

（唐）荆叔《题慈恩塔》：

> 汉国山河在，秦陵草树深。
> 暮云千里色，无处不伤心。

晚唐诗人曹邺则专门写秦始皇陵。

（唐）曹邺《始皇陵下作》：

> 千金买鱼灯，泉下照狐兔。
> 行人上陵过，却吊扶苏墓。
> 累累圹③中物，多于养生具。
> 若使山可移，应将秦国去。
> 舜殁虽在前，今犹未封树。

同样写秦陵的还有罗隐。

（唐）罗隐《始皇陵》：

> 荒堆无草树无枝，懒向行人问昔时。
> 六国英雄漫多事，到头徐福是男儿。

在咏始皇陵诗中，晚唐大诗人杜牧的《过骊山作》有一定的代表性。

---

① 矧：况且。
② 炯戒：亦作"炯诫"，明显的鉴戒或警戒。
③ 圹：墓穴，亦指坟墓中物。

（唐）杜牧《过骊山作》：

> 始皇东游出周鼎，刘项纵观皆引颈。
> 削平天下实辛勤，却为道傍穷百姓。
> 黔首不愚尔益愚，千里函关囚独夫。
> 牧童火入九泉底，烧作灰时犹未枯。

秦始皇统一天下后曾巡游各地，于是引起刘、项的"引颈"而观。"削平天下实辛勤，却为道傍穷百姓"，这两句是理解这首诗的关键，秦始皇削平天下的确是十分辛苦，但应该是削平天下，让道路旁的穷苦百姓过上好日子。"黔首不愚尔益愚，千里函关囚独夫"，统一天下后，秦始皇"废先王之道，焚百家之言，以愚黔首"。其结果是"黔首不愚"。而不知体恤民心，不懂民本思想的秦始皇才是最愚蠢的："天下已定，始皇之心，自以为关中之固，金城千里，子孙帝王万世之业也"①，而这自以为万世之业的固若金汤的崤山、函谷关，最终却变成了囚禁自己的牢笼、埋葬自己的坟墓。诗人借评述古人之事，谏当朝统治者，希望其接受亡秦因残酷治民、治国而很快灭亡的教训，改而体恤百姓、以民为本，其思想含义和他的《阿房宫赋》是基本相同的。诗中用通俗的语言对秦始皇进行辛辣的讽刺，既肯定他削平六国、统一天下的艰辛，又批评他不知体恤百姓，一味残暴，以致断送天下的愚蠢。末两句写秦始皇苦心经营的坟墓，到后来被牧童失火烧毁，他自己只落得个尸骨不全的可悲下场。这是对秦始皇梦想独霸天下、万世为君的深刻讽刺。

晚唐诗人吴融《赴职西川过便桥书怀寄同年》则从一个"送客"的角度浓墨重彩地写了秦陵。

（唐）吴融《赴职西川过便桥书怀寄同年》：

> 平门桥下水东驰，万里从军一望时。
> 乡思旋生芳草见，客愁何限夕阳知。
> 秦陵无树烟犹锁，汉苑空墙浪欲吹。
> 不是伤春爱回首，杏坛恩重马迟迟。

---

① （汉）司马迁：《史记》卷6《秦始皇本纪》，北京：中华书局，1959年，第280—281页。

（宋）鲁交《经秦皇墓》：

> 祖龙何事苦东巡，仙驾归来冢草新。
> 项籍已飞三月火，子婴犹醉六宫春。
> 元来沧海殊无药，却是芒砀暗有人。
> 自古乾坤属真主，骊山山下好沾巾。

元初文学家杨奂则借长安写秦陵，以抒发朝代更迭、人生无常之慨。

（元）杨奂《长安感怀》：

> 此心只欲作东周，再到长安已白头。
> 往事无凭空击楫，故人何处独登楼。
> 月摇银海秦陵夜，露滴金茎汉殿秋。
> 落日酒醒双泪眼，几时清渭向西流。

同样是元代诗人的施子博，其《咸阳怀古》采取了同样的思路。

（元）施子博《咸阳怀古》：

> 咸阳秋水草离离，千古愁云锁翠微。
> 黄犬已亡秦鹿失，白蛇方斩汉龙飞。
> 烟消故国空流水，树老荒城自落晖。
> 应是骊山九泉下，死魂犹望采芝归。

清初陕西籍诗人李柏的《咸阳怀古》则对朝代的更迭透着一种无可奈何花落去的情怀。

（清）李柏《咸阳怀古》：

> 山河仍是古关西，彩凤楼空野鸟栖。
> 燕客咸阳悲马角，齐人函谷学鸡鸣。
> 阿房一日生燎火，晓镜群星坠土泥。
> 惆怅祖龙成底事，骊山风雨夜凄凄。

诗人下面的这首同题诗则更直接一些。

（清）李柏《咸阳怀古》：

> 皇帝空期万世长，蜀山木尽见阿房。

三千男女归沧海，百二河山聚虎狼。
金铁锋销鹿上殿，诗书火冷孤称王。
子婴轵①道为禽仆，争似关东六国亡。

清代大诗人王士祯的七绝《秦始皇冢》言简意赅，余味深长。
（清）王士祯《秦始皇冢》：

下锢三泉银作池，一朝祻②发牧羊儿。
不知地底连机弩，曾射周章百万师。

清代的另一个诗人严虞惇的七律《秦始皇》则从秦始皇统一中国写到他死后葬于骊山，时空跨度极大，信息量丰富。
（清）严虞惇《秦始皇》：

六王毕后霸图空，三百离宫一炬中。
八水凄清秋色早，九嵕巀嶭夕阳红。
车迥博浪沙中客，舟引蓬莱海上风。
自料骊山万年计，岂知遗恨在樵童。

客观地说，在漫长的中国历史上，历朝历代的皇帝好几百个，但像秦始皇这样能引得后世文人反复吟咏的并不多，他们留下的诗文数不胜数，对秦始皇的态度也褒贬不一。但是，贾谊的《过秦论》似乎定下了一个基调，即批评大于赞扬：

"秦王怀贪鄙之心，行自奋之智，不信功臣，不亲士民，废王道，立私权，禁文书而酷刑法，先诈力而后仁义，以暴虐为天下始。夫并兼者高诈力，安定者贵顺权，此言取与守不同术也。秦离战国而王天下，其道不易，其政不改，是其所以取之守之者（无）异也。孤独而有之，故其亡可立而待。借使秦王计上世之事，并殷周之迹，以制御其政，后虽有淫骄之主而未有倾危之患也。故三王之建天下，名号显美，功业长久。"③

---

① 轵：古代指车毂外端的小孔。
② 祻：音 gù，用同"祸"。
③ （汉）司马迁．《史记》卷 6《秦始皇本纪》，北京：中华书局，1959 年，第 283 页。

第一章 秦始皇陵——自料骊山万年计，岂知遗恨在樵童

从上面我们所列举的诗文可以看出，从汉之后的诗人、文人对秦始皇所持的态度，基本上和贾谊相似，甚至批评的声音越来越多，像李白那样首先充分肯定秦始皇统一六合继而批评其暴政的诗人并不多见，更多的诗人把矛头指向了秦始皇的暴政，他的残酷，他实行的厚葬，他暴戾的性格，他的焚书坑儒，等等，有很多诗人拿他和汉文帝等为政比较温和的皇帝相比较。

班固如此评价秦始皇：

> 秦始皇即位三十九年，内平六国，外攘四夷，死人如乱麻，暴骨长城之下，头卢相属于道，不一日而无兵。由是山东之难兴，四方溃而逆秦。秦将吏外畔，贼臣内发，乱作萧墙，祸成二世。①

在这段文字中，秦始皇的功劳就"内平六国，外攘四夷"两句带过，剩下的统统都是指责。正如当代学者何满子在《咏秦始皇诗种种》一文中所说："自西汉贾谊的《过秦论》起，历代论秦史咏秦史的诗文，总是坏话多好话少。大抵愈是正统亦即愈是迂腐的儒生，对秦始皇的谴责便愈发苛厉。"②令人诧异的是，似乎没有人关注秦始皇嬴政的内心世界。

文学是人学。文学要深刻地反映社会现实，同时更要反映人的内心世界。如我们前文分析，嬴政的内心世界是极其复杂的，甚至也是十分痛苦的。我们设想一下，如果秦始皇知道后世的文人只是看到自己在历史上的功与过，甚至只看到他的过失，他会作何感想？

秦始皇在位之时，吞并六国，并发兵南征北讨，史载"百越之地，尽皆俯首"，"北扩千里"，"秦王扫六合"，按战国地图看，领土几乎比战国七雄控制范围扩大了一倍。而且秦始皇"设置郡县"，对征服后的土地注重统治和制度建设，因此使统一的疆域统治稳固，为中国的版图奠定了基础。后人认为，"功莫大过秦皇汉武"，意指秦始皇在武功方面，历史上无人出其右。如今，英语中对中国的称呼"China"，也是"Chin"（秦）演变过来的，这在一个侧面上表现了秦帝国的影响力。

秦始皇建立的秦帝国，为此后近一千七百年内中国在政治制度上先进于西方、发达于西方奠定了基础。所谓"汉承秦制""自秦以来，其制未

---

① （汉）班固：《汉书》卷63《武五子传》，北京：中华书局，1962年，第2771页。
② 何满子：《咏秦始皇诗种种》，《中华读书报》，2010年8月26日。

变""百代犹行秦法政",两千年皇权时代的中国,在政治制度上基本沿袭了秦朝的制度。

另一面,由于秦始皇推行以"法制"为核心的法家学说,而其后中国历代统治者都推行以"仁爱""中庸"为核心的儒家学说。因此,秦始皇常作为负面典型出现在各种散文、史籍中。如上文我们提到的贾谊的《过秦论》等。

两千多年来,秦始皇一直被很多史学家、文学家看作是一个暴君,为了权力可以不择手段。但是,我们也要看到统一中国、书同文、车同轨、统一度量衡等措施的历史功绩,看到秦驰道、灵渠等工程对日后交通、经贸及各民族之融合的重要意义。

第二章

汉高祖长陵
——犹恨四方无壮士，还乡悲唱大风歌

一

2011年8月，当我第一次系统地实地考察位于关中地区的汉唐帝陵时，在咸阳五陵原上的一座汉代帝陵前，看到了一新一旧两块墓碑，旧的一块横卧在草丛中，上面是清代陕西巡抚毕沅手书的"汉昭帝平陵"，新的一块竖立在硕大的土堆前，上面写的是"汉平帝康陵"。当时我自己就在心里嘀咕：历史有时候真是一笔糊涂账。询问当地的老乡时被告知，毕巡抚在五陵原实地考察后，回咸阳城大笔一挥写就了碑文，然后，由当地的石匠刻好墓碑，再由当地的农民套上牛车送达目的地，然后树立。这一块是农民送错了，把该送到汉昭帝平陵的墓碑送到了汉平帝刘衎的康陵。据那位看上去很有历史知识的老乡说，其实当时已经发现送错了，但重新再送的话一来一往太麻烦，于是，这么庄严的一件事情就这么糊里糊涂儿戏一般搁置了近两百多年，直到被今人纠正。再后来，一位在文物部门的朋友十分肯定地告诉我，当年的毕巡抚题写树立的汉代帝王陵墓碑，有好几个都是张冠李戴，弄混的也包括帝陵和后陵，其中最有名的就是汉高祖刘邦的长陵——号称"十一汉帝第一陵"和皇后吕雉的后陵，还有汉阳陵与汉义陵，汉阳陵的后陵与周成王陵，等等。

汉高祖刘邦的长陵，坐落在陕西省咸阳市窑店以北的咸阳原上，坐北朝南，南面是奔流不息的渭水，北面是巍峨壮观的北山，秦川故道穿逾原下，居高临下，威武壮观，显示了封建帝王高高在上的尊严。

问题在于，"显示了封建帝王高高在上的尊严"的长陵有两座坟墓，一座帝陵一座后陵。原来毕沅树立的墓碑是汉高祖陵在东，吕后陵在西，此前，历朝历代的学问家们就争论了很多年，现在形成的比较一致也比较权威的结论恰好与毕巡抚相反：高祖陵在西，吕后陵在东。

问题是我们错了很多年，而且，即使在今天，我们的结论似乎仍未必正确。

长陵的两座陵墓，究竟哪一座是高祖的，哪一座是吕后的呢？从古到今可以说是众说纷纭，当年的毕沅认定东侧的陵墓属于汉高祖刘邦，西侧的陵墓属于吕后。但是，后来的不少学者专家，根据裴骃《史记集解》注《史记·外戚世家》："《关中记》曰：高祖陵在西，吕后陵在东。汉帝后同茔，则为合葬，不合陵。诸陵皆如此。"[①]的记载认为毕巡抚搞混了。一些调查西汉王陵的专家们，经过实证调查，也持相同的观点，认为高祖陵在西，吕后陵在东，当年的毕巡抚张冠李戴了。

但依然有观点表示反对，认为毕巡抚当年其实并没有错。

支持毕沅巡抚观点的当代学者认为，按照年代相对离汉代更近的史料真实度更高的原则，成书于晋朝的《关中记》可能算不上一部很严谨很靠谱的著作，而东汉卫宏编撰的《汉旧仪》则是成书于汉朝的一部史料，可信度似乎更强一些。在《汉旧仪》中有这样的记载："已营陵，余地为西园后陵，余地为婕妤以下，次赐亲属功臣。"[②]也就是说，西汉天子在营建自己寿陵的时候，从一开始就会有一个整体的规划，自己葬在东园，将西园列为后陵，余下的是皇帝的婕妤、夫人、美人等低级嫔妃，再规划亲族、大臣、僚属的陪葬墓园。以汉高祖长陵为例，我们确实发现，在长陵西侧陵园范围内，就有两座高祖嫔妃的陪葬墓。

晋人在判断东冢是吕后墓时的一个基本依据是墓冢的高度。因为这两座墓冢的高度大小都差不多，而且吕后是一个专权跋扈的太后，所以她的

[①] （南朝宋）裴骃：《史记集解》，（汉）司马迁：《史记》卷49《外戚世家》，北京：中华书局，1982年，第1971页。

[②] 《后汉书》志6《礼仪下》，北京，中华书局，1965年，第3144页。

墓有可能会修得不比刘邦的帝陵低,所以他们就认定东侧的那个墓冢是吕后的墓。其实不然,魏晋承汉末大乱,西汉的帝陵在西汉末和东汉末分别被赤眉军和西凉军阀董卓的部属进行过大规模的破坏盗掘,封土的形制、高度都已经和原来的样子有很大的不同。所以,根据封土的形制大小甚至墓葬的规模去研究帝陵、后陵位置似乎是不大可靠的。

考古调查发现,长陵东侧的封土周围大大小小有几十条陪葬坑,长陵的陪葬坑与以后诸帝陵的陪葬坑以封土为中心呈放射状分布有所不同,是在陵墓封土的外围集中排列拱卫封土。据汉代的墓葬制度,皇帝陵的外藏系统无疑是要丰富于皇后陵的外藏系统的,而西侧的那座封土,也就是被专家认定是汉高祖刘邦陵墓的西侧,经过考古钻探,只发现了很少的几条陪葬坑。这是部分考古专家断定西侧封土为吕后墓东侧封土为高祖墓的最重要的依据。此其一。

现在看上去,西侧封土有明显的塌陷,而且整座封土都因为塌陷改变了最初的形状。根据考古调查和历史记载,长陵封土的底面应该是正方形的,但是西侧的封土因为塌陷严重,底面已经变成了长方形,而且高度也大幅度下降,这无疑是遭到了野蛮盗掘的证据。史书上本来就有这样的记载,《后汉书·刘玄刘盆子传》:"(后)二十余日,赤眉贪财物,复出大掠。……至阳城、番须中,逢大雪,坑谷皆满,士多冻死,乃复还,发掘诸陵,取其宝货,遂污辱吕后尸。凡贼所发,有玉匣殓者率皆如生,故赤眉得多行淫秽。"①

虽然不能排除东汉统治者为了抹黑赤眉军增加了一些令人发指的情节的可能性,但赤眉军大规模盗掘西汉帝陵却是确凿的事实。考虑到西侧墓冢被盗掘破坏的情况比东侧墓冢更严重,而且有名的皇后玉玺也是从离西侧封土更近的狼家沟发现的,西侧墓冢属于吕后的可能性比较大。此其二。

在陵区人们不难发现,陵园内的两座陪葬墓距离西侧的封土非常近,其中有一座的封土甚至贴在了西侧墓葬的园墙根上。按照汉代"尊卑有度""尊卑有序"的礼仪制度,一般的低级妃嫔的墓葬是不可能距离皇帝陵如此近的。而且,有学者认为,像吕后这样一个历史上有名的"醋坛

---

① (南朝宋)范晔:《后汉书》卷11《刘玄刘盆子列传》,北京:中华书局,1965年:第483—484页。

子",也不会容许比自己身份还低的妃子离自己的男人这么近。因此,如果西侧的封土属于吕后的话,那长陵的整体规划就完全符合《汉旧仪》的记载,西园为皇后陵,次之为美人婕妤夫人之墓园。此其三。

这是坚决认定毕沅巡抚当年没有犯错的论者的观点。

其实,对于一个外行而言,西陵和东陵从外形上看上去的确差不了多少,大清王朝那个对考古有过人兴趣的陕西巡抚毕沅先生的对与错,考古学家引经据典、旁征博引的大段论证,也似乎不能引起人们更大的兴趣。

普通大众感兴趣的是,作为大汉开国皇帝汉高祖的长陵何以如此寂寞与冷清?

十多年前,我陪同来自天南海北的几位朋友游乾陵、逛茂陵。在茂陵那几尊举世闻名的石雕面前,一个来自江苏的朋友突然发问:汉高祖刘邦的陵墓在哪里?

我当时确实不知道刘邦葬在哪儿。

和汉武帝刘彻的茂陵、汉景帝阳陵及汉文帝霸陵相比,汉朝开国皇帝刘邦的长陵要冷寂得多,即便是到了今天,地方政府为了发展旅游业,挖掘了一切可以利用的旅游资源,汉高祖刘邦的长陵依旧是门可罗雀,甚至,在很长的时间里,这里连一个"门"都没有。

考古工作者在长陵陵邑范围内曾经发现树木双兽纹半瓦当和大量瓦片堆积、下水管道、生产工具等。从文献记载和这些残留的废墟、出土文物,可以窥见当年陵邑朱檐彩栋、深宫广院、车马人熙的繁华景象。

昔日的这种繁华盛景和今日的"门前冷落鞍马稀",形成了一种极大的反差。

身后的这种冷寂,让这个当年高唱着"大风起兮云飞扬,威加海内兮归故乡,安得猛士兮守四方"的中国历史上第一个"以布衣提三尺剑取天下"的皇帝情何以堪?

二

之所以为汉高祖刘邦叫屈,是因为刘邦从一介布衣最后成为九五之尊的皇帝,实在是很不容易。还有一个原因是,按照大多数人的看法,刘邦是一个流氓无赖不假，但却是一个很可爱的流氓无赖。之所以可爱，是因为他很坦诚地承认自己是一个流氓无赖，一个混混儿。

司马迁的《史记》，司马光的《资治通鉴》，以及班固的《汉书》等史书和资料，关于刘邦起事之前的种种行状，记载的都不多。我们今天看到的关于他发迹之前的种种"事迹"，要么是通过史书中的只言片语推测出来，要么是野史或是文学作品中夸张或杜撰出来，如睢景臣的《高祖还乡》之类，尽管这些夸张或杜撰的内容有些过于夸大其词，但却绝非荒诞不经，在史书上肯定有蛛丝马迹。另外，按照中国"为尊者讳，为贤者讳"的文化传统，刘邦虽然是九五之尊的皇帝，属于地地道道的"尊者"，却仍然有那么多的文人极尽讽刺之能事，可见他实在不能算是一个"贤者"。

我们不妨看看汉高祖刘邦"流氓"行为的具体表现。

刘邦，生于周赧王五十九年（前256年），也就是秦国统一天下之前的三十五年，死于高祖十二年（前195年），沛郡丰邑（今徐州丰县）中阳里人，字季，有的说小名刘季；他在兄弟四人中排行老三；秦时曾做过泗水亭长。在秦末农民战争中因为被项羽立为汉王，所以在后来楚汉相争并战胜西楚霸王项羽后建国时，将国号定为"汉"，起初定都洛阳，后来迁都长安。

刘邦性格豪爽，不太喜欢读书，也不喜欢下地从事农业生产，所以常被父亲训斥为"无赖"，说他不如自己的哥哥会过日子，但刘邦依然我行我素。后来，刘邦做了泗水亭长（亭长是管十里以内的小官）。刘邦为人很宽厚，时间长了，就和县里的官吏们混得很熟，在当地也小有名气。刘邦的心胸很大，在一次送服役的人去咸阳的路上，正好碰到秦始皇大队人马出巡，远远看过去，秦始皇坐在装饰精美华丽的车上威风八面，羡慕得刘邦眼珠子都快掉出来了，脱口而出："嗟乎，大丈夫当如此也！"[①]

秦始皇在登上皇位统一中国的过程中，不断地要和他身边的近臣甚至自己的母亲进行殊死的斗争，但出身草根的刘邦不同，他在夺取政权的过程中，最大限度地利用了自己身边的人。刘邦需要做的，就是和他自己作斗争，或者说，是和他身上的那些流氓习气与无赖作风作斗争。

---

① （汉）司马迁：《史记》卷8《高祖本纪》，北京：中华书局，1959年，第344页。

《史记·高祖本纪》的开头部分描写刘邦第一次见自己未来的老丈人的情形，通过这段描写我们就能清楚地看出这位未来的皇帝是一个活脱脱的流氓无赖：

> 单父人吕公善沛令，避仇从之客，因家沛焉。沛中豪桀吏闻令有重客，皆往贺。萧何为主吏，主进，令诸大夫曰："进不满千钱，坐之堂下。"高祖为亭长，素易诸吏，乃绐为谒曰"贺钱万"，实不持一钱。谒入，吕公大惊，起，迎之门。吕公者，好相人，见高祖状貌，因重敬之，引入坐。萧何曰："刘季固多大言，少成事。"高祖因狎侮诸客，遂坐上坐，无所诎。①

在刘邦东征西战打江山时，有一次"西过高阳。郦食其（为）监门，曰：'诸将过此者多，吾视沛公大人长者。'乃求见说沛公。沛公方踞床，使两女子洗足。郦生不拜，长揖，曰：'足下必欲诛无道秦，不宜踞见长者。'于是沛公起，摄衣谢之，延上坐。食其说沛公袭陈留，得秦积粟。乃以郦食其为广野君，郦商为将，将陈留兵，与偕攻开封，开封未拔。西与秦将杨熊战白马，又战曲遇东，大破之。杨熊走之荥阳，二世使使者斩以徇。南攻颍阳，屠之"②。

最能表现刘邦流氓本色的则是下面的这件事情，这件事和他的那位做了一辈子农民的老父亲有关：

> 未央宫成。高祖大朝诸侯群臣，置酒未央前殿。高祖奉玉卮，起为太上皇寿，曰："始大人常以臣无赖，不能治产业，不如仲力。今某之业所就孰与仲多？"殿上群臣皆呼万岁，大笑为乐。③

作为一个普通人，我一直无法理解刘邦当众说这些话的目的和用意，因为这样的问话，他那个一直和牲口、庄稼打交道的性格憨厚的农民父亲是无法回答的，他这样做，似乎只会令他那个老实巴交的老父亲当众难堪。

下面这两件事则显得刘邦更可恶、更无赖：

---

① （汉）司马迁：《史记》卷8《高祖本纪》，北京：中华书局，1959年，第344页。
② （汉）司马迁：《史记》卷8《高祖本纪》，北京：中华书局，1959年，第358页。
③ （汉）司马迁：《史记》卷8《高祖本纪》，北京：中华书局，1959年，第386—387页。

项王已定东海来，西，与汉俱临广武而军，相守数月。当此时，彭越数反梁地，绝楚粮食，项王患之。为高俎，置太公其上，告汉王曰："今不急下，吾烹太公。"汉王曰："吾与项羽俱北面受命怀王，曰'约为兄弟'，吾翁即若翁，必欲烹而翁，则幸分我一杯羹。"项王怒，欲杀之。项伯曰："天下事未可知，且为天下者不顾家，虽杀之无益，只益祸耳。"项王从之。①

汉军却，为楚所挤，多杀，汉卒十余万人皆入睢水，睢水为之不流。围汉王三匝。于是大风从西北而起，折木发屋，扬沙石，窈冥昼晦，逢迎楚军。楚军大乱，坏散，而汉王乃得与数十骑遁去。欲过沛，收家室而西。楚亦使人追之沛，取汉王家。家皆亡，不与汉王相见。汉王道逢得孝惠、鲁元，乃载行。楚骑追汉王，汉王急，推堕孝惠、鲁元车下，滕公常下收载之。如是者三。曰："虽急不可以驱，奈何弃之？"于是遂得脱。求太公、吕后不相遇。审食其从太公、吕后间行，求汉王，反遇楚军。楚军遂与归，报项王，项王常置军中。②

有人认为，为了夺取天下，将自己的老父亲和妻子儿女的死活根本不放在心上，这正表现了刘邦的"雄才大略"！人家把自己的父亲"烹"了，他甚至要"分一杯羹"；为了逃命，他将自己的一双儿女推下车。如果说这两件事表现了刘邦的"雄才大略"的话，基本上就是强为之辩了。

但是，我们必须承认，为了夺取江山，为了战胜自己，刘邦很会伪装，很会"包装"自己。

中国历史上有一种现象，即那些出身平民的皇帝在登上龙位之后，总是要证明自己不是凡人而是龙种。自己的父母是普通人而非龙凤怎么办？不要紧，只要证明自己不是人生父母养的就行。秦始皇的父亲虽不能确定是异人还是吕不韦，但父母是凡夫俗胎这一点倒是毫无疑义，这也不要紧，父母是凡人，往上推只要不是凡人就行，所以，我们看到的秦始皇的祖上原来是因一只玄鸟所生的蛋而来的。就连后来那个做过和尚、要过饭差点饿死在异乡的朱元璋也要为自己的出生编出一段传奇：在出生的那天晚上，家徒四壁的屋子里居然都是闪着红光的"异象"。

---

① （汉）司马迁：《史记》卷8《高祖本纪》，北京：中华书局，1959年，第327—328页。
② （汉）司马迁：《史记》卷7《项羽本纪》，北京：中华书局，1959年，第322页。

刘邦作为中国历史上第一个"以布衣提三尺剑取天下"的皇帝,在这一问题上,自然也不能免俗,而且他做得更绝,为了渲染自己的非同凡响,不惜让史官说自己是"野种":

> 高祖,沛丰邑中阳里人,姓刘氏,字季。父曰太公,母曰刘媪。其先刘媪尝息大泽之陂,梦与神遇。是时雷电晦冥,太公往视,则见蛟龙于其上。已而有身,遂产高祖。①

不仅如此,在接下来的人生中,刘邦还要继续装神弄鬼,以示自己非凡夫俗胎:

> 常从王媪、武负贳酒,醉卧,武负、王媪见其上常有龙,怪之。②
>
> 高祖以亭长为县送徒郦山,徒多道亡。自度比至皆亡之,到丰西泽中,止饮,夜乃解纵所送徒。曰:"公等皆去,吾亦从此逝矣!"徒中壮士愿从者十余人。高祖被酒,夜径泽中,令一人行前。行前者还报曰:"前有大蛇当径,愿还。"高祖醉,曰:"壮士行,何畏。"乃前,拔剑击斩蛇。蛇遂分为两,径开。行数里,醉,因卧。后人来至蛇所,有一老妪夜哭。人问何哭,妪曰:"人杀吾子,故哭之。"人曰:"妪子何为见杀?"妪曰:"吾子,白帝子也,化为蛇,当道,今为赤帝子斩之,故哭。"人乃以妪为不诚,欲告之,妪因忽不见。后人至,高祖觉。后人告高祖,高祖乃心独喜,自负。诸从者日益畏之。③
>
> 秦始皇帝常曰"东南有天子气",于是因东游以厌之。高祖即自疑,亡匿,隐于芒、砀山泽岩石之间。吕后与人俱求,常得之。高祖怪问之。吕后曰:"季所居上常有云气,故从往常得季。"高祖心喜。沛中子弟或闻之,多欲附者矣。④

你看,刘邦是多么善于利用舆论工具包装自己,为自己登上皇位造势。

其实,刘邦最初的起兵,完全是一次偶然事件,但也许就是这一次

---

① (汉)司马迁:《史记》卷8《高祖本纪》,北京:中华书局,1959年,第341页。
② (汉)司马迁:《史记》卷8《高祖本纪》,北京:中华书局,1959年,第343页。
③ (汉)司马迁:《史记》卷8《高祖本纪》,北京:中华书局,1959年,第347页。
④ (汉)司马迁:《史记》卷8《高祖本纪》,北京:中华书局,1959年,第348页。

的"偶然",使他发现了自己作为领袖的潜能。流氓无赖的刘邦平生第一次有这么多的人俯首帖耳无条件地愿意为他效命,他自然很感激,"众星捧月"也使他感到了一种难得的陶醉,甚至还有一种飘飘然的感觉。然而,时间一长,他的随和、平易就使他的威严渐渐消失了。如何才能保持那种众人信奉、崇拜的局面并长期将他们控制在自己手中呢?于是,他或是他的亲信、部下和朋友就开始有意无意地制造出一些神秘的故事四处散播。

刘邦玩的这些小伎俩,明眼人一看就能看出其中的破绽,但在那样一个时代,刘邦胡编乱造的这些东西还真能糊弄人。更重要的是,围绕着刘邦的这些神奇的故事一传十、十传百,前来依附刘邦的人越来越多,慢慢地还真的成了几分"气候"。这样的声势造得越大,投奔的人就越多。但是,有关神秘、神奇、神异之类的玩意儿只可迷惑一时,时间一长,人们就能窥出其中的奥秘,戳穿那层一钱不值的外衣。然而,随着刘邦势力的不断增长,投靠他的人越来越多,就连项羽手下的不少名将、谋士都纷纷倒戈,我们不得不承认刘邦确有一套团结部众、笼络人心的高强本领。这种本事,很大程度上得益于他早年的"流氓生涯"所带来的正面效应,如胸襟开阔、容纳百川、大度洒脱、为人义气、不计前嫌等。只要把撒泼耍赖的流氓行为甩掉,自己有意识地将过去的一些不良习气改正,其"正面效应"就会相当凸显,刘邦的形象也就得到了拔高与升华。而且,这种拔高并不是像秦始皇那样建立在冷峻、威严、残酷基础之上的至高无上,也不是像项羽那样刻意表现自己的贵族血统与英雄气概,刘邦形象的拔高,是在亲切随和、平易近人的基础上的升华。秦始皇的拔高是远离众人,将自己变成一座孤傲而冷寂的山峰,颇有一种"高处不胜寒"的意味;项羽的拔高是有意识地拉开他与部众之间的距离,结果落得个众叛亲离的下场;而刘邦的拔高是众人可以接受并参与其中的"亲和",这原本也是他多年混迹于社会下层的"强项",因而具有强大的凝聚力,这是一种常人无法企及、无法达到的看似平凡的"伟大"。古人对刘邦身上这种"万能胶"般的亲和力无法解释,就常常以一个"气"字概而言之,"气"即所谓的"霸者之气""帝王之气"。

刘邦的这种"气"一旦形成并日渐凝聚,投奔者越多,名气也就越大。沛县的父老乡亲举事起义,杀死县令打开城门,将刘邦所聚部众迎进城内，共推他做县令。刘邦说自己才薄德浅，不肯接受，而萧何、曹参等人都是文吏，皆瞻前顾后，担心事情不成祸连家族，就一个劲儿地将此位置让给刘邦。刘邦坚辞不受，于是，众人也不好强求，便立他为"沛公"。也就是说，刘邦还只是沛县的首领而非惹人耳目的沛县县令。其实，这一点才真正体现了刘邦的"雄才大略"。一时间，沛公的部众很快就发展到了两三千人，并向四周出击，打了好几场胜仗，占据了邻县的一些地盘，收编了几千名秦军。不久，又得到楚军大将项梁五千军士的帮助，兵力一下子扩张到万余人，并与项羽在雍丘城下配合作战，大破秦军。

刘邦虽然流氓，但他流氓过后，还是宽大为怀地处理了前秦遗产，和项羽的全盘否定一比较，就使项羽在民众心中的印象与地位大大地打了一个折扣。

在项羽看来，秦王朝像一股云烟转瞬间飘散在历史深处，自己再也不用担心它死灰复燃了。仇已报，气已消，接着面临的就是建立一个新型的政体与政府。既然是全盘否定，项羽就不把秦始皇的中央集权制作为帝国的新政体模式加以考虑，而是意图恢复大一统以前的七雄并峙状态，企图采取分而治之的政策。正是在这样的原则指导下，项羽对灭秦的有功之臣们大加封赏，他总共封了十八个王位，每个人一块地盘，建立一个小国，然后再由这些小国组成庞大的联合体。而项羽自己，就是这个联合体的盟主，于是他自封为"西楚霸王"，也拥有一块属于自己的地盘，他以自己的故乡彭城作为新型政府的中心与首都向全国诸侯发号施令。

前206年阴历二月，项羽将这一措施正式付诸实施。

客观地说，项羽构想的新型政体颇有一点现代意义上的"联邦制"国家的味道。但是，项羽可能忘记了，周朝正是因其"联邦制"而走上了穷途末路，这种制度显然不适合于中国当时的现实。秦始皇所建立的高度中央专制集权统治虽然走了一条极端的路子，但却有着中华历史发展的必然性。秦始皇专制、集权的模式一旦奠立确定，要想再回到西周的分封时代已大不可能了。也就是说，项羽想要建立的政体并不适合当时中国的"国情"，也有悖于当时的时代潮流。

在分封中，"先入咸阳"的刘邦虽然也捞了个"王"，但项羽并没有打算把他留在关中。这次，项羽耍了一点小聪明，将刘邦派到关中南面、封闭偏远的巴、蜀、汉中之地,封他做了个汉王。

刘邦对项羽的负约自然心存怨言,但是,能够弄个"王"当,对于一个曾经做过"亭长"的人来说也是蛮不错的,起码刘邦在表面上是如此表现的。在即位南下时,他命人烧毁栈道,既防诸侯偷袭,也是一种划地为王心满意足的表现,当然也不乏故意麻痹项羽以示他无意东进的谋略。

刘邦一到汉中,那些跟随他的士兵全都得了"思乡病",并一个劲儿地替刘邦鸣冤叫屈,"不是说好了谁先进入关中谁就当关中王么,却把咱们一个个派遣到这么一个闭塞的鬼地方来了"。大伙儿一鼓噪,刘邦的心也就动了。既然当了王,就不能只想着自己一人,也得替大家分忧解愁才是。于是,刘邦心思一动,就有了谋反西楚霸王之意,并开始了积极而又隐秘的准备工作。

这时候,刘邦已经不再是那个乡间的流氓混混了,他已经有了雄霸天下的雄才大略。

在秦末农民起义群雄并起的血雨腥风中,刘邦完成了从一个乡间混混到大汉天子的蜕变。

刘邦蜕变的重要标志就是清醒。

几年之后,刘邦平定天下,"诸侯及将相相与共请尊汉王为皇帝"①。

> 高祖置酒雒阳南宫。高祖曰:"列侯诸将无敢隐朕,皆言其情。吾所以有天下者何?项氏之所以失天下者何?"高起、王陵对曰:"陛下慢而侮人,项羽仁而爱人。然陛下使人攻城略地,所降下者因以予之,与天下同利也。项羽妒贤嫉能,有功者害之,贤者疑之,战胜而不予人功,得地而不予人利,此所以失天下也。"高祖曰:"公知其一,未知其二。夫运筹策帷帐之中,决胜于千里之外,吾不如子房。镇国家,抚百姓,给馈饷,不绝粮道,吾不如萧何。连百万之军,战必胜,攻必取,吾不如韩信。此三者,皆人杰也,吾能用之,此吾所以取天下也。项羽有一范增而不能用,此其所以为我擒也。"②

这就是刘邦的过人之处,也是他能够成功的最关键的原因。

汉高祖刘邦的雄才大略不仅仅表现在其知人善任上,更表现在他深知

---

① (汉)司马迁:《史记》卷8《高祖本纪》,北京:中华书局,1959年,第379页。
② (汉)司马迁:《史记》卷8《高祖本纪》,北京:中华书局,1959年,第380—381页。

"马上得天下"但不能"马上治天下"的道理上。所以,统一中国建立汉朝之后,刘邦以文治理天下,征用儒生,诏令天下,广泛求贤。在文化思想上,以儒家思想为主,以法家思想为辅。在政治上,刘邦接承秦朝的中央集权制和郡县制,同时废除了秦朝的严刑峻法,废除"连坐法"及"夷三族"等刑罚,提出了"德主刑辅",即以教化为主,刑罚为辅,达到宽柔相济、严松相当的统治效果。他命萧何参照秦朝法律"取其宜于时者,作律九章",即"汉律九章"。这是在战国时期李悝所制定的《法经》六篇(盗法、贼法、囚法、捕法、杂法、具法)的基础上补充了户律(主要规定户口管理、婚姻制度和赋税征收)、兴律(主要规定征发徭役、城防守备)和厩律(主要规定牛马畜牧和驿传等),一般所说的汉律就是指《九章律》。同时,刘邦重用了秦待诏博士叔孙通整理朝纲,叔孙通制定了一套适合当时形势需要的政治礼仪制度,撰写了《汉仪十二篇》《汉礼度》《律令傍章十八篇》等仪法法令方面的著作,为汉朝的建立和巩固起了重要作用,也为后人留下了一笔宝贵的文化遗产。

在经济上,刘邦废除秦朝苛法,豁免徭役,减轻人民的负担,如减轻田租,什五税一,"与民休息",释放奴婢,凡民以饥饿自卖为奴婢者,皆免为庶人,解放生产力,"兵皆罢归家","以功劳行田宅",让士兵复员归家,给予他们土地及住宅,使他们从事生产劳动,迅速恢复社会经济。同时,他鼓励人民生育,增加劳动力。同时,大力发展农业,抑制打击唯利是图的商人及残余的奴隶主势力。刘邦还接受娄敬的"强干弱枝"的建议,把关东六国的强宗大族和豪杰名家十余万口迁徙到关中定居。刘邦的这些政策,使老百姓得以休养生息,民心得以凝聚,国家得以巩固。

在文化事业方面,刘邦建立规模宏大的"国家图书馆"天禄阁、石渠阁等,"天下既定,命萧何次律令,韩信申军法,张苍定章程,叔孙通制礼仪,陆贾造《新语》。又与功臣剖符作誓,丹书铁契,金匮石室,藏之宗庙。虽日不暇给,规摹弘远矣"[①]。

刘邦采取的宽松无为的政策,不仅安抚了人民、凝聚了民心,也促成了汉代雍容大度的文化基础。可以说刘邦使四分五裂的中国真正地统一了起来,而且还逐渐把分崩离析的民心凝集起来。他对汉民族的形成、中国

---

① (汉)班固:《汉书》卷1《高帝纪》,北京:中华书局,1962年,第81页。

的统一强大、汉文化的保护发扬有重要的贡献。

到高祖刘邦末年时,经济已经明显好转,天下新定,人民小安。

汉高祖刘邦是中国历史上少有的杰出政治家,是真正统一中国的人。他在汉初制定的英明国政,不仅使饱受战乱的中国得以休养生息,还为以后"文景之治"的富裕局面与汉武帝反击匈奴奠定了坚实基础。

刘邦高瞻远瞩、深谋远虑,他的政治制度和对后世的安排使大汉延续了长达 400 余年,是中国历史上最长的统一王朝之一。他的一套政治体制和经济制度也一直为后世统治者所沿用。刘邦开创的大汉帝国可以说是中国历史上最强盛的朝代之一,令后世国人景仰与怀念,他本身也令后世众多的文人所怀念、所歌颂。

三

刘邦不是个文人,但刘邦的《大风歌》影响却极大,原因很简单:因为他是皇帝。

(汉)刘邦《大风歌》:

> 大风起兮云飞扬,
> 威加海内兮归故乡。
> 安得猛士兮守四方?

据《汉书·高帝纪》记载,公元前 196 年,淮南王英布(又称黥布)起兵反汉。由于英布的士兵英勇善战,军势甚盛,刘邦不得不亲自出征。他很快击败了英布,在得胜还军途中,刘邦顺道回了一次自己的故乡——沛县,把昔日的朋友、尊长、晚辈都召来,共同欢饮十数日。一天酒酣,刘邦一面击筑,一面唱着这首自己即兴创作的《大风歌》,而且还慷慨起舞,伤怀泣下。刘邦的这首《大风歌》,抒发了他在战胜项羽、成为汉朝开国皇帝之后的那种既感怀兴奋欢乐、踌躇满志,又忧江山不稳、高处不胜寒的复杂心情。情发于心中、流于诗外,慷慨悲壮,流韵千古。

纵观中国历史上的开国之君,虽大多不擅长诗词文章,但偶一为之,便自有一番常人难以企及的恢宏气势。

汉高祖刘邦还有另外一首诗《鸿鹄歌》流传了下来。

(汉)刘邦《鸿鹄歌》：

> 鸿鹄高飞，一举千里。
> 羽翮已就，横绝四海。
> 横绝四海，又可奈何？
> 虽有矰缴①，尚安所施？

这首诗的写作时间比《大风歌》稍晚。吕后之子刘盈虽被立为太子，但汉高祖一直不喜欢他，认为他生性仁弱，不像自己，想把他废掉，改立戚夫人之子赵王如意。但是，这个打算遭到了张良等大臣的反对，所以迟迟未能实施。淮南王英布叛乱，刘邦本打算让太子刘盈带兵出征，遭到张良等大臣的反对（张良明哲保身，真正起作用的应是吕后，张良为吕后出的主意）。刘邦带病征讨英布叛军回到长安以后，由于箭伤发作，病得更加厉害。他自知来日不多，更急于废立之事。张良等竭力劝说刘邦改变废长立幼的想法，但刘邦执意不从。

有一天，刘邦上朝途中看见在一旁陪侍的刘盈背后站着四位老人，年纪都在八十岁以上，须眉皆白，体格健壮。这四人正是刘邦多年想聘请而不得的"商山四皓"（四位贤士）。刘邦在惊奇之余问他们："我寻找你们多年，你们都躲避我。现在为什么又来跟着我的儿子呢？""商山四皓"回答说："陛下轻视儒士，我们义不受辱，所以逃避。现在听说太子仁孝，礼贤下士，所以我们就来了。"刘邦听罢，说道："好吧，那就麻烦你们好好保护我的儿子吧。"

"商山四皓"的出现，使刘邦不得不放弃原来的打算。"商山四皓"走后，刘邦召来戚夫人，对她说："我本来想把太子废掉，但有这四个人辅佐他，太子的羽翼已成，难以更改了。"戚夫人听后，哭泣不已。刘邦说："你为我跳楚舞，我为你唱楚歌。"于是就唱了这首《鸿鹄歌》。歌罢，戚夫人更加痛哭流涕，刘邦也没有心思喝酒。最终，刘邦也没有废掉太子。

比起《大风歌》，无论从哪方面来说，《鸿鹄歌》都要逊色得多，但它仍不失为一首言情述怀的优秀作品。它深刻反映了刘邦在立储问题上矛

---

① 矰缴：猎取飞鸟的射具。缴为系在短箭上的丝绳。矰通"缯"。

盾、痛苦的心情。这首诗也有着广泛的影响，据说曹操《短歌行》的创作就受到了它的启迪。

刘邦的《大风歌》也许不是诗中的极品，但其影响却是显而易见的。李白的《相和歌辞·胡无人行》尽管不是直接吟咏汉高祖刘邦的，甚至不是直接写汉而是借汉写唐的作品，却依然能看出《大风歌》对其的影响。

（唐）李白《相和歌辞·胡无人行》：

> 严风吹霜海草凋，筋干精坚胡马骄。
> 汉家战士三十万，将军兼领霍嫖姚。
> 流星白羽腰间插，剑花秋莲光出匣。
> 天兵照雪下玉关，虏箭如沙射金甲。
> 云龙风虎尽交回，太白入月敌可摧。
> 敌可摧，旄①头灭，履胡之肠涉胡血。
> 悬胡青天上，埋胡紫塞旁。
> 胡无人，汉道昌，陛下之寿三千霜。
> 但歌大风云飞扬，安得猛士兮守四方。
> 胡无人，汉道昌。

《相和歌辞·胡无人行》是一首以汉代唐，描写汉家军队出征和胡兵展开激战的战歌。诗中的"胡人"泛指胡酋胡将胡兵。李白在诗中极力描写卫、霍等汉将的英勇无敌，这是针对李林甫所谓"胡人勇决习战"的言论，该诗为反对李林甫的建议而作。诗人站在中原汉族的立场上，希望汉军战胜胡兵，清除边境上北方游牧民族武装的侵扰，让边疆人民过上宁静的生活。该诗的主题思想显然是有积极意义的，是爱国主义的表现。

关于诗的最后几句"陛下之寿三千霜。但歌大风云飞扬，安得猛士兮守四方。胡无人，汉道昌"，其中"但歌"两句引汉高祖刘邦《大风歌》词入句。苏轼等人谓这几句为后之好事者画蛇添足，按诗意，应删去。我们无法确定苏轼等人观点正确与否，但客观地说，这三句对全诗起画龙点睛的作用，而且是全诗的要害所在。

相对地说，李白的另一首诗《登广武古战场怀古》则直接写了乱世英

---

① 旄：音 máo，古代用牦牛尾装饰的旗子。

雄项羽、刘邦的成败。

（唐）李白《登广武古战场怀古》：

> 秦鹿奔野草，逐之若飞蓬。
> 项王气盖世，紫电明双瞳。
> 呼吸①八千人，横行起江东。
> 赤精斩白帝，叱咤入关中。
> 两龙不并跃，五纬②与天同。
> 楚灭无英图，汉兴有成功。
> 按剑清八极，归酣歌《大风》。
> 伊昔临广武，连兵决雌雄。
> 分我一杯羹，太皇乃汝翁。
> 战争有古迹，壁垒颓层穹。
> 猛虎啸洞壑，饥鹰鸣秋空。
> 翔云列晓阵，杀气赫长虹。
> 拨乱属豪圣，俗儒安可通。
> 沉湎呼竖子，狂言非至公。
> 抚掌黄河曲，嗤嗤阮嗣宗。

李白的这首诗借楚汉对峙的古战场遗迹，评论乱世英雄项羽、刘邦的成败，阐述拨乱反正的经验，总结"拨乱属豪圣"的历史规律。诗人的见解与司马迁基本相同。但由于诗人不受儒家传统观念的约束，也能超脱世俗的功利观念，因而既肯定项羽、刘邦的成败，又不以成败论英雄，而从天意、智力、功业结合分析，赞扬刘邦兼有豪杰和圣人的气质，指出只有这样的豪圣才能完成治平乱世统一天下的历史使命。这就比司马迁的论述更透彻明确，也与阮籍鄙薄刘邦的观点相反，更无同情项羽失败、嫌恶刘邦等迂腐的偏见。因此此诗的史论观点虽不免因历史局限而拘于英雄史观及天命论，但在当时的历史条件下，却是独到的。此诗既具有叙事诗的结构，又充满抒情诗的实质。全诗叙述古迹有关的历史人物和眼前景象，抒发诗人的情怀和感触，运用多种艺术手法，提炼精美的语言，铸成不同的

---

① 呼吸：一呼一吸，比喻极短的时间。
② 五纬：金、木、水、火、土五星。

艺术形象，错综而层次清楚地表达主题思想。对现实的超然态度，对历史的洞然见识，对诗歌艺术的卓然才能，构成了这首怀古诗洒脱超逸、豪放豁达的独特风格，也使它充满了乐观开朗的情绪，具有抒情诗的实质。

在吟咏汉高祖的诗歌中，唐代有两首同题诗《咏汉高祖》值得重视，其中的一首作者为历隋唐两朝、被誉为"唐初四大名相之一"的王珪。

（唐）王珪《咏汉高祖》：

> 汉祖起丰沛，乘运以跃鳞。
> 手奋三尺剑，西灭无道秦。
> 十月五星聚，七年四海宾。
> 高抗威宇宙，贵有天下人。
> 忆昔与项王，契阔时未伸。
> 鸿门既薄蚀，荥阳亦蒙尘。
> 虮虱生介胄，将卒多苦辛。
> 爪牙驱信越，腹心谋张陈。
> 赫赫西楚国，化为丘与榛。

王珪的这首咏史诗以史为鉴，咏写逝去的朝代的兴亡，以告诫当朝的君主。尤其是对汉高祖刘邦一生卓越功绩的回顾，使我们体味到一种为时代所激发起来的对建功立业的渴望，对一展才华的渴求，以及对社会人生的思考。

另一首五绝的作者则是武后称制后官司封员外郎的于季子。

（唐）于季子《咏汉高祖》：

> 百战方夷项，三章且代秦。
> 功归萧相国，气尽戚夫人。

这首诗与诗人的另一首《咏项羽》的内容是相对的，《咏项羽》诗旨在思考项羽是如何失败的，选取了项羽的几个重大的失误来表现。与此相反，诗人在这首诗中，选取了刘邦的几个关系到生死存亡的重大事件来表现其决策的正确，既有夺取江山的，又有巩固政权的，即使有些事情的确让人勉为其难，但刘邦还是这样做了，结果把痛苦留给自己，也确保了大汉江山的稳固。该诗纯用事实说话，不着议论，诗意从诗的字里行间显露出来。

在吟咏汉高祖的诗歌中，唐代诗人鲍溶的《沛中怀古》很具有代表性。

（唐）鲍溶《沛中怀古》：

> 烟芜歌风台，此是赤帝乡。
> 赤帝今已矣，大风邈凄凉。
> 惟昔仗孤剑，十年朝八荒。
> 人言生处乐，万乘巡东方。
> 高台何巍巍，行殿起中央。
> 兴言万代事，四坐沾衣裳。
> 我为异代臣，酌水祀先王。
> 抚事复怀昔，临风独彷徨。

这首咏史诗融叙事、议论、抒情于一体，在抚事怀昔、临风彷徨中隐含着对往昔雄风的向往，叙事简约，议论精到，抒情中肯，历来为后人所称道。

被《唐才子传》赞为"天分高爽，意度不凡"的唐代著名"咏史诗第一人"胡曾（840—？），其咏史诗以关心民生疾苦、针砭暴政权臣而著称。胡曾有多首有关汉高祖刘邦的诗作。

《大泽》：

> 白蛇初断路人通，汉祖龙泉血刃红。
> 不是咸阳将瓦解，素灵那哭月明中。

《长安》：

> 关东新破项王归，赤帜悠扬日月旗。
> 从此汉家无敌国，争教彭越受诛夷。

《沛宫》：

> 汉高辛苦事干戈，帝业兴隆俊杰多。
> 犹恨四方无壮士，还乡悲唱大风歌。

第二章 汉高祖长陵——犹恨四方无壮士，还乡悲唱大风歌　45

《平城》：

> 汉帝西征陷虏尘，一朝围解议和亲。
> 当时已有吹毛剑，何事无人杀奉春。

刘邦作为汉代开国之君，也是中国第一位出身平民的皇帝。初为泗水亭长，秦末群雄并起，刘邦亦起兵沛县，故时人称之为"沛公"。刘邦先项羽入关中，降秦王婴，除秦苛法，与父老约法三章。项羽封刘邦为汉王，后刘邦定三秦，俟时机成熟，灭项羽而有天下。相传刘邦起义时，就是借挥剑斩白蛇而举起了造反的赤旗：被斩的白蛇是白帝所生，代表秦王朝，而刘邦则是赤帝的儿子，斩了白蛇是行其灭秦的天意，从而赢得了许多人的拥护。秦末天下大乱，匈奴再度强盛，不时侵犯内地，所以汉高祖重新统一天下后，亲自统兵32万迎战匈奴，不料却被匈奴的40万骑兵包围在平城的白登山达7天7夜，差点全军覆没。所幸最后陈平施美人计，欲献美人给匈奴单于，匈奴阏氏怕汉美女与之争宠，遂劝冒顿单于撤兵，"白登之围"乃得以解脱。从此汉对匈奴不敢再战，改用和亲政策，以息战祸，直到汉武帝时，才对匈奴发动大规模的反击战。胡曾的这几首诗即写了上述这些内容。

在吟咏汉高祖长陵的诗作中，晚唐著名的诗人唐彦谦的《长陵》值得一提。

（唐）唐彦谦《长陵》：

> 长陵高阙此安刘，祔葬累累尽列侯。
> 丰上旧居无故里，沛中原庙对荒丘。
> 耳闻明主提三尺，眼见愚民盗一抔。
> 千载腐儒骑瘦马，渭城斜月重回头。

唐彦谦的这首七律，前四句写景，但写景中包含着诗人无限的感慨；五六两句则用典，"耳闻明主提三尺，眼见愚民盗一抔"，上句用汉高祖事，典出《史记·高祖本纪》："高祖曰：'吾以布衣提三尺剑取天下，此非天命乎？'"[1]下句典出《史记·张释之冯唐列传》："假令愚民取长陵一

---

[1] （汉）司马迁：《史记》卷8《高祖本纪》，北京：中华书局，1959年，第391页。

抔土，陛下何以加其法乎？"①诗人借此讥讽汉高祖刘邦虽生前打下万里江山，至高无上，不可一世，但死后陵墓却免不了被后人所盗。最后两句则融叙事、写景于一体，"千载腐儒骑瘦马，渭城斜月重回头"，含无限之意于言外。

北宋中晚期重要的文学家、苏门四学士之一张耒（1054—1114年）的七绝《项羽》别开生面，名曰《项羽》，实际上通篇贯穿的是刘邦与项羽的对比，一句"自古柔仁伏暴强"倒也简单明了。

（宋）张耒《项羽》：

> 沛公百战保咸阳，自古柔仁伏暴强。
> 慷慨悲歌君勿恨，拔山盖世故应亡。

明代诗人佘翔（约1573年前后在世）的七言绝句《经沛中作》虽不属咏陵诗文的范畴，但由于写的是刘邦，故而我们亦收录于此。

（明）佘翔《经沛中作》：

> 城池寂寞旧山河，赤帝归来万乘多。
> 龙去鼎湖无日返，大风犹唱沛中歌。

佘翔的这首《经沛中作》在"城池寂寞""龙去鼎湖"中写尽了历史沧桑，末句"大风犹唱沛中歌"则抒发了昔盛今衰之感。

经过汉初的休息、恢复与发展，到汉武帝时期，整个社会呈现出一派欣欣向荣的盛世景象。明人杨士奇（1366—1444年）在《歌风台》一诗中对这种盛景予以了充分赞誉。

（明）杨士奇《歌风台》：

> 宽仁运乾纲，四百隆鸿祚②。
> 至今千载余，光华垂竹素。

明代浙江人殷奎，因思母心切，要求在距离家乡近的地方为官，得罪了明太祖，被贬到咸阳任职，于是就有了《长陵晓望》。

（明）殷奎《长陵晓望》：

---

① （汉）司马迁：《史记》卷102《张释之冯唐列传》，北京：中华书局，1959年，第2755页。
② 鸿祚：鼎盛的王业；经久不衰的国运。

> 马上东风生晓寒,长陵高处望长安。
> 丘墟散落人才尽,冈陇分崩王气残。
> 岁祀几朝修典制,月游无庙着衣冠。
> 山河百战谁能主,却属渔翁一钓竿。

在这首诗中,诗人使用白描的手法,述说了长陵外在的自然景观或沦落现象,"山河百战谁能主,却属渔翁一钓竿"抒发了诗人对历史对人生的无限感慨。

殷奎另外一首《登长陵》也值得一读。

(明)殷奎《登长陵》:

> 北风吹日下长陵,乌帽欹倾①与客登。
> 幽事寻来几两屐,吟身扶得一枝藤。
> 图经考订嗟承误,祀典流传感废兴。
> 黄土一抔谁复禁,空遗翁仲立崚嶒②。

清代诗人白纶的《长陵天朗》在吟咏长陵的诗作中显得别具一格。

(清)白纶《长陵天朗》:

> 高耸长陵逐鹿雄,长陵如在砀山中。
> 明烟不觉趋跄下,想见当年赋大风。

由高耸的长陵,想到了当年刘邦未曾发迹时的隐匿的砀山;在晴空万里的咸阳原上信步,思绪却飞到了当年刘邦吟诵《大风歌》的情景。这里,时空交错,作者要表达的思想情感就在这字里行间自然流淌。

清代诗人张干的《长陵怀古》前四句叙事,五六两句写景,最后两句议论,短短的八句,寄托了诗人对人生和历史的无限感慨。

(清)张干《长陵怀古》:

> 马上飞龙诧乃公,殿前功狗困群雄。
> 山河有分归隆准,古今无人续大风。

---

① 欹倾:歪斜貌。
② 崚嶒:高耸突兀貌。

> 二水带围松柏路，诸陵星拱鼎湖宫。
> 竖儒漫说闲丘垅，祀典皇家累世崇。

这首《咸阳早发》感慨古今，表现出诗人凭吊历史遗迹的感伤，给予了诗人四处漂泊的孤苦，唯有自然界春草深情依依，聊以自我慰藉。诗人没有直接出场，但多种意象的点缀，字里行间诗人的行踪、神态、心情若隐若现，颇能体现诗人所追求的神韵。"已见铜人辞汉月，空留石马卧秋风"看似信手拈来，却笼罩着凄清的氛围，耐人寻味。

（清）王士禛《咸阳早发》：

> 日照长陵小市东，依然踪迹逐飞蓬。
> 未央宫阙悲歌里，鄠杜莺花泪眼中。
> 已见铜人辞汉月，空留石马卧秋风。
> 多情最有咸阳草，春霭和烟岁岁同。

真正对刘邦、项羽感兴趣，写下诗论最多的是以《圆圆曲》闻名的吴伟业（1609—1672年），他洋洋洒洒写下了《下相怀古》。虽说诗从项羽的家乡下相写起，但诗中写了楚汉相争，写了刘邦和项羽这两位盖世英雄的你争我斗，结尾处"长陵竟抔土"很巧妙地写到了汉高祖长陵，"万事同惆怅"则如豹尾一般，为诗歌画上了一个叹号。

（清）吴伟业《下相怀古》：

> 驱车马陵山，落日见下相。
> 忆昔楚项王，拔山气何壮！
> 太息取祖龙，大言竟非妄。
> 破釜救邯郸，功居入关上。
> 杀降复父雠，不比诸侯将。
> 杯酒释沛公，殊有君人量。
> 胡为去咸阳，遭人扼其吭！
> 亚父无诤言，奇计非所望。
> 重瞳顾柔仁，隆准至暴抗。
> 脱之掌握中，骨肉俱无恙。
> 所以哭鲁兄，仍具咸仪葬。

古来名与色，英雄不能忘。
力战兼悲歌，西风起酸怆。
废庙枕荒冈，虞兮侍帷帐。
乌骓伏坐旁，踣①地哀鸣状。
我来访遗迹，登高见芒砀。
长陵竟抔土，万事同惆怅！

汉高祖刘邦，在历史上从来都是一个争议人物，说他是盖世英雄的人有之，说他是流氓无赖的人也有之。历代的文人作为一个特殊的群体自然会把刘邦作为一个重要的话题去写，围绕刘邦的争论还会继续下去。

刘邦开创了中国历史上最长的统一王朝，作为大汉盛世的肇基者，其伟大历史功绩为后世所称颂与敬仰。

唐代司马贞在其《史记索隐》中，较全面地评价了刘邦的历史功绩：

> 高祖初起，始自徒中。言从泗上，即号沛公。啸命豪杰，奋发材雄。彤云郁砀，素灵告丰。龙变星聚，蛇分径空。项氏主命，负约弃功。王我巴蜀，实愤于衷。三秦既北，五兵遂东。汜水即位，咸阳筑宫。威加四海，还歌《大风》。②

对刘邦的历史功绩，宋人何去非曾有过专评，其曰：

> 汉王之智盖疏矣，以其能得真智之所在，此所以王；……汉高祖挟其在己之智术，固无足以定天下而王之，然天下卒归之者，盖能收人之智，而任之不疑也。夫能因人之智而任之不疑，则天下之智，皆其资也。此所谓真智也。

英国著名历史学家阿诺德·约瑟夫·汤因比评论说：

> 中国的汉高祖刘邦……，这三个人是专在金钱上打算盘，一心想出人头地的领袖。他们都是在前一代领袖缺乏灵活性而开始出现衰败征兆时，接替政权的。他们有善于处世的手腕，各自把帝国体制从崩溃中解

---

① 踣：跌倒。
② （唐）司马贞：《史记索隐》，（汉）司马迁：《史记》卷8《高祖本纪》，北京：中华书局，1959年，第394页。

救出来，进行整顿，打下了长治久安的统治基础。他们的处世才能和手腕，在伦理上是绝不该称颂的。但是在当时的情况下，在政治上反而是切合时宜的。①

将来统一世界的人，就要像中国这位第二个（第一位为秦始皇。笔者注）没有取得更大成功的统一者一样，要具有世界主义思想。同时也要有达到最终目的所需的干练才能。世界统一是避免人类集体自杀之路。在这点上，现在各民族中具有最充分准备的，是两千年来培育了独特思维方法的中华民族。不是在半个旧大陆，而是在人们能够居住或交往的整个地球。必定要实现统一的未来政治家的原始楷模是汉朝的刘邦。②

---

① ［英］汤因比、［日］池田大作：《展望21世纪——汤因比与池田大作对话录》，荀春生、朱继征、陈国梁译，北京：国际文化出版公司，1999年，第246页。
② ［英］汤因比、［日］池田大作：《展望21世纪——汤因比与池田大作对话录》，荀春生、朱继征、陈国梁译，北京：国际文化出版公司，1999年，第284页。

第三章

吕太后长陵
——吕氏强梁嗣子柔，我于天性岂恩仇

一

2011年8月，我们第一次拜谒汉高祖刘邦的长陵墓园，面对两座几乎同样大小一东一西的两个陵冢，我们一行四人展开了激烈的争论，争论的焦点在于，汉高祖刘邦和他的吕皇后，究竟谁埋在东谁埋在西。争论的结果是没有结果。最后，还是采用了权威专家的观点：高祖陵在西，吕后陵在东。

我们几人之所以有争论，是因为以前就有争论，如清代康熙年间的巡抚大人毕沅就认为高祖陵在东吕后陵在西，原因在于东是尊位，他还安排人在两座陵冢前立了两通巨大的石碑，以示事实的确凿。

就在我们几个人在酷热的阳光下激烈争论的过程中，我却有一种强烈而奇怪的感觉：在东还是西的巨大的陵冢下，那个叫吕雉的女人可能在嗤嗤地笑。那应该是讥笑、嘲笑，还是挖苦的笑？

不是有所谓的昭穆制度吗？不是有所谓的规矩吗？制度呢？规矩呢？

吕雉在嘲笑天下的男人，嘲笑我们中国两千多年的以男权为主导的封建制度。

长陵，自己和丈夫的陵冢，仅仅是吕雉嘲笑天下的男人和以男权为主导的封建制度的一个由头。

长陵是汉代修建的第一座皇帝陵墓,是汉高祖刘邦与皇后吕雉的陵墓。

长陵亦称"长山"或"长陵山"。取名"长陵"或因与所在地古称"长平"或"长平阪"有关。也有人认为"长陵"是以西汉都城"长安"的第一个字命名的,而汉惠帝刘盈的安陵则取第二字命名。实际上开国皇帝陵多名"长陵","长"就是"长"(zhǎng)的意思。

史书记载,刘邦登基称帝后的第二年就开始营建长陵,仿照西汉都城长安建造,与长安隔渭河遥相对峙。天气晴好的日子,站在未央宫前殿遗址的高台上,就能够清晰地看到巍峨的"长陵山"。

据《汉书·地理志》记载,汉高祖刘邦为了防止关东六国贵族作乱,活着的时候就在长陵北建立长陵邑,将关东六国贵族和关内豪门大族迁入关中集中看管,并让其供奉陵园,陵邑户口多达 50 057 户,人口达 179 469 人。

只是汉高祖可能没有料到,到了西汉末年,赤眉军攻入长安,屠城纵火,转而发掘长陵,帝陵和后陵均遭劫难。有野史或后世的历史还小说言吕后的尸体还被侮辱(奸尸),《后汉书·刘玄刘盆子列传》记载:"〔后〕二十余日,赤眉贪财物,复出大掠。城中粮食尽,遂收载珍宝,因大纵火烧宫室,引兵而西。过祠南郊,车甲兵马最为猛盛,众号百万。盆子乘王车,驾三马,从数百骑。乃自南山转掠城邑,与更始将军严春战于郿,破春,杀之,遂入安定、北地。至阳城、番须中,逢大雪,坑谷皆满,士多冻死,乃复还,发掘诸陵,取其宝货,遂污辱吕后尸。凡贼所发,有玉匣殓者率皆如生。故赤眉得多行淫秽。"①我以为,赤眉军侮辱吕后的尸体是可能的,但侮辱的方式是否即如野史、小说中认为的"奸尸"则有待进一步考证。吕后的尸体由于采取了良好的防腐措施,所以在死后 200 多年后保存得还很完好也十分可能,但赤眉军一些丧尽天良的家伙,竟然见了她的尸体起了淫念并进而"奸尸"则不完全可能。原因在于,赤眉军作乱时距离吕雉下葬的公元前 180 年已经有 200 多年,而且吕后死时已经是彻彻底底的"老妪",更何况这个老太太已经在地下埋了 200 多年了。

---

① (南朝宋)范晔:《后汉书》卷 11《刘玄刘盆子列传》,北京:中华书局,1965 年:第 483—484 页。

但吕后和刘邦的墓葬被盗、吕后的尸体被侮辱（至于是哪种形式，目前不确定）则有可能是事实。

汉朝帝陵营建制度，是帝后合葬"同茔不同穴"，后陵一般都在帝陵之东，坟丘也比帝陵要小一些。但是，汉长陵的布局却有很大的不同，其营建在各帝王陵墓中最为特别，凸显了吕后临朝称制前后取得的巨大政治成就和对西汉政权的稳定所作出的历史贡献。

汉长陵的特别之处在于：陵园内并置着汉高祖刘邦与皇后吕雉两座陵冢，且两座陵冢的坟丘大小几乎相同，形制也几乎一样。这种现象在西汉王朝此后的帝王陵墓营建中再未出现过。即使后来对西汉政权的发展建设亦有过重大贡献的孝文窦皇后，其葬礼规格和墓冢的大小也远未达到吕后墓冢的高度。从此我们就不难看出，吕后在刘邦死后为巩固和稳定孱弱的汉初政权所起的作用及产生的政治影响是何等巨大。吕后在刘邦生前及死后的政治功绩为她死后带来几乎与帝王同等的政治殊荣和厚葬规格。

另外一个原因我们不能不考虑，即吕后实际上掌控大汉江山的时间比刘邦还要长，其陵墓比刘邦的陵墓多修建了十六年。所以，虽然她以皇后的身份归葬长陵，而陪葬未必比帝陵逊色多少，陵墓的外观也不会比刘邦的小多少。

也可能因为吕后的这一举动彻底惹恼了后世的男人们，因而，从古到今愤愤不平地痛骂吕雉的声音不绝于耳，人们恨不能把天下最恶毒的语言用在吕后的身上，甚至，后人少有人能够做到像司马迁、班固那样对吕后进行客观的、实事求是的评价。所以，我很怀疑吕后死后200多年被赤眉军奸尸可能更多的出于文人的杜撰，可能人们觉得只有这样方能解对吕后的心头大恨。

可惜的是，历史终归是历史，历史不会因为有多少张口痛骂某一个人而改变。所以，长陵就在那里，吕后的墓冢就和刘邦的墓冢一起并排在那里。况且，后人的骂声再怎么不绝于耳，也不会超过司马迁、班固对吕后的评价。自《史记》以来，为历史人物所立的"本纪"，乃是帝王的专利，而司马迁和班固却各自在他们所写的《史记》《汉书》中破例为吕后立"本纪"，以反映其执政期间真实的历史过程，亦足见两人对吕后执政功绩的高度肯定。在他们看来，吕后的功绩几乎等同帝王之伟业。

所以，后人在地上骂了吕后两千多年，而吕后则在长陵的地下一直嘲笑了后人两千多年。

二

吕后，名雉，字娥姁（xǔ），"高祖微时妃也"，史称高后，是西汉那位"以布衣提三尺剑取天下"的开国皇帝刘邦的正妻。她是中国历史上有记载的第一位皇后和皇太后，也是中国历史上第一个真正意义上"临朝称制"的女人（战国时期的秦宣太后是诸侯王太后，不是一个统一国家的最高领袖）。作为一个女性，吕后以自己的强力介入男性为绝对主导的政治领域，所以，这个人物非常复杂。

吕雉在史书上第一次露面，是在《史记·高祖本纪》之中。

吕雉的父亲因与沛县县令交好，众官吏都去巴结，但巴结是要掏份子钱的，一分钱的礼钱都不愿意掏的刘邦去蹭吃蹭喝，"酒阑，吕公因目固留高祖。高祖竟酒，后。吕公曰：'臣少好相人，相人多矣，无如季相，愿季自爱。臣有息女，愿为季箕帚妾。'酒罢，吕媪怒吕公曰：'公始常欲奇此女，与贵人。沛令善公，求之不与，何自妄许与刘季？'吕公曰：'此非儿女子所知也。'卒与刘季。吕公女乃吕后也，生孝惠帝、鲁元公主"①。从这段文字中我们不难看出，刘邦在当时就是一个中年混混，来到单父人吕家里蹭酒蹭饭，但吕公却凭着自己的"相人"术看出了这个刘季非等闲之辈，还要上赶着把自己的闺女嫁给他。

从《史记》的这段记载中，我们大概可以看出，吕雉的父亲，应属于农村的乡绅阶层，而非一般的土地主。他不但有一些钱，也有一定的社会地位。吕公要躲避仇家，跑到沛县，投奔他的好友沛县县令。沛中的有钱、有名、有官职、有地位、有脸面的人纷纷来看望这位县令的客人。萧何当时是主吏，看到来的人太多，就出了个主意：贺钱不足千钱的，只能坐在堂下。可就是萧何的这个主意，使一件改变中国历史进程的事件发生了：吕公居然看中了刘邦！当场就表态要把女儿吕雉许配给他。吕公的老伴儿很生气，但吕公根本不理会，径直就把女儿嫁过去了。

---

① （汉）司马迁：《史记》卷8《高祖本纪》，北京：中华书局，1959年，第344—345页。

刘邦当时只是一个小小的亭长。亭长是乡官，秦汉时期在乡村每十里设一亭。吕公虽然没有公职，但他是沛县县令的好友，可见不是个一般人。秦汉时期，一个县拥有万户以上者长官称"县令"，不满万户者长官称"县长"。就是这位管理着上万户人家的沛县县令曾向吕雉求婚，但被吕公拒绝了。拒绝了县令不是要把女儿嫁给更大的官，而是主动把女儿嫁给了一个亭长，而且，这位刘姓的"亭长"比女儿大了整整15岁。更令人不解的是，这个"亭长"还养着一个身份不明的女人"外室"曹氏，并且还有一个私生子刘肥。所以，吕雉与刘邦的这桩婚姻无论从哪个方面来看都是不般配的。而且，从《史记》这段记载的字里行间，我们也看不出吕公哪怕象征性地征求一下自己女儿的意见。至于这桩老少配的夫妻间有没有感情，似乎不是吕公要考虑的问题。中国封建时代的婚姻恪守的是"父母之命，媒妁之言"，婚姻一般是作为家族利益的联合，或是共同养家糊口、养儿育女、延续后代的需要，感情在其中所占的成分几乎可以忽略不计。两千多年的中国封建社会的婚姻大抵如是。

问题在于，如果刘邦是一个勤奋、踏实的顾家男人，或许夫妻感情会略好一些。但显然不是，这个刘邦"延中吏无所不狎侮"，"贳酒，时饮醉卧"，经常赊酒，喝醉了躺倒就呼呼大睡。刘邦的老爹也骂他不治产业，是个"无赖"。而且，一个三四十岁的男人，一直没有娶妻，哪怕有了私生子也不成亲，原因何在？最有可能的就是因为刘邦到了当父亲的年龄依然没有养家糊口的本领，加上人品差，又不可靠，还贪酒好色，没有人愿意把女儿嫁给这样的男人。家境应该十分殷实，且父亲属于有头有脸的人物的吕雉下嫁给刘邦这样的男人，确实让我们这些俗人大跌眼镜。

从当时的社会结构和两人之间的婚姻匹配情况来看，吕雉和刘邦的关系，类似于费孝通先生所说的情况：

> 不但在大户人家，书香门第，男女有着阃内阃外的隔离，就是在乡村里，夫妇之间感情的淡漠也是日常可见的现象。……我所知道的乡下夫妇大多是"用不着多说话的"，"实在没有什么话可说的"。一早起各人忙着各人的事，没有工夫说闲话。出了门，各做各的。妇人家如果不下田，留在家里带孩子。工做完了，男子们也不常留在家里，男子汉如果守着老婆，没出息。有事在外，没事也在外。茶馆、烟铺，甚至街

头巷口,是男子们找感情上安慰的消遣场所。……乡下,有说有笑,有情有意的是在同性和同年龄的集中,男的和男的在一起,女的和女的在一起,孩子们又在一起,除了工作和生育事务上,性别和年龄组间保持着很大的距离。①

即使在婚姻制度相对开放的汉代社会里,男性也占据着绝对的主导地位,女性是没有任何地位可言的。我们不妨再看看下面一段文字:

> 高祖为亭长时,常告归之田。吕后与两子居田中耨,有一老父过请饮,吕后因餔之。老父相吕后曰:"夫人天下贵人。"令相两子,见孝惠,曰:"夫人所以贵者,乃此男也。"相鲁元,亦皆贵。老父已去,高祖适从旁舍来,吕后具言客有过,相我子母皆大贵。高祖问,曰:"未远。"乃追及,问老父。老父曰:"乡者夫人婴儿皆似君,君相贵不可言。"高祖乃谢曰:"诚如父言,不敢忘德。"及高祖贵,遂不知老父处。②

我们暂且不论这段话是不是刘邦登基之后对其身世的虚构和渲染,但也能说明一个问题:在那位老父看来,这位带着一儿一女正在田间干着农活的女人吕雉日后之所以贵,一是因为有一个皇帝老公,二是因为有一个皇帝儿子,而不是她本人贵为皇后和皇太后。

刘邦和吕雉的儿子刘盈两岁的时候,一个偶然的机会,刘邦起兵反秦。从此之后,刘邦就从吕雉和一双儿女的眼前消失了。

我们可以想象,在此之前和在此之后的日子里,一位年轻的女人,把一对稚嫩的小儿女背在竹筐里,在田间挥汗如雨地锄地、浇水、插秧、割稻,而她的丈夫,却和别人吆五喝六地喝酒,和别的女人打情骂俏;然后,听说出门干大事去了;再然后,就没有了任何消息,吕雉就和一双儿女毫无指望苦苦等待着。

但是,等待的结果出乎意料,吕雉的那个混混男人成了要改变历史乾坤的大英雄。

这就是我们能看到、想到的关于在刘邦成为改变历史乾坤的大英雄之

---

① 费孝通:《乡土中国》,北京:北京出版社,2005年,第58—59页。
② (汉)司马迁:《史记》卷8《高祖本纪》,北京:中华书局,1959年,第346页。

前吕雉的全部。在那些日子里，我们能看到她的勤劳，却看不到她的善良，当然也看不到她的可恶和可憎，看不到她的恶，看不出她的"为人刚毅"，更看不出她在治国方面的才能。她的可恶、可憎，她的恶，还有她治国方面的能力，都是在拥有了权力之后。

直到刘邦登基之前，我们所看到的吕雉，只是一个符号，一个木偶，看不到她的所思所想。这很正常，她此时只是作为刘邦的一个附庸而存在的，她的地位实际上还比不上刘邦身边的任何一个将领。吕雉并非没有意志，但她的意志在战争中完全不重要。她对刘邦是否有感情，是否甘心为他付出这么多，并没有选择的余地，她只能尽一个那个时代的女子应尽的作为妻子的责任。

在刘邦提着三尺剑打天下的日子里，吕雉至少尽了以下责任：①抚养一双儿女；②赡养一对老人。除此之外，还因受造反的丈夫牵连而坐牢，后来又被项羽抓去做了二十八个月的人质。这些，都成了吕雉后来重要的政治资本，所以，"汉十二年，高祖欲以赵王如意易太子"①，太子太傅叔孙通谏上曰："昔者晋献公以骊姬之故废太子，立奚齐，晋国乱者数十年，为天下笑。秦以不蚤定扶苏，令赵高得以诈立胡亥，自使灭祀，此陛下所亲见。今太子仁孝，天下皆闻之。吕后与陛下攻苦食啖，其可背哉。陛下必欲废适而立少，臣愿先伏诛，以颈血污地。"②叔孙通作为太子太傅，自然要为刘盈说话，但为了维护吕后的利益反应如此过度，态度如此坚决，还是出人意料。可见在当时，吕后的功劳还是很被大家认可的。

客观地说，刘邦做了皇帝之后，对待自己的糟糠之妻吕雉和吕氏家族还是很有情有义的。在分封功臣当中，吕雉的兄长吕泽被封为周吕侯，那个早年"慧眼识英雄"的老丈人吕公虽然在战场上寸功未立，也被封为临泗侯。

想当年，在做了两年多的人质之后，受尽千般苦万般罪，带着满身伤痛的吕雉回到了汉营刘邦身边。没想到回来之后，她的心灵遭受了更为沉重的打击：刘邦身边已有了年轻貌美的戚姬。所以，吕雉归汉后，已经是"常留守，希见上，益疏"，连刘邦的面都很少见到。吕后几乎每一天都是独守空房，而刘邦则一直陪着年轻貌美的戚姬。

---

① （汉）司马迁：《史记》卷99《刘敬叔孙通列传》，北京：中华书局，1959年，第2724页。
② （汉）司马迁：《史记》卷99《刘敬叔孙通列传》，北京：中华书局，1959年，第2725页。

也许在这个时候,吕雉对戚姬的仇恨就已经开始生根发芽了。

公元前202年,刘邦在山东定陶汜水之阳举行登基大典,定国号为汉。此后不久,刘邦采纳了娄敬的建议,迁都至"金城千里,天府之国"的关中长安。

从此,被封为皇后的吕雉开始过上了另外一种生活,她人生的悲剧以及因此带给别人的悲剧正式拉开了序幕。

于是,最令现代的影视编导们感兴趣的情景出现了:大多数情况下,贵为皇后的吕雉成了一个深宫怨妇,她永远不知道她的夫君刘邦在哪座宫殿里快活风流,她只能搂着她未成年的女儿和儿子,愤怒而无可奈何;有时,吕后又是一个威严的女君主,群臣匍匐在她的脚下,忐忑地等待着她疲惫而又沙哑的声音在大殿里威严地响起;有时,这个年老色衰的中年妇女深藏于深宫的阴影中,不动声色地让一代枭雄韩信、彭越身死族灭,并把美艳妖娆的戚姬变成一团"人彘"扔在厕所里。

应该说,多年的耳濡目染,也许还有一些天生的成分,吕后是很有政治家才能的,这一点不仅仅发生在刘邦死后,刘邦在世的时候吕后就已显示出了卓越的政治才能。她积极地协助刘邦处理纷纭错杂的朝廷事务,而刘邦对她的政治才干也颇为赞许:"吕后真而主矣!"①据《史记》记载:"吕后为人刚毅,佐高祖定天下,所诛大臣多吕后力。"②其中最著名的事件就是主谋诛杀韩信、彭越,逼反英布并最终灭而杀之。这三件事情都发生在刘邦去世的前一年。韩信、彭越、英布三人都是著名战将,为刘邦夺下了半壁江山,刘邦登基做皇帝后,三人均被封为王。三人的封地国土广大、民口众多,是当时一等一的大国,为大汉江山的稳固起了重要作用。

但是,当吕后诛杀这些异姓王的时候,她可能没有想到,几年之后她也会大肆分封诸吕为王,而"吕"姓王也是"异姓王"。

汉高祖十二年(前195年),刘邦驾崩,享年61岁。17岁的刘盈即帝位,吕雉为太后。汉惠帝刘盈年幼仁弱,大权掌握在45岁的吕太后手中。

公元前188年,惠帝刘盈忧郁病逝,立(前)少帝刘恭,吕太后临朝称制,行使皇帝职权,为中国皇后专政的第一人。

---

① (汉)司马迁:《史记》卷55《留侯世家》,北京:中华书局,1959年,第2047页。
② (汉)司马迁:《史记》卷9《吕太后本纪》,北京:中华书局,1959年,第396页。

第三章　吕太后长陵——吕氏强梁嗣子柔，我于天性岂恩仇　59

公元前184年，吕后杀少帝刘恭，立刘弘为（后）少帝，吕太后依旧临朝天下，所以刘弘不称元年。

吕太后临朝称制之后，做了不少好事，更做了不少坏事。

吕雉做的最令人发指的事情就是对戚夫人和赵王的处置，这也是后人对其诟病、指责、痛骂最多的一件事情。从某种意义上来说，"中国历史上最坏的女人"也就是从这件事情上体现出来的。

《史记·吕太后本纪》记载：

> 吕后最怨戚夫人及其子赵王，乃令永巷囚戚夫人，而召赵王。使者三反，赵相建平侯周昌谓使者曰："高帝属臣赵王，赵王年少。窃闻太后怨戚夫人，欲召赵王并诛之，臣不敢遣王。王且亦病，不能奉诏。"吕后大怒，乃使人召赵相。赵相征至长安，乃使人复召赵王。王来，未到。孝惠帝慈仁，知太后怒，自迎赵王霸上，与入宫，自挟与赵王起居饮食。太后欲杀之，不得闲。孝惠元年十二月，帝晨出射。赵王少，不能蚤起。太后闻其独居，使人持酖饮之。犁明，孝惠还，赵王已死。于是乃徙淮阳王友为赵王。夏，诏赐郦侯父追谥为令武侯。太后遂断戚夫人手足，去眼，煇耳，饮瘖药，使居厕中，命曰"人彘"。居数日，乃召孝惠帝观人彘。孝惠见，问，乃知其戚夫人，乃大哭，因病，岁余不能起。使人请太后曰："此非人所为。臣为太后子，终不能治天下。"孝惠以此日饮为淫乐，不听政，故有病也。①

吕雉痛恨戚夫人及其儿子赵王，这一点我们容易理解。如前文所述，在刘邦起兵反秦不在家的日子里，吕雉在老家辛辛苦苦地拉扯两个孩子，照顾两个老人，同时还要顶着大太阳下地耕作，整天风吹日晒，自然容易苍老。好不容易来到丈夫身边，才发现丈夫身边已经有了别的女人。这个女人仗着自己年轻貌美，又深得刘邦的喜爱，自然也就不把正妻吕氏放在眼里。我们可以设想一下，每当吕后看到丈夫和戚夫人打得火热，而年轻貌美的戚夫人还时不时地瞟一眼躲在角落里一脸幽怨的自己，吕后肯定会想自己当年是怎样瞎了眼嫁给了刘邦的。刘邦喜爱戚夫人，他俩"生赵隐王如意"，因为"孝惠为人仁弱，高祖以为不类我，常欲废太子，立戚姬

---

① （汉）司马迁：《史记》卷9《吕太后本纪》，北京：中华书局，1959年，第397页。

子如意，如意类我。戚姬幸，常从上之关东，日夜啼泣，欲立其子代太子"①。幸亏有一帮老臣子引经据典据理力争，才使刘邦废掉太子立赵王如意的如意算盘没有打成。这可不是小事，在一个"母以子贵"的社会里，儿子是"皇"还是"王"，是有云泥之别的。而且，刘邦、戚夫人欲废太子立戚姬子如意这一切就发生在吕后的眼皮子底下，她把这一切都牢牢地记在心里，仇恨的烈火越烧越旺。

面对着"色"令智昏的丈夫，年老色衰的吕后自然无力反抗，甚至有些束手无策。这个当年连贺喜的"份子钱"都掏不起的老男人，如今可是手握至高无上大权的皇帝，他掌握着天下所有人的生杀大权，他想让谁死谁就得死，他想废掉一个皇后就可以废掉一个皇后。

但是，吕后有一个优势是皇帝所没有的：她比皇帝年轻 15 岁。何况刘邦在讨伐英布叛乱时，为流矢所中，伤得很重。她可以等，等着皇帝驾崩归西的那一天。

这一天终于来到了！公元前 195 年，也就是汉高祖十二年四月甲辰，刘邦驾崩于长乐宫。

安排完丈夫的后事，吕太后就迫不及待地开始动手了！

对待戚夫人这个她恨得牙都痒痒的女人，吕太后使用了极其残忍的手段：断了戚夫人手足，挖掉她的双眼，烧坏她的双耳，给她服用变哑的毒药，让她住在茅厕之中，名曰"人彘"。

接下来发生的事情令人百思不得其解，吕太后对戚夫人做了这种人类历史上少见的罪孽，为什么要让自己那个"为人仁弱"的亲生儿子亲眼看见那悲惨的场景？是想锻炼一下儿子的意志，还是想让儿子见识一下与她作对者的下场？是想让儿子彻底放弃对戚夫人的保护，还是像宋人余靖在《汉论上》里所说，孝惠"植性仁弱"，"乃感人彘之酷，意不久生，自促寿命，以成高后之势"②？也就是说，吕后此举是想把她的这个软弱的儿子彻底吓傻，好让她掌握朝政。

果然，汉惠帝在茅厕看到了那个被剁掉手脚、眼睛成了两个黑窟窿、耳朵听不见、嘴巴不能言的怪物，不知道这个怪物是什么，问了之后才知道这居然就是赵王如意那个年轻貌美的母亲，"乃大哭，因病，岁余不能

---

① （汉）司马迁：《史记》卷 9《吕太后本纪》，北京：中华书局，1959 年，第 395 页。
② （宋）余靖：《武溪集嘉佑集》，长春：吉林出版集团，2005 年，第 86 页。

起"。而且更严重的是,此后,惠帝"使人请太后曰:'此非人所为。臣为太后子,终不能治天下。'孝惠以此日饮为淫乐,不听政,故有病也"①。汉惠帝傻倒没有傻,但彻底堕落,整天离不开酒和女人,以致年轻轻的就一命呜呼,二十一岁驾崩,只做了七年皇帝。

要知道,汉惠帝刘盈可是吕后唯一的亲生儿子,我们实在难以理解吕后这种病态的做法背后的真正原因,但认为"人彘之酷"只是平常"家庭""闺门之间事"者,恐怕并不能以此洗刷吕太后残戾双手的血污,也不能合理解释这一史上罕见惨虐行为的心理背景。

汉高祖死了之后,吕后迫不及待地对刘邦的子孙们痛下杀手。刘邦共有八个儿子,分别是刘肥、刘盈、刘如意、刘恒、刘恢、刘友、刘长、刘建,其中只有刘盈是吕后亲生。吕后掌权后,先是毒杀了赵王刘如意,然后又因小事想对齐王刘肥故伎重演,被刘肥识破,刘肥设计自保逃过一劫。后来,吕后又设计饿死刘友,迫使刘恢自杀,刘建病死时只留下一个儿子,也被吕后派人杀掉。没有受到吕后威胁的只有刘恒和刘长二人。实际上,连亲生的儿子刘盈也是间接死于吕后之手。总结起来,刘邦的八个儿子中,直接或间接死于吕后之手的有四人,另有一人病死后被吕后绝了子孙根。

但是,吕后在恨不能将刘邦的子孙们斩草除根、向刘家的子孙痛下杀手的时候可能忘记了一点,只要江山还姓刘,她的这种疯狂的行为肯定要遭到报复,她想让刘家断子绝孙,刘家日后也会让吕家断子绝孙。

与此同时,吕后另一个疯狂的举动就是不遗余力地压制功臣,大封吕姓王。当年高祖与众大臣曾有过"白马之盟",即"非刘氏而王,天下共击之",作为巩固西汉中央政权的辅助手段。刘邦死后,吕太后为了强化自己的统治,在采取"无为而治"巩固西汉政权的同时,疯狂打击诸侯王和政治上的反对派,重用其宠臣审食其,然后安插党羽,大封诸吕为王侯。右丞相王陵坚决反对封诸吕为王的政策,坚持高祖与大臣的盟约。吕太后很不高兴,就让他担任皇帝的太傅,夺了他的丞相职权,王陵只得告病回家,使吕后封诸吕没有了障碍。吕太后追封他已故的两个哥哥,大哥周吕侯吕泽为悼武王,吕释之为赵昭王,以此作封立诸吕为王的开端。吕

---

① (汉)司马迁:《史记》卷9《吕太后本纪》,北京:中华书局,1959年,第397页。

后元年（前 187 年），封侄吕台为吕王，吕产为梁王，吕禄为赵王，侄孙吕通为燕王，追尊父吕文为吕宣王，封女儿鲁元公主的儿子张偃为鲁王，将吕禄的女儿嫁给刘章，封刘章为朱虚侯，封吕释之的儿子吕种为沛侯，封外甥吕平为扶柳侯。吕后二年，吕台去世，谥号肃王，封其子吕嘉代吕台为吕王。吕后四年，又封其妹吕嬃为临光侯，侄子吕他为俞侯，吕更始为赘其侯，吕忿为吕城侯。吕后先后分封吕氏家族十几人为王为侯。

在吕后恨不能将吕家大门口的拴马石都封王封侯的时候，她难道忘记"白马之盟"了吗？

以一个普通人的智商来分析，她肯定不会忘记。

可问题在于，吕姓毕竟不是刘姓。

吕后残忍地对待戚夫人和赵王如意，不遗余力地迫害刘邦的子孙，疯狂地分封吕姓为王为侯，除了一贯任性的行事风格使然之外，目的之一就是夺取刘家的封地，用以分封她的娘家人，以壮大吕家势力。事实上，吕后也几乎夺得了刘家天下。但结果却是在接下来的政变中，吕姓一族被大臣们尽数诛杀，连吕后和刘邦的亲生子刘盈一支也被连累，遭了灭门之灾。

吕后在刘邦死后几年里所做的这些看似疯狂的事情，其背后都有她的原因，其作用有正面的，也有负面的，这些均不在本书讨论的范围。

考察吕太后的人生轨迹，我们可以发现，史家和政论家们所指责的她的罪恶或者过失，都发生在其晚年。这些表现，如朱熹所说，是"后来许多不好"。

我们前文说过，汉高祖驾崩时，吕后 45 岁，到她 62 岁时去世，史料上吕后的活动也就集中在这段时间。也就是说，吕后在做上述事情时，年龄基本上是在 50 岁左右，这一年龄段正是女人更年期时期。

在记录和分析吕雉历史表现先后的差异时，有人注意到她人生阶段的变化，即迈入老年的事实："太后春秋长。"实际上，吕雉与戚夫人怨意的发生，起初始于前者年龄的败势。《史记》卷九《吕太后本纪》"吕后年长，常留守，希见上，益疏"以及所谓"戚姬以华色专宠"，已经说明了这一事实。

当代著名学者王子今先生在其《吕太后的更年期》一文中，提出了这一令人耳目一新的观点，即吕后晚年那些看上去很病态、很变态、很疯狂的举动，跟她进入更年期有直接的关系：

> 如果剔除这些议论中性别歧视的成分，考虑女性更年期烦躁、焦虑、多疑、易怒等不正常心理因素可能的政治史影响，或许也不失为探索若干历史现象真实原因的一种可行的思路。
>
> 对于"更年期综合征"的通常解释，是人体某些器官老化，某些生理功能逐渐衰退或者丧失所引起的以自主神经功能紊乱代谢障碍为主的一系列症候群。医学界和心理学界一些研究者称之为"男性更年期综合征"的生理和心理现象，也有心悸、抑郁、暴躁、倦怠、偏执、喜怒无常，以及猜忌心重，孤独感、压抑感、恐惧感强，记忆力下降，自主决策能力减退等表现。而这些现象在中国古代帝制时代，可能会因患者控制绝对权力，也就是吕后故事所谓"骄蹇""自恣"而"莫能禁"，即没有任何力量可以制约，形成极其严重的影响。在这种情况下，权力会导致危害的放大，使得某一个人的心理病症成为整个社会的全面灾祸。这种情形在晚年帝王"做到后来许多不好"的行政经历中，是并不罕见的。对于吕太后教训致使"国家所以乱"有所认识的汉武帝，晚年也曾经有"春秋高，意多所恶"，"体不平，遂苦忽忽善忘"的心理表现。如宋代学者洪迈《容斋续笔》卷二"巫蛊之祸"条所说，"是时帝春秋已高，忍而好杀，李陵所谓法令无常，大臣无罪夷灭者数十家。"而"心术既荒，随念招妄"，"迷不复开"等等心理症状，也是导致"巫蛊之祸"发生的原因。①

这起码是认识这一问题的一个全新的角度。

不管怎么说，吕雉—吕后—吕太后，她的一辈子很不容易，从一个在农村田野里干活的乡下丫头，到后来成为大汉帝国的皇后，又成为皇太后。无论是协助刘邦诛杀异姓诸侯王稳固新江山，还是临朝称制后沿袭了"无为而治""与民休息"之国策，保持汉初政策的一贯性，抑或继续刘邦执政期间与匈奴和亲的外交政策，继续坚持重农之国策，有步骤地放宽经商的经济政策，吕雉都做得很好。而诛杀异姓王，极其残忍地对待戚夫人，大规模地分封诸吕等，是她人生病态、变态的另一面，这其中可能有

---

① 王子今：《吕太后的更年期》，《读书》2010年第4期。

因为生理上的变化而引起心理上的变化,最后导致其行为的变态与病态。但她为完成刘邦遗愿,维护皇室,使自己功名垂世,"吕后克制住自己,不作自行宣布为女皇的安排。她的做法在后汉时期和以后中国的王朝几次被一个皇后所把持时被人仿效。可是她拥有无可争辩的权力"①,其目的还是要安定天下,避免动荡所带来的灾难,因为西汉王朝再也经不起战争的折腾了。这说明吕后大多数情况下还是正常的,有理性的。所以,历史学家对于吕后执政的十五年给予了较高的评价:这一阶段是西汉王朝承前启后的重要阶段,是汉初恢复和发展社会经济卓有成效的时期,这为"文景之治"的出现创造了有利条件。

据《史记·吕太后本纪》记载:(高后八年,前180年)七月中,高后病甚,乃令赵王吕禄为上将军,军北军。吕王产居南军。吕太后诫产、禄曰:"高帝已定天下,与大臣约,曰'非刘氏王者,天下共击之'。今吕氏王,大臣弗平。我即崩,帝年少,大臣恐为变。必据兵卫宫,慎毋送丧,毋为人所制。"辛巳,高后崩。②

后来的事实不幸被吕太后言中。她死后不久,西汉王朝就度过了一段血雨腥风的日子,血流成河,死人成堆,但手握国家大权的人最终还是姓刘而不姓吕。

从史书上来看,司马迁的《史记》和班固的《汉书》都把吕后安排进了"本纪"这种本应记录帝王事迹的文体当中,这也是对她临朝称制、行使帝权的一种认可。司马迁还给了她一个相当不错的评价:

> 孝惠皇帝、高后之时,黎民得离战国之苦,君臣俱欲休息乎无为,故惠帝垂拱,高后女主称制,政不出房户,天下晏然。刑罚罕用,罪人是希,民务稼穑,衣食滋殖。③

班固对她的评价基本上沿袭了司马迁的观点和语言:

> 孝惠、高后之时,海内得离战国之苦,君臣俱欲无为,故惠帝拱己,高后女主制政,不出房闼,而天下晏然,刑罚罕用,民务稼穑,衣

---

① [英]崔瑞德、鲁惟一:《剑桥中国秦汉史》,北京:中国社会科学出版社,1992年,第153页。
② (汉)司马迁:《史记》卷9《吕太后本纪》,北京:中华书局,1959年,第406页。
③ (汉)司马迁:《史记》卷9《吕太后本纪》,北京:中华书局,1959年,第412页。

食滋殖。①

就是说，惠帝和吕后的无为而治，天下很平静，老百姓日子过得很滋润。

对于一个普通百姓而言，这已经很幸福很满足了。是啊，丰衣足食，天下太平，大家都安居乐业，至于天下姓刘还是姓吕又有什么关系呢？

三

在吟咏长陵墓主之一的吕雉的诗文中，有一种现象值得注意，即赞扬这个女人的极少，更多的是痛骂她的。出现这种现象的原因我们在上文已经有所涉及，对于一个以男性为绝对主导地位的社会，绝大多数人（包括男人和女人）仅凭个人的直觉与好恶都不会容忍一个女人当政，尽管吕后只是临朝称制，还不是真正意义上的皇帝。还有一种现象也需要注意，即吟咏吕后的诗词和其他的汉代皇帝有所不同，唐之后的文人显著增加，这可能和唐之后的宋、元、明、清几朝的社会风气尤其是社会对女性的态度变化有较大关系。

（汉）刘友《赵幽王歌》：

> 诸吕用事兮刘氏微②，迫胁王侯兮强授我妃。
> 我妃既妒兮诬我以恶，谗女乱国兮上曾不寤。
> 我无忠臣兮何故弃国？自快中野兮苍天与直。
> 于嗟不可悔兮宁早自贼，为王饿死兮谁者怜之，吕氏绝理兮托天报仇。

刘友是汉高祖刘邦的第六子，汉惠帝刘盈、汉文帝刘恒异母弟，西汉诸侯王。汉高祖十一年（前196年），刘友受封淮阳王。汉惠帝元年（前194年），吕后派人毒杀赵隐王刘如意，改封刘友为赵王。吕后七年（前181年），刘友的王后（吕氏之女，可能是吕后的侄女）因刘友宠爱其他姬妾，心生妒忌，便向吕后诬告刘友想谋反。吕后大怒，于是召刘友进京，将他软禁起来，并断绝粮食，刘友饿死在软禁之所，以平民礼仪下

---

① （汉）班固：《汉书》卷3《高后纪》，北京：中华书局，1962年，第104页。
② 微：衰落。

葬，谥号幽王。这首诗即刘友被害前的写实抒怀之作。《赵幽王歌》共九句，表达了刘友濒临饿死时悔恨交加的沉痛心情。刘友用当时流行的"骚体"写出了自己的厄遇，揭露了吕氏的霸道、残忍，强烈地表达了诗作者想要报仇雪恨的愿望。言志之诗，不假雕饰，悲愤之情，跃然纸上。

（南朝梁）刘勰《文心雕龙》：

> 及孝惠委机，吕后摄政，班史立纪，违经失实。何则？庖牺以来，未闻女帝者也。汉运所值，难为后法。牝鸡无晨，武王首誓；妇无与国，齐桓著盟；宣后乱秦，吕氏危汉；岂唯政事难假，亦名号宜慎矣。

刘勰是南北朝时期的著名文艺评论家和文体学家，但是，在《文心雕龙》的相关篇章中，他仍然对吕雉作为一个女性当政感到痛心疾首，指出"牝鸡无晨，武王首誓；妇无与国，齐桓著盟；宣后乱秦，吕氏危汉"[①]，批评作为史学家的司马迁和班固不应该将吕雉的史迹写进"本纪"之中，这既违反了经书的教训又不合实际的做法。他认为，宣太后搞乱了秦国，吕后摄政危害汉室，只要是女人当政，朝政肯定会陷入混乱，所以作为史学家给其名号时应该慎之又慎。可见刘勰作为一个伟大的文艺理论家，在观念上仍然无法摆脱"红颜祸水"的窠臼。

（唐）李白《雪谗诗赠友人》：

> 嗟予沉迷，猖獗已久。
> 五十知非，古人尝有。
> 立言补过，庶存不朽。
> 包荒匿瑕，蓄此顽丑。
> 月出致讥，贻愧皓首。
> 感悟遂晚，事往日迁。
> 白璧何辜，青蝇屡前。
> 群轻折轴，下沉黄泉。
> 众毛飞骨，上凌青天。
> 萋斐暗成，贝锦粲然。

---

① （南朝梁）刘勰：《文心雕龙》，黄叔琳注，李详补注，杨明照校注补遗：《增订文心雕龙校注》，北京：中华书局，2000年，第285页。

泥沙聚埃，珠玉不鲜。
洪焰烁山，发自纤烟。
苍波荡日，起于微涓。
交乱四国，播于八埏①。
拾尘掇蜂，疑圣猜贤。
哀哉悲夫，谁察予之贞坚？
彼妇人之猖狂，不如鹊之强强。
彼妇人之淫昏，不如鹑之奔奔②。
坦荡君子，无悦簧言。
擢发赎罪，罪乃孔多。
倾海流恶，恶无以过。
人生实难，逢此织罗。
积毁销金，沈忧作歌。
天未丧文，其如余何。
妲己灭纣，褒女惑周。
天维荡覆，职此之由。
汉祖吕氏，食其在傍。
秦皇太后，毒亦淫荒。
蝃蝀③作昏，遂掩太阳。
万乘尚尔，匹夫何伤。
辞殚意穷，心切理直。
如或妄谈，昊天是殛。
子野善听，离娄至明。
神靡遁响，鬼无逃形。
不我遐弃，庶昭忠诚。

《雪谗诗赠友人》是诗人李白创作的一首古诗。此诗内容可分五部分：第一部分，从起首到"事往日迁"，诗人慨叹自己怀才不遇，受谗遭谤；第二部分，从"白璧何辜"到"谁察予之贞坚"，诗人申明自己是无

---

① 埏：音 yán，地的边际。
② 奔奔：急走貌。
③ 蝃蝀：虹的别称。

辜的受害者；第三部分，从"彼妇人之猖狂"到"其如余何"，作者表明自己面对谗毁决不屈服，而且要以天下为己任；第四部分，从"妲己灭纣"到"遂掩太阳"，总结历史教训，以史为鉴；第五部分，从"万乘尚尔"到最后，作者重申虽怀才不遇但忠贞不变的精神。全诗言辞恳切，情感真挚，极具艺术感染力。李白在诗中提到的几个历史上著名的女性如妲己、褒姒、吕氏、赵姬等人，他们都"毒亦淫荒"，扰乱了朝纲，就像蜉蝣遮住了太阳的光辉。

（唐）高适《辟阳城》：

> 荒城在高岸，凌眺俯清淇。
> 传道汉天子，而封审食其。
> 奸淫且不戮，茅土孰云宜。
> 何得英雄主，返令儿女欺。
> 母仪良已失，臣节岂如斯。
> 太息一朝事，乃令人所嗤。

高适是唐代著名的边塞诗人。这首诗内容是鞭笞吕太后与审食其私通淫乱，但可叹的是，汉高祖反而封审食其为辟阳侯。该诗大约是高适北使归来，路过辟阳城做的。辟阳城在唐信都县东南三十五里，今河北省冀县东。这首诗大半议论，义正辞严。吕太后和审食其私通淫乱，作为一国之母的吕太后母仪尽失，把大汉朝廷搞得乌烟瘴气，令人叹息不已。

（唐）周昙《前汉门王莽》：

> 权归诸吕牝鸡鸣，殷鉴①昭然讵可轻。
> 新室不因祟外戚，水中安敢寄生营。

周昙著有《咏史诗》八卷。在这首《前汉门王莽》中，诗人把王莽篡政的原因归于大汉的权柄被诸吕掌控和吕雉牝鸡司晨，提出历史的教训值得汲取。

（唐）李昂《赋戚夫人楚舞歌》：

---

① 殷鉴，殷人灭夏，其后人应以夏亡为鉴而戒之。后泛指可为借鉴的前事。

定陶城中是妾家，妾年二八颜如花。
闺中歌舞未终曲，天下死人如乱麻。
汉王此地因征战，未出帘栊人已荐。
风花菡萏落辕门，云雨装回入行殿。
日夕悠悠非旧乡，飘飘处处逐君王。
闺门向里通归梦，银烛迎来在战场。
相从顾恩不雇己，何异浮萍寄深水。
逐战曾迷只轮下，随君几陷重围里。
此时平楚复平齐，咸阳宫阙到关西。
珠帘夕殿闻钟磬，白日秋天忆鼓鼙。
君王纵恣翻成误，吕后由来有深妒。
不奈君王容鬓衰，相存相顾能几时。
黄泉白骨不可报，雀钗翠羽从此辞。
君楚歌兮妾楚舞，脉脉相看两心苦。
曲未终兮袂更扬，君流涕兮妾断肠。
已见储君归惠帝，徒留爱子付周昌。

与唐文宗同名的唐代诗人李昂诗作很少，《全唐诗》中仅存其两首，关于他的生平事迹也记载极少，只知道他在开元时任考功员外郎。李昂的这首乐府诗叙写了戚夫人的一生，从她待字闺中一直写到"已见储君归惠帝，徒留爱子付周昌"。尤其值得注意的是，诗人在描写戚夫人的遭遇时，贯穿了从秦末到西汉的历史事件。由于"吕后由来有深妒"，"君王纵恣翻成误"，导致了戚夫人悲剧的一生。

（唐）杜牧《题商山四皓庙一绝》：

吕氏强梁嗣子柔，我于天性岂恩雠。
南军不袒左边袖，四老①安刘是灭刘。

这是杜牧的一首咏史诗。诗人采用了假设手法，翻出一番新颖的历史见解：如果南军当时不支持周勃安刘诛吕，那么商山四皓也是无力安刘的。如果仅仅依靠商山四皓，刘氏就会被诸吕灭掉。历史是不能假设重复

---

① 四老：指商山四皓。

的，而任何事后的假设，虽然可能有其更合理的一面，但也只能是假设。不过，后人在借鉴历史时，各种假设就有了现实的意义。杜牧此诗除了强调历史具有某些偶然性外，还可说明政治斗争具有很大的冒险性，而人心之向背，往往在关键时候起决定性的作用。

（宋）于石《高帝》：

> 吕氏强梁刘氏危，宫中枕卧复谁知。
> 酿成外戚中官祸，兴汉已开亡汉基。

这首七言绝句简明扼要，指出在西汉王朝由于吕氏过于强势，刘氏家族的大汉王朝岌岌可危。这一切都是因为忘记了汉王朝开国的基业，以致酿成了外戚当政的祸端，给汉王朝最终的覆灭埋下了伏笔。

（宋）汪元量《把酒听歌行》：

> 君把酒，听我歌。
> 君不见陌上桑，鹑奔奔兮鹊疆疆①。
> 高堂今夕灯烛光，燕姝赵女吹笙簧。
> 君把酒，听我歌。
> 美人美人美如此，倾城倾国良有以。
> 周惑褒姒烽火起，纣惑妲己贤人死。
> 君把酒，听我歌。
> 汉家之乱吕太后，唐家之乱武则天。
> 魏公铜台化焦土，隋炀月殿成飞烟。
> 君把酒，听我歌。
> 美人美人色可食，美人美人笑可爱。
> 美人命薄争奈何，美人色衰相弃背。
> 美人一笑难再得，美人绝色今何在。
> 君不见马嵬坡下杨太真，天生尤物不足珍。
> 那及唐虞九妃人，千古万古名不湮。

这首《把酒听歌行》从赵女、褒姒、妲己，再写到吕太后和武则天，

---

① 疆疆：鸟群飞相随貌。

这众多的美女只能导致江山易主,所以,作为女子应该学习唐虞的女人们恪守妇德以万古流芳。诗的形式新颖,但诗的主题没有任何新意,依然是几千年中国封建社会广为流传的"红颜祸水"说。

(宋)家铉翁《过沛题旅壁》:

> 单吕早识隆准公,择婿能得人中龙。
> 云何托女不托宗,欢娱未了万事空。
> 沛人犹言令善相,善相如此术亦穷。
> 高皇先识万物表,芟刈群雄如薙①草。
> 孽女近在目睫间,滥觞不戒使滔天。
> 向非遗后余此二三老,安知北军袒右与袒左。
> 嗟哉涂山启夏任启周,女德王功相匹休。
> 令名堂堂照千古,不似沛中吕氏女。

严格地说,这首《过沛题旅壁》本不属于咏陵诗的范畴,但写得很有意思,故录于此。诗中写吕雉的父亲因为善于相术,所以给女儿找到了一个真正意义上的乘龙快婿。作为高皇帝,刘邦能够识别世上的万物,消灭天下的英雄豪杰就如同割草一般,但是,刘邦对于自己眼眉下面的孽女吕雉却视而不见,以致酿成了滔天大祸。

(宋)徐钧《吕后》:

> 父识英雄婿沛公,家因骄横血兵锋。
> 始知善相元非善,不是兴宗是覆宗。

诗人认为当年吕公"慧眼识英雄"看中了沛公,并将女儿嫁给了他,但这并没有给吕家带来更多的幸福与快乐,而是延绵不断的血光之灾。

(元)李孝光《商山四皓图》:

> 帝忧母主重废嫡,人料子房宜与谋。
> 盟诅不虞高后劫,卑辞翻为建成筹。
> 腹心已去悲歌起,羽翼虽成女祸留。
> 俱堕术中曾不寤,先生轻出后人羞。

---

① 薙:音 tì,同"剃",除草。

该诗写了商山四皓的故事。商山四皓指的是秦末汉初的东园公、甪里先生、绮里季和夏黄公四位著名学者。他们不愿意出仕做官，长期隐居在商山，出山时都80岁有余，眉皓发白，故被称为"商山四皓"。刘邦久闻四皓的大名，曾请他们出山为官而被拒绝。刘邦登基后，立长子刘盈为太子，封次子如意为赵王。后来，刘邦见刘盈天生懦弱，才华平庸，而次子如意却聪明过人，才学出众，有意废刘盈而立如意。刘盈的母亲吕后听闻，非常着急，便遵照开国大臣张良的主意，聘请商山四皓。有一天，刘邦与太子一起饮宴，他见太子背后有四位白发苍苍的老人，询问后才知是商山四皓。四皓上前谢罪道："我们听说太子是个仁人志士，又有孝心，礼贤下士，我们就一齐来作太子的宾客。"刘邦知道大家很同情太子，又见太子有四位大贤辅佐，也就打消了改立赵王如意为太子的念头。刘盈后来继位，即汉惠帝。

（元）张养浩《吕后》：

> 妇人阴类狠淫俱，故德元勋半坐诛。
> 钩弋后来非命死，茂陵刚断古今无。
>
> （自注：惜高祖不诛此妇也）

诗中提到的钩弋（前113—前88年）即钩弋夫人，西汉河间（今河北献县东南）人，武帝巡狩过河间时得幸，进为婕妤，居钩弋宫，太始三年（前94年）生子弗陵。后元元年（前88年）武帝欲立弗陵为嗣，恐她日后擅权，遂借故赐死。张养浩以刘邦不诛杀吕后致使功臣多遇害，对比汉武帝的"刚断"以绝后患，也可以算是一种特别的历史认识。

（元末明初）张宪《朱虚侯行酒歌》：

> 长乐宫中女天子，盛设宾筵欢戚里。
> 百官侍坐莫敢违，诸吕諠阗①笑声起。
> 御史中丞不纠仪，叔孙制作成虚礼。
> 朱虚奉敕起行觞，手提三尺昆吾钢。
> 田歌声振野鸡伏，颈血光寒汉道昌。

---

① 諠阗：喧闹。

该诗写"朱虚侯行酒儆诸吕"事。据《史记·齐悼惠王世家》记载，高后立诸吕为三王，擅权用事。朱虚侯年二十，有气力，忿刘氏不得职。尝入侍高后燕饮，高后令朱虚侯刘章为酒吏。章自请曰："臣，将种也，请得以军法行酒。"高后曰："可。"酒酣，章进饮歌舞，已而曰："请为太后言耕田歌。"高后儿子畜之，笑曰："顾而父知田耳。若生而为王子，安知田乎？"章曰："臣知之。"太后曰："试为我言田。"章曰："深耕穊种，立苗欲疏，非其种者，鉏而去之。"吕后默然。顷之，诸吕有一人醉，亡酒，章追，拔剑斩之，而还报曰："有亡酒一人，臣谨行法斩之。"太后左右皆大惊。业已许其军法，无以罪也。因罢。自是之后，诸吕惮朱虚侯，虽大臣皆依朱虚侯，刘氏为益强[①]。该诗以叙事为主，朱虚侯对诸吕愤而不露，设法亲近吕后，并得宠幸，进而得到酒吏和行酒的权力，行酒请军令，设圈套套住吕后，再讽而杀，以达到"杀一儆百"的警示作用。诗人用这个故事赞扬了朱虚侯的谋略、胆识与勇气，充分反映了西汉初期统治集团内部争权夺利的残酷的政治斗争，可谓波澜迭起。同时，诗人还讽刺了侍坐的"百官"和吕后身旁那些大气都不敢出的御史中丞。"田歌声振野鸡伏，颈血光寒汉道昌"两句，则写了刘章"杀一儆百"的警示作用，就连吕雉（野鸡）也不敢造次，虽说有许多人人头落地，但汉家的江山得以稳固。

（明）李昱《咏史十二首》：

> 冠玉平生擅美姿，已于分肉见施为。
> 声名此日齐三杰，筹策当年用六齐。
> 周勃固知才不逮，王陵仍有节难移。
> 试看诸吕封王后，汉鼎端如一线危。

该诗写历史故事。据《史记·吕太后本纪》载：太后称制，议欲立诸吕为王，问右丞相王陵。王陵曰："高帝刑白马盟曰'非刘氏而王，天下共击之'。今王吕氏，非约也。"太后不说。问左丞相陈平、绛侯周勃。勃等对曰："高帝定天下，王子弟，今太后称制，王昆弟诸吕，无所不可。"太后喜，罢朝。王陵让陈平、绛侯曰："始与高帝喋血盟，诸君不在邪？

---

① （汉）司马迁：《史记》卷52《齐悼惠王世家》，北京：中华书局，1959年，第2000页。

今高帝崩，太后女主，欲王吕氏，诸君从欲阿意背约，何面目见高帝地下？"陈平、绛侯曰："至今面折廷争，臣不如君；夫全社稷，定刘氏之后，君亦不如臣。"王陵无以应之。十一月，太后欲废王陵，乃拜为帝太傅，夺之相权。王陵遂病免归。乃以左丞相平为右丞相，以辟阳侯审食其为左丞相。左丞相不治事，令监宫中，如郎中令。食其故得幸太后，常用事，公卿皆因而决事。乃追尊郦侯父为悼武王，欲以王诸吕为渐①。这首诗写被汉高祖寄予厚望的周勃之所以委曲求全，是因为他知道在诸吕最为猖獗的日子里，仅凭自己的能力是无法与之对抗的；而王陵没有忘记当年的白马之盟，他的气节是很值得称道的。但是，吕太后给诸吕封王封侯，大汉的江山的确岌岌可危、命悬一线。

（明）郑文康《与叶及庵论商山四皓》：

> 高皇暮年将易储，期期御史强沮之。
> 留侯从容肯直谏，公义定灭宫帏私。
> 斯人平生仗多智，预卜将来有人羴。
> 功成谨缩三寸舌，推祸与人图自避。
> 吁嗟四老真呆夫，等闲诱出如婴雏。
> 虽令太子生羽翼，亦使悍后为屠奴。
> 先王一姬并一子，一朝尽向砧刀死。
> 他年又召诸吕来，此祸皆从老人始。

这首《与叶及庵论商山四皓》一反前人对商山四皓的赞誉，称他们为"呆夫"，因为他们拥戴的太子刘盈如同婴儿般天真幼稚，虽说他们的行为给太子的合法地位壮威，但也为强悍的吕后临朝称制提供了便利。

（明）朱诚泳《感寓》（其二十六）：

> 吾闻贤后妃，有周不可当。
> 太姜及任姒，世德传无疆。
> 如何至后世，宫闱多滥觞。
> 吕武恣淫虐，纷纷多色荒。
> 我家配圣祖，圣后并姬姜。

---

① （汉）司马迁：《史记》卷9《吕太后本纪》，北京：中华书局，1959年，第400页。

> 仁孝实继之，辅治声洋洋。
> 徽音允相嗣，帝道日以昌。
> 嗟嗟我圣善，子孙焉敢忘。

这首题为《感寓》的五言诗主要是针对皇室的后宫而写，周文王被后世人们所称道，与周有三位著名的贤后妃有很大的关系，太姜是文王的祖母，太任是文王的母亲，太姒是文王的夫人，古人云"周之开国，基于三太"。此三圣女，各有至德，或创胎教，或佐治国，周业之兴，固在圣王，而文武诸德之生成，多在母教也。后世从吕后开始宫闱混乱，原因就在于这些人不是凭贤德而是凭美色。作为亲王，诗人希望自己的家族也有太姜、太任、太姒那样的女人，以确保大明"帝道日以昌"。

（清）史梦兰《全史宫词》：

> 击筑弹琴意暗伤，惊心野雉妒鸾凤。
> 楚歌楚舞浑无赖，那有商山辅赵王。

该段文字是清代诗人史梦兰《全史宫词》与吕后、戚夫人相关的部分。据《西京杂记》载，戚夫人善鼓琴击筑，帝常拥夫人，倚瑟弦，歌毕，每泣下流涟。韩愈《讳辨》载，汉讳吕后名，雉为野鸡。又一个文学家将戚夫人喻为凤凰，将吕后比作野鸡，可见在世人的眼里权势并不等于高尚，胜利也并不代表正义，正所谓"梧桐巢燕雀，枳棘栖鸳鸾"，吕雉虽居皇后之位却只不过是一只衣冠禽兽罢了。

（清）夹江云生黄金石《秀华绩咏·吕后》：

> 楚歌楚舞泪双弹，野雉登天束手看。
> 太息君王才略尽，斩蛇容易割鸡难。

夹江云生黄金石的这首《吕后》写当年汉高祖刘邦想废掉太子，立自己宠爱的戚夫人子赵王如意，但未能如愿，高祖将此事告知戚夫人，戚夫人哭泣不止。帝曰："为我楚舞，吾为若楚歌。"两人双双垂泪。因为此事代表着吕后羽翼已丰满，高祖也束手无策。对于刘邦来说，当年斩掉一条白蛇容易而杀掉一只野鸡却很难，只能叹息君王的雄才大略此时已经难以施展。

在吟咏吕后的诗文中，有两位近代诗人的诗作亦值得一读，故录于后。

连横《吕后》：

> 沛公薄儿女，父子且无情。
> 吕雉忘夫妇，锄刘亦勺羹。

许南英《咏史》：

> 帝王自有真，范增能望气。
> 一剑得天下，功狗何足谓！
> 独有吕雉淫，不知天子贵。
> 转眄辟阳侯，镇略夫妻味！

清人赵翼在评价吕后时，说：

"吕后则当高帝临危时，问萧相国后孰可代者，是固以安国家为急也。孝惠既立，政由母氏，其所用曹参、王陵、陈平、周勃等，无一非高帝注意安刘之人。是惟恐孝惠之不能守业，非如武后以嫌忌而杀太子弘、太子贤也。后所生惟孝惠及鲁元公主，其他皆诸姬子，使孝惠而在，则方与孝惠图治计长久。观于高祖欲废太子时，后迫留侯画策，至跪谢周昌之廷诤，则其母子间可知也。迨孝惠既崩，而所取后宫子立为帝者，又以怨怼而废，于是己之子孙无在者，则与其使诸姬子据权势以凌吕氏，不如先张吕氏以久其权。故孝惠时未尝王诸吕，王诸吕乃在孝惠崩后，此则后之私心短见。盖嫉妒者，妇人之常情也。然其所最妒亦只戚夫人母子，以其先宠幸时几至于夺嫡，故高帝崩后即杀之。此外诸姬子，如文帝封于代，则听其母薄太后随之。淮南王长无母，依吕后以成立，则始终无恙。齐悼惠王以孝惠庶兄失后意，后怒欲酖之，已而悼惠献城阳郡为鲁元汤沐邑，即复待之如初。其子朱虚侯章入侍宴，请以军法行酒，斩诸吕逃酒者一人，后亦未尝加罪也。赵王友之幽死，梁王恢之自杀，则皆以与妃吕氏不谐之故。然赵王友妃，吕产女；梁王妃，亦诸吕女；又少帝后及朱虚侯妻，皆吕禄女。吕氏有女，不以他适，而必以配诸刘，正见后之欲使刘、吕常相亲，以视武后之改周灭唐，相去万万也。即其以辟阳侯为左丞相,令监宫中,亦以辟阳侯先尝随后在项羽军中,同患难,虽有所私,而至是时其年已老,正如人家老仆,可使令于阃阈间,非必尚与之昵。史记刘泽(传)〔世家〕,太后尚有所幸张子卿,汉书作张卿。然如淳注谓奄人也。则亦非私亵之嬖,以视武后之宠薛怀义、张易之兄弟,恬不知耻者,更相去万万也。武后之祸,惟后魏之文明冯后及胡后约略似之。而世乃以吕、武并称,岂公论哉。"①

赵翼认为世人将吕后的一些做法和武则天的做法相提并论有失公允。这里,我们将赵翼的说法聊备于此,以与天下诸公继续争论那个两千多年前把大汉江山搅得翻江倒海的女人!

---

① (清)赵翼:《〈廿二史札记〉校正》,王树民校正,北京:中华书局,1984年,第59—60页。

第四章

汉文帝霸陵
——霸陵原上多离别，少有长条拂地垂

一

对于汉文帝刘恒的霸陵，大多数人可能是从中国古代文学开始了解的，因为在浩如烟海的中国古典诗词中，有无数的文人墨客写了"霸陵送别"或者"霸柳送别"。"箫声咽，秦娥梦断秦楼月。秦楼月，年年柳色，霸陵伤别。乐游原上清秋节，咸阳古道音尘绝。音尘绝，西风残照，汉家陵阙。"李白这首著名的《忆秦娥》，更是打开了人们尘封已久的记忆。想想也是，在"交通基本上靠走"的中国古代，送别亲人或者朋友出长安城，到了灞河（亦称灞水），就不能再送了，于是，主客就在这里依依惜别。行人如果懂点诗文，看到灞河两岸婀娜多姿轻轻拂动的柳枝，似乎在挽留着客人，于是诗兴大发，写下一首又一首送别诗供后人学习、欣赏。这样的诗李白写过，韩琮写过，刘禹锡写过，罗隐写过，还有无数的有名的没名的古人今人也写过，以至朱光潜先生在他那篇著名的《咬文嚼字》一文中批评文艺创作中所谓的"套板反应"（即喜欢在写作时沿用固定的套路）时，所举的事例中就有"叙离别不离'柳岸灞桥'"。所以，当我第一次来到霸陵，脑海中不断涌出的就是前人有关送别的诗句，眼前浮现的是两个穿着古装的男人站在柳树下拱手话别的画面，旁边还拴着一匹低着头的马，或者一头扬着头的驴。

对于陕西的读者来说，霸陵所在的原上还出了一个著名的作家陈忠实，他最著名的作品就叫《白鹿原》。

陈忠实曾经这样描写这块历史悠久的风水宝地：

> 白鹿原的西北端埋葬着汉文帝和他的母亲还有他的夫人。凤栖原上埋葬着汉宣帝。神禾原是柳青住过十四年完成史诗《创业史》最后自选安葬自己骨灰的地方。秦始皇在铜人原上焚书坑儒，到汉朝又把他收缴天下兵器铸成的铜人搬来摆置在这道原上。从白鹿原东北端下原，沿灞河往东走不到二十多华里，就是挖出距今一百一十万年的蓝田猿人头盖骨化石的公王岭。在白鹿原西端坡根下的浐河岸边，有一个新石器时期（约七千年前）半坡人聚居的完整的村庄。白鹿原至今流传着这个皇帝那个皇帝在原上或纵马或郊游或打猎的轶事趣闻；大诗人王昌龄在原上隐居时，种植蔬菜，下原到灞河逮鱼，也少不了吟诗；王维走得更远，从长安城东的灞桥乘一叶小舟，沿着白鹿原下的灞河逆水而上直到秦岭山中的辋川，留下了千古绝唱；刘邦从鸿门宴的刀光剑影下侥幸逃生回到白鹿原上，也许是我家猪圈旁边的小路爬坡上到原上的驻地。①

陈忠实写的"白鹿原"是古代的叫法，现代人更多称这个原为"狄寨原"，当地老百姓更简洁地称其为"原"。自从陈忠实的《白鹿原》在国内声名鹊起，人们又称呼这个原为"白鹿原"。

另一个使霸陵"名声大噪"的是历史上的小人物，他小到连姓甚名谁都没有留下，只留下了一个官职：尉。这个小人物就是"霸陵尉"。许多人可能并不知道霸陵下面埋葬着哪个皇帝，但却知道"霸陵尉"，那个只是严格执行"规章制度"没有给大名鼎鼎的李广将军面子并因此送上小命的人。

有关霸陵尉这个小人物所有的信息就出自下面一段文字：

> 顷之，家居数岁。广家与故颍阴侯孙屏野居蓝田南山中射猎。尝夜从一骑出，从人田间饮。还至霸陵亭，霸陵尉醉，呵止广。广骑曰："故李将军。"尉曰："今将军尚不得夜行，何乃故也！"止广宿亭下。

---

① 陈忠实：《白鹿原〈白鹿原创作手记〉》，北京：人民文学出版社，1993年，第690—691页。

居无何，匈奴入杀辽西太守，败韩将军，后韩将军徙右北平。于是天子乃召拜广为右北平太守。广即请霸陵尉与俱，至军而斩之。①

从这段文字我们可以看出，霸陵尉不但是个"小人物"，同时也是个"小人"，仗着手中那小得可怜的权力，在守卫皇陵时喝得醉醺醺，然后对经过霸陵亭的李广将军出言不逊，即"呵止广"。更严重的是，当李广的随从告诉他此人就是过去的李将军时，霸陵尉一副小人得志的丑恶嘴脸，说："今将军尚不得夜行，何乃故也！"于是，就把李广在霸陵亭扣押了一夜。等到李广有了机会东山再起，就当即向皇帝请求要带上霸陵尉一起出征，等霸陵尉刚到军营李广就杀掉了他。

有论者从两个方面说霸陵尉该死：第一，霸陵尉在执勤时喝得醉醺醺，这本身就是一种违法行为。一个自身践踏律令的官吏，当真能做到正直公正、执法严明？"宽以待己，严于律人"，这件事自然错在霸陵尉。第二，李广的随从上前讲明李广乃"故李将军"，前后并无过激或者非法的举动，但霸陵尉却借酒"呵止"，一副趾高气昂的样子。官吏执法，为何不能采用温和的就事论理的方式，而非要"官在上民在下"一副居高临下之态？可见，霸陵尉在执法手段方面存在问题。正是因为这个，才让李广有失官被辱之感，也才有了后来杀掉霸陵尉的举动。

试想一下，曾几何时，李广叱咤风云，指挥千军万马，气吞万里山河，眼下却被一个小小的霸陵尉所困，算是尝到了"虎落平阳被犬欺"的味道。所以，在后世人们的眼里，这件"霸陵尉止广夜行"的轶事，成了英雄落魄、小人得志的写照，成了"罢官受辱"的一个典故，而霸陵尉也因此成了小人得志的典型，被后人多有指责。所以，唐代诗人骆宾王《帝京篇》诗"门前无复张公子，灞亭谁畏李将军"，杜甫《南极》诗"乱离多醉尉，愁杀李将军"，都认为李广落职失势，受到了霸陵尉的奚落和羞辱，借此感叹世事变迁、世态炎凉。

问题在于，霸陵尉这样一个小人物同时也是一个"小人"即便确实错了，可他就该被李广杀掉吗？

李广为了这么一件实在算不上大事的事情，就随随便便杀掉一个人，李广是不是过于小肚鸡肠？

---

① （汉）司马迁：《史记》卷109《李将军列传》，北京：中华书局，1959年，第2871页。

第四章　汉文帝霸陵——霸陵原上多离别，少有长条拂地垂

"冯唐易老，李广难封"，李广自结发始参加了和匈奴大大小小的七十多次战役，他手下的将士有几十个都因为立下了军功而被封侯，但李广终其一生都没有被封侯，除了统治者的刻薄寡恩和不合理的军功制度，是否与李广本人过于偏狭的性格有关？

李广和霸陵尉谁对谁错，这个问题争论了两千年，而且还会继续下去，我们这里不可能给出一个圆满的答案，只是把问题提出来。

宋代的洪迈在《容斋续笔》卷一六《醉尉亭长》续了一笔：

> 李广免将军为庶人，屏居蓝田，尝夜从一骑出，从人田间饮，还至亭，霸陵尉醉呵止广。后广拜右北平太守，请尉与俱，至军而斩之，上书自陈谢罪，武帝报曰："报忿除害，朕之所图于将军也。"①

有意思的是汉武帝的答复，不评价李广随意杀掉霸陵尉的对与错，只说"朕之所图于将军也"。在汉武帝眼里，正当朝廷用人之际，一个霸陵尉又算得了什么？

还有一件有意思的事，就因为李广和霸陵尉这段"官司"，中国多了一个典故：霸陵醉尉。对这一典故的解释是：霸陵醉尉，典出《史记·李将军列传》。汉飞将军李广失官时，曾经过霸陵驿亭，却遭到了醉酒的霸陵尉的欺辱。后遂以"霸陵醉尉"形容失官之后受人侵辱。

我们从霸陵尉再回到霸陵。

很多来拜谒霸陵的人不清楚一个谥号为"文"的皇帝，死后埋葬的陵墓怎么叫"霸陵"？其实，叫"霸陵"仅仅是因为灞河，和"文"和"武"没有一点关系。

前来拜谒汉文帝霸陵的人们另外的疑问可能是霸陵的"因山为陵"和霸陵的薄葬。

汉文帝霸陵不像关中地区其他汉代帝王陵墓，它的地面上没有封土，在白鹿原原头的断崖上凿洞为玄宫，其中间以石砌筑，坚固异常，修筑时可能比平地起冢的长陵、茂陵、安陵省工得多。霸陵的兴修，既要考虑到将来坟墓的安全，又要提倡节俭，不以金银铜锡为饰，使盗墓者"无可欲"。然而，令汉文帝没有想到的是，即便是"薄葬"的霸陵，也曾先后

---

① （宋）洪迈：《容斋续笔》卷16，沈阳：万卷出版社，2009年，第640页。

三次被盗，人们发现其中既有铜钱，又有珍宝。

汉文帝刘恒在后元七年（前157年）夏六月己亥日去世，遗诏中有对丧葬事宜的明确而详尽的指示。两天后，汉景帝刘启正式登基。乙巳日，汉景帝按遗诏将文帝葬于霸陵。

据《史记·孝文本纪》记载，汉文帝一生俭朴，在他当政的23年间，"宫室苑囿狗马服御无所增益"①。他贵为天子，富有四海，但仅仅"身衣弋绨，足履革舄，以韦带剑，莞蒲为席，兵木无刃，衣媪无文"②。他曾经说："治霸陵皆以瓦器，不得以金银铜锡为饰，不治坟，欲为省，毋烦民。"③临终又下遗诏再三叮嘱自己的丧事从简："当今之时，世咸嘉生而恶死，厚葬以破业，重服以伤生，吾甚不取……其令天下吏民，令到出临三日，皆释服。毋禁取妇嫁女祠祀饮酒食肉者。"④他特别强调，自己的"霸陵山川因其故，毋有所改"。汉景帝上台后，按照先皇的遗诏将汉文帝在去世之后第六天就安葬了，汉文帝殡葬从简的愿望可能是得到了尊重。根据资料记载，霸陵覆土工程只动用了31 000人，与其他帝陵相比，工程量确实不大，与秦始皇陵覆土工程使用工役达70万人的情形比较，可以说是有天壤之别。

关于霸陵选址，据《史记·张释之冯唐列传》记载，一次，汉文帝在群臣们前呼后拥下携了慎夫人来到霸陵，他看到白鹿原头的断崖上凿洞为玄宫的墓穴，十分感慨称地说："嗟乎！以北山石为椁，用纻絮错陈，蕲漆其间，岂可动哉！"⑤左右都附和着说的确如此，只有大臣张释之走向前说："使其中有可欲者，虽锢南山犹有郄。使其中无可欲者，虽无石椁，又何戚焉。"⑥据说文帝十分欣赏张释之的这席话，为了墓的安全，他必定想使墓中没有盗墓者想要的东西了。

霸陵薄葬，在中国帝王丧葬史上传为千古佳话，也成为帝王节俭的典范。人们认为，尤其在汉代这样一个"事死如生"、厚葬成风的朝代，作为一位封建皇帝，文帝修建霸陵只用砖、瓦，而不用金银装饰，不大兴土

---

① （汉）司马迁：《史记》卷10《孝文本纪》，北京：中华书局，1959年，第433页。
② （汉）班固：《汉书》卷65《东方朔传》，北京：中华书局，1962年，第2858页。
③ （汉）司马迁：《史记》卷10《孝文本纪》，北京：中华书局，1959年，第433页。
④ （汉）司马迁：《史记》卷10《孝文本纪》，北京：中华书局，1959年，第433—434页。
⑤ （汉）司马迁：《史记》卷102《张释之冯唐列传》，北京：中华书局，1959年，第2753页。
⑥ （汉）司马迁：《史记》卷102《张释之冯唐列传》，北京：中华书局，1959年，第2753页。

木，节省经费，不劳民伤财，是十分难得的。两汉之际，赤眉军入关中，为了得到金银财宝，对汉代帝陵进行了盗掘。在挖长陵时，不但取其宝货，还"污辱吕后尸。凡贼所发，有玉匣殓者率皆如生，故赤眉得多行淫秽"。在这件异常恶劣事件中，汉朝的宗庙、陵园都被开挖，只有汉文帝霸陵和汉宣帝杜陵得以保全。赤眉军对西汉帝陵的破坏，为中国历史上公开以武力发掘帝陵之先声。霸陵和杜陵之所以没有被开挖，主要是当时的人们认为这两个陵内没有盗墓者想要的东西，因为两位皇帝当年都实行了薄葬。

汉文帝的薄葬遗诏，历来被视为我国古代葬制的重大改革，备受历代文人称颂。南朝梁沈炯的《归魂赋》中说："咄嗟骊山之阜，惆怅灞陵之园。文恭俭而无隙，嬴发掘其何言。"唐代司马贞在《史记索隐》中称赞汉文帝："务农先籍，布德偃兵。除帑削谤，政减刑清。绨衣率俗，露台罢营……霸陵如故，千年颂声。"①唐朝诗人鲍溶诗曰："霸陵一代无发毁，俭风本自张廷尉。"文帝的薄葬也影响了后代不少皇帝，如魏文帝曹丕、唐太宗李世民等，他们都以自己和汉文帝一样主张薄葬而在世人面前自夸不休。南朝梁武帝在诏书中说，西京霸陵因山为陵，是"敦朴"和"约俭"的典范。五代后周太祖郭威说：我攻收关中时，看到李唐十八帝陵园广费钱物人力，并遭开发。汉文帝俭素，葬在霸陵原，陵至今都还在。对于这件事情，徐寅有诗曰："旧历关中忆废兴，僭奢须戒俭须凭。火光只是烧秦冢，贼眼何曾视霸陵。"

不过，对于霸陵是否真的坚持了薄葬原则，汉文帝是否真的节约到仅仅陪葬了一些砖瓦陶器，后代仍有很多人持怀疑态度。他们认为，《汉书·张汤传》早已记载了霸陵曾有随葬钱币被盗掘，而霸陵瘗钱被盗时，距汉文帝入葬不过40年左右。因此从真实情况来看，霸陵其实早已不是完整未被盗过的陵墓了。此外，《晋书·索琳传》也记载说，西晋末年霸陵和杜陵遭到盗掘，三秦人尹桓、解武等数千家一起出动盗墓，结果"多获珍宝"。索琳说，汉代天子即位第一年就开始修陵，当时天子贡赋三分之，一份供宗庙，一份供宾客，一份供山陵。霸陵和杜陵比起汉代其他诸陵还是"俭者耳"，却还要遭到盗掘，"亦百世之诫也"。

---

① （唐）司马贞：《史记索隐》，（汉）司马迁：《史记》卷8《高祖本纪》，北京：中华书局，1982年，第394页。

后世的顾炎武、黄汝成等人也就汉文帝的薄葬提出了怀疑。顾炎武认为，春秋列国以来，到汉文帝时厚葬风俗并不能全部革除，"史策所书未必皆为实录也"。黄汝成认为，汉文帝霸陵据史书记载曾三次被盗掘，他怀疑是汉景帝违背了汉文帝遗诏，实际上的厚葬不但使后人以为汉文帝是矫情虚伪、言行不一，还导致了盗掘的发生。

事实上，的确有很多人认为汉景帝违背了汉文帝遗诏，霸陵不是真薄葬的原因在于汉景帝而不在汉文帝。清代学者梁玉绳在《史记志疑》中也指出，霸陵"薄葬"只是较其他诸陵略为俭朴，而"非真薄"，他怀疑是汉景帝"不从遗诏之故"。这一推测得到了一些人的赞同。例如，日本人泷川资言在《史记会注考证》中也说，在文帝死后"臣子违其素志"，因而古书所言"未可悉信也"①。

有学者指出，根据后来霸陵也曾经出土珍宝之器的传说，怀疑汉文帝霸陵薄葬只是一种政治宣传。汉文帝平素行事虽有大俭之名，但又有大奢之实，其心理行为的矛盾是十分怪异的。明朝时霸陵曾经因秋季灞水冲激，被冲出五百余片石板，可推测汉文帝仍然坚持以石为棺椁，其目的无非是为了厚葬其中，随葬"皆以瓦器"并非事实。

从实际情况来看，霸陵因山为陵，"不治坟"，"不起坟"，史书中也没有朝廷动员大量民众从事土木工程修建的记载，因此，汉文帝薄葬大致是可信的。墓中随葬品的等级和数量，完全有可能因入葬时情形比较复杂，确有与汉文帝个人意愿不尽相合的情形出现。说"或景帝之陷亲于不义耳"，此话虽然严厉，但大致上也可信，历史上新帝违背先帝遗诏之事并不少见。

汉景帝刘启对汉文帝有着深厚的感情，他对文帝的施政措施是全面肯定，在入葬之后的第4个月，汉文帝就被尊奉为太宗。但是，他却可以在表面上遵照遗诏而事实上实行厚葬。

还有一种观点认为，霸陵不是薄葬的原因可能是汉景帝的母亲孝文窦皇后造成的。孝文窦皇后在汉武帝建元六年（前135年）方才去世，比景帝还要晚死六年，而她与汉文帝是合葬在霸陵的。所以，霸陵出现丰厚的随葬品，也有可能是汉景帝的母亲窦皇后在入葬霸陵时带入的。《史

---

① ［日］泷川资言：《史记会注考证》，北京：文学古籍刊行社，1955年。

记·外戚世家》说:"窦太后后孝景帝六岁崩,合葬霸陵。遗诏尽以东宫金钱财物赐长公主嫖。"①从此可知太后的金钱财物不在少数,将其中的一部分作为随葬品入葬霸陵也是有可能的。窦皇后陵在霸陵东南1900米处,平地起冢。今坟堆底部东西长137米,南北长143米,顶部东西长30米,南北长35米,封土高近20米。西汉皇室女性地位相当高,其时天下空前富足,在汉武帝已经成年的情况下,祖母逝世,他是不可能完全迁就汉文帝二十余年前的遗诏而实行薄葬。于是,所谓汉文帝薄葬有可能只是"表面文章",所谓"或景帝之陷亲于不义耳"的罪名,或许可以在一定程度上得以洗刷。

然而,不管怎么说,汉文帝刘恒都因为生前的仁德、节俭,励精图治,开创治世"文景之治",死后的薄葬,在中国历史上为自己赢得了好名声。在很多人看来,汉文帝是中国历史上难得的一位好皇帝,其成就不在秦始皇、汉武帝、唐太宗、明太祖之下,而且,与这几位皇帝相比较,汉文帝要仁慈许多。所以,司马迁在《孝文本纪》的最后议论道:

> 孔子言"必世然后仁。善人之治国百年,亦可以胜残去杀"。诚哉是言!汉兴,至孝文四十有余载,德至盛也。廪廪乡改正服封禅矣,谦让未成于今。呜呼,岂不仁哉。②

二

不过,无论从哪个角度分析,中国历史上这位难得的仁义皇帝,从他的出生,到最后登上皇帝的宝座,都像是"意外"或"偶然",而且,不是一次意外或偶然,是一连串的意外或偶然。

薄姬的父亲薄生是秦国人,因天下战乱飘落至魏国,与魏国宗室之女魏媪相好,未婚而生下了薄姬和薄昭姐弟二人。未婚生子在当时其实很平常,只是生逢乱世苦了做娘的。兵荒马乱的日子,魏媪拉扯着一双儿女,在乱世之中苦苦求生。在这一片混乱中,从前战国年间的诸侯遗族们纷纷割据自立,想要趁此乱局浑水摸鱼,即使不捞个皇帝做也想要恢复旧家

---

① (汉)司马迁:《史记》卷49《外戚世家》,北京:中华书局,1959年,第1975页。
② (汉)司马迁:《史记》卷10《孝文本纪》,北京:中华书局,1959年,第437—438页。

邦。魏国宗室魏豹也就在此时趁乱世自立为王。

这时候的薄姬已经出脱成一个亭亭玉立的少女，她的母亲魏媪虽说永远是一副逃难的模样，但心怀故国的热情不减，见魏豹复称魏国，便将心爱的女儿送进了魏豹的王宫，薄姬便成了魏豹的姬妾。当时有个很著名的星象学家、相士名叫许负，魏媪请她来给女儿薄姬相面，看她能否在魏宫中出人头地。谁知道这许负一见薄姬便大惊失色，道："何止是在小小魏王宫出人头地那么平常？她日后还要生下天子，成为世间第一贵妇人！"

当时，许负的相术精准如神，广为世人推崇。此话一说出来，魏媪喜不自禁，虽然她也不敢完全相信许相士的话是真的，但她的女婿魏豹听说薄姬竟然还有如此远大前程，更是心花怒放，脑子转得飞快：薄姬的儿子要做天子，而她是我魏豹的小妾，她当然只能生出我的儿子来。那么，我的儿子做天子，前提自然是我是天子，或者我至少也可以放手一搏，为儿子打下做天子的基础。魏豹说到做到，立即背弃自己和汉王刘邦所订的攻楚盟约，转而在楚汉之间中立起来，隐隐然有坐山观虎斗、收渔人之利吞并天下之意。魏豹这个想法好是好，问题是好过了头，他可能压根儿就没有想到，薄姬虽是"天子之母"，自己却没有做"天子之父"的命。

魏豹的背约，令刘邦怒火中烧，以至于连项羽都先搁在一边不管了，赶忙派自己的亲信将领曹参率兵，誓要先灭掉这个两面三刀的家伙。以魏国区区的实力哪里是汉军的对手，于是，魏豹兵败如山倒，汉二年三月，魏豹天子梦未圆，自己辛苦打下的"魏国"倒先成了汉王刘邦的一个郡。

此时的魏豹虽然对胡说八道的许负恨得牙根儿痒痒，但也只得乖乖投降。刘邦倒还算客气，封他做御史大夫，并让他守荥阳城。可惜的是他霉运当头躲都躲不开，不久该城被楚军围攻，与魏豹共同守城的周苛、枞公认为，魏豹曾为此地国王，是个靠不住的家伙，于是做着天子梦的魏豹不得不命赴黄泉。

当皇帝梦碎的魏豹被刘邦打败后，魏宫中的女人们全部被俘。由于是"罪妇"，薄姬等人没有资格充当刘邦的姬妾，只能去做宫中役使的婢女，于是她们都做了"纺织女工"，被送进了"织室"纺线织布。

到了这一步，薄姬只能自叹命薄了，江湖术士许负的一句"当生天子"，居然使她沦落到了这等地步，变成皇宫中最下贱的仆妇，"当生天子"只能是一句笑话了。

不过，世间总是意外多，魏豹死后，刘邦有一天不知怎么就突然想到了魏宫的姬妾宫人，于是串门到了囚禁她们的织室。这一串门不要紧，到了织室刘邦的眼睛都直了：魏豹的宫人中，居然有如此天香国色的女人！于是刘邦之心大动，挑选了一批姿色出众的女奴充实自己的后宫，而薄姬就在这批女人之中。于是，"当生天子"这几个字又在薄姬的脑海中一闪。可惜就只是闪了一下就又熄灭了：刘邦内有悍妻吕雉，外惑诸夫人，何况薄姬在魏宫女眷中姿色并不出众，刘邦压根儿就不曾注意过这个被美女淹没的女人。

一年多过去了，别说被皇帝刘邦"临幸"了，薄姬连刘邦的面儿都没能见到过一次。眼看青春流逝，她只能躲在墙角里自叹命苦。就在这个时候，奇迹再一次发生了。当初在魏宫，年少的薄姬有两个最要好的"闺蜜"：管夫人和赵子儿。薄姬视二人情同姐妹，知心贴意，还和她们立下了盟誓：假如三人中有谁先得富贵的话，一定不会忘记另两人，姐妹们要共享富贵荣华。这有点"苟富贵，勿相忘"的意味。当初薄姬在魏宫中时，不折不扣地履行了自己对两个闺蜜的诺言，然而到了汉宫，管夫人和赵子儿却将薄姬的盟誓当成了一场笑话。

汉四年，刘邦来到了河南成皋的灵台，这一次陪伴他的姬妾正是管夫人和赵子儿。两个女人一时间炙手可热，十分受宠，于是就得意非凡，闲聊的时候提起了当初和薄姬立下的誓言盟约，她俩都觉得薄姬十分可笑，于是嬉笑不止。刘邦无意间听到了一点话头，见两人笑得有缘故，便开口询问。管夫人和赵子儿只好一五一十地将事情说了出来。没想到，出身底层的刘邦对这两个背信弃义的女人十分反感，转而心生凄凉之意，对单纯的薄姬同情起来。

闺蜜的背叛，反而使薄姬得到了皇帝召见的机会。也许，这就是命！

就在皇帝临幸的头一天晚上，薄姬做了一个怪梦，梦中飞来一条龙，盘踞在她的身上。梦醒后正在诧异之中，却忽然得到了为皇帝侍寝的机会，到了后宫见到皇帝，她就将这个梦说给了皇帝："昨暮夜妾梦苍龙据吾腹。"刘邦一听，十分高兴，认为此事乃是天缘吉兆，对薄姬说："此贵征也，吾为女遂成之。"①

---

① （汉）司马迁：《史记》卷49《外戚世家》，北京：中华书局，1959年，第1971页。

于是就成功了！

但是，刘邦并没有因此喜欢上薄姬。当初召她侍寝，他可能只是一时兴起，所以很快也就把她忘得干净，特别是她怀孕生产之后，更是连面都不见她一次。薄姬虽然为刘邦生下了儿子，却还是长年枯守孤灯。

于是，孤寂的薄姬在长达八年的时间里，默默无闻地僻处掖庭一角，抚养着刘恒。由于不受宠爱，偏偏又生了个儿子为诸宠姬所妒，薄姬的处境可想而知。渐渐地，她变得谨小慎微、凡事忍让，就连依照宫里的规矩派来侍侯她的宫女她都不敢得罪。在刘邦的后宫中，薄姬母子几乎成了人人皆知的"软柿子"，谁都可以捏两下。

这样的日子自然是难熬的，然而，世事难料，刘恒八岁这年，即汉高祖十二年，就在四月甲辰日，他那高高在上、几乎不曾多看他一眼的父皇刘邦驾崩。大权独揽的太后吕雉虽然对戚夫人等人进行了疯狂而残忍的报复，但对薄姬母子的态度却十分温和。这可能是因为薄姬一直为人低调，多年来处处小心谨慎；更有一种可能是，在吕后看来，这个苦命的女人和自己一样，丈夫生前没有得到应该得到的垂幸和爱怜。也就是说，除了人生经历和身份头衔的差异外，在被丈夫冷落这一方面，吕雉觉得自己与薄姬多少有点同病相怜的味道。于是，薄姬意外地得到了特别的恩遇，被吕后送往儿子代王刘恒的封地，不但让她们母子团圆，更给予薄姬"代王太后"的称号，使她一跃成了大汉王朝地位仅次于吕后的女人。

随着薄姬一起来到代国的，还有她的母亲魏媪和她的弟弟薄昭。

薄姬早已习惯了没有丈夫的日子，如今，虽然依旧寡居，但是所有的家人最终都能够在晋阳团聚，并且在儿子的封国里享受着荣华富贵，对薄姬来说，这已经是喜出望外了。刘恒做代王时年仅八岁，薄姬作为代王太后，实际上就成了代国的主宰，不用说，王宫中人人都对她趋奉逢迎。这可真是薄姬有生以来连想都不曾敢想的好日子，她每日里只是关照儿子的饮食起居，然后在代国游山玩水，可以说不亦乐乎。

当薄姬在代国这个世外桃源尽情地享受人生的时候，其他的刘氏诸王母子们，却在吕后的魔掌之中生无可恋。

由于吕后对刘家后人进行铲除，此时，刘邦众多的儿子只剩下代王刘恒和淮南王刘长了。刘邦一共育有八子，吕后仅生了一个，即汉惠帝刘盈。惠帝去世后，吕后为了使自己长期掌握政权，对刘邦其他的儿子大开杀戒，吕后共害死了四个。刘邦的大儿子刘肥最后未被陷害，得以善终。到吕后最后咽气时，刘邦的儿子只剩下了刘恒和刘长。齐王刘襄一系虽然在铲除诸吕方面立下了头功，但是他毕竟是孙辈，而且他还有一个凶悍无比、残忍暴力的舅舅驷钧——谁也不想再侍侯一个换汤不换药的阴狠外戚家族。刘长的母亲赵美人早逝，但她家的亲戚为人也不比刘襄的舅舅好多少。所以，虽然刘长被吕后抚养长大，跟吕后有一定的感情，但可惜的是，刘长是个纨绔子弟，立他为皇帝只会败大汉的江山。比较而言，只有代王刘恒之母薄氏家族一向以克己谨慎闻名于世，加上代王本人"仁孝宽厚"，是出了名的"好青年"。这么一比较，铲除诸吕后在新皇帝的人选上，大臣们很快达成了共识，拿定了主意：迎代王为新帝。

这一点，司马迁作了详细的记载。

> 诸大臣相与阴谋曰："少帝及梁、淮阳、常山王，皆非真孝惠子也。吕后以计诈名他人子，杀其母，养后宫，令孝惠之子，立以为后，及诸王，以强吕氏。今皆已夷灭诸吕，而置所立，即长用事，吾属无类矣。不如视诸王最贤者立之。"或言"齐悼惠王高帝长子，今其適子为齐王，推本言之，高帝適长孙，可立也。"大臣皆曰："吕氏以外家恶而几危宗庙，乱功臣。今齐王母家驷（钧），驷钧，恶人也，即立齐王，则复为吕氏。"欲立淮南王，以为少，母家又恶。乃曰："代王方今高帝见子，最长，仁孝宽厚。太后家薄氏谨良。且立长故顺，以仁孝闻于天下，便。"乃相与共阴使人召代王。代王使人辞谢。再反，然后乘六乘传。后九月晦日己酉，至长安，舍代邸。大臣皆往谒，奉天子玺上代王，共尊为天子。代王数让，群臣固请，然后听。[①]

就这样，各种机缘巧合，各种意外和偶然，皇帝的桂冠就如同天上掉下来的一块大馅饼儿，砸在了远在代国与世无争的代王刘恒头上。

公元前180年闰九月，迎接刘恒进长安为帝的使者来到了代国。这时的刘恒，已经做了十七年的亲王，时年二十四岁。得知使者的来意，刘恒无法相信也不敢相信世上有这样的好事落在自己头上，他和他的臣属们（除了一个叫宋昌的）都认为这是一个阴谋。

---

① （汉）司马迁：《史记》卷9《吕太后本纪》，北京：中华书局，1959年，第410—411页。

薄姬却认为这就是天意！这一次，"当生天子"几个字不再是在脑海中一闪，而是刻在了她的脑海之中。不过，为稳妥起见，薄姬让刘恒采用自己深信的卜筮之术，以占卜星象决定吉凶，结果卦象是"上上大吉"。于是刘恒放了一半心，就让舅舅薄昭随使者进京。直到得到舅舅捎回来肯定答复，他才轻车简从向长安进发。这时刘恒的心还没有完全放下，来到长安城外五十里的高陵，他又停了下来，再次派人进长安打探消息，等到确信无疑后，才前往渭桥与迎接的大臣们相会。

当众人将刘恒前呼后拥送进未央宫坐上龙椅时，他就成为大汉王朝的第五任皇帝——汉文帝。

刘恒即位后，封自己的母亲薄姬为皇太后。

正所谓"塞翁失马，焉知非福"。刘邦活着的时候，戚夫人一心争宠，哭着闹着要立儿子赵王如意为太子，刘邦一死，不仅荣华富贵成了过眼烟云，连自己与儿子都不能保全。而薄姬性格宽厚，安心随着幼子远赴晋阳，得以避吕后之祸，而她精心抚育的刘恒，成为整个大汉王朝口碑最好的一位皇帝。

当然，也有另一种可能，就是表面上看着软弱可欺的"软柿子"薄姬其实是刘邦众多后妃中最聪明的，因为众多大臣对薄姬的评价是最好的，所以，最后她的儿子能在刘家仅存的血脉中脱颖而出成为汉文帝，薄姬因此成为皇太后，走上人生的巅峰。

做了太后的薄姬从来不干涉朝政，因此，历史给薄姬的评价就是"母德慈仁"。

对于大多数人来说，吕雉确实是一个狠毒的女人，然而对于薄姬来说，吕雉却不啻是她的恩人，所以，薄姬对吕后一直心存感激，吕后活着时如此，吕后死了后依然如此。因此，我们在长陵才能够看到与刘邦"同茔不同穴"合葬的是吕雉而不是别人。也就是说，薄姬不但没有在权倾天下之后将吕雉的棺椁从刘邦陵中迁出，更没有以"文帝生母"的身份挤进汉高祖刘邦的长陵。可能，在她的内心深处，她始终认为，吕雉才是丈夫真正意义上的妻子。

于是，我们看到，薄姬陵一如薄姬生前的为人，恪守着自己姬妾的身份，守护在儿子刘恒的身边，隔河远望丈夫刘邦和吕雉的合葬陵。当然，这是后话了。

不得不说，有一种人就是上天垂青的幸运儿，汉文帝刘恒就是这种人。刘恒的第一个幸运是诞生，按司马迁在《史记·外戚世家》中的说法，皇帝刘邦只宠幸过薄姬一次，她就怀上了龙裔，这不得不说是幸运。第二个幸运是皇位继承权，因为薄姬地位低下，刘恒不太受宠，也不太显眼，所以吕后也就把他没当回事儿，所以当诸吕被除，那些老臣们就想到了远在代国的不显山露水的刘恒。（当然，还有一条上不了台面的理由，也可能那些老臣们看中的就是他容易控制。）

可以说，刘恒是糊里糊涂成了大汉王朝的皇帝的。

不过，他这个皇帝当得却一点也不糊涂，即位之初就做了两件轰轰烈烈的大事。

第一件事就是连夜起草诏书，轻徭免役，大赦天下，令老百姓拍手称快。第二件事是对南越王赵佗采取了收买政策，软硬兼施，恩威并济，亲笔给南越王写了两封信，派陆贾前往传递，这一招彻底感动了赵佗，决定去除帝号归复汉朝。

甫一上台就搞定的这两件大事，着实令朝野震动。

同时，汉文帝还"不拘一格降人才"，唯才是举。在这样的背景下，原来位高权重的大将军周勃退了休，贾谊走上了历史舞台。这一年贾谊才20多岁，不过他满腹经纶，遇事敢言，给朝廷吹来了一缕春风。

当然，汉文帝还是一位妇孺皆知的仁慈天子，他治国理政都比较人性化。在中国古代宣扬儒家思想及孝道的"二十四孝"中，就有两个典故与汉文帝刘恒有关，分别是"缇萦救父"和"亲尝汤药"，这些都是值得称颂的。

当年，有个读书人叫淳于意，曾经是一个清官，后来弃官从医。有一次病人病重不治，病人家人不依不饶，告他庸医杀人，草菅人命，官府把他判成肉刑。去长安受刑前，淳于意叹息自己没有儿子，痛骂五个女儿不能替他申冤。小女儿缇萦刚刚9岁，二话没说从齐国跑到长安，跪在宫门外为父鸣冤。汉文帝听了大受感动，当场就废除了肉刑。这就是著名的典故"缇萦救父"。东汉史学家班固有诗赞道："三王德弥薄，惟后用肉刑。太仓令有罪，就递长安城。自恨身无子，困急独茕茕。小女痛父言，死者不可生。上书诣阙下，思古歌《鸡鸣》。忧心摧折裂，晨风扬激声。圣汉孝文帝，恻然感至情。百男何愦愦，不如一缇萦。"

如果说"缇萦救父"还不足以让汉文帝流传千古,那么"亲尝汤药"就足以让汉文帝流芳百世了。"仁孝临天下,巍巍冠百王。莫庭事贤母,汤药必亲尝。"这首诗中的主人公就是汉文帝和母亲薄太后。据《史记》记载,薄太后身体不好,重病瘫痪多年,刘恒在母亲榻前服侍,据说衣不解体、目不交睫。母亲每服用一剂药,他都要先尝尝苦不苦烫不烫,够不够火候,最后才亲自喂给母亲吃。

汉文帝还推行了古代中国较早的"弱势群体"和老年人的福利保障制度,"赐天下鳏寡孤独穷困及年八十已上孤儿九岁已下布帛米肉各有数"[①],安抚了黎民百姓,体现了这位皇帝仁政爱民的一面。

除此之外,汉文帝还是一位节约型皇帝,不仅大力提倡节俭,而且还身体力行。据《史记·孝文本纪》记载:

> 孝文帝从代来,即位二十三年,宫室苑囿狗马服御无所增益,有不便,辄弛以利民。尝欲作露台,召匠计之,直百金。上曰:"百金中民十家之产,吾奉先帝宫室,常恐羞之,何以台为。"上常衣绨衣,所幸慎夫人,令衣不得曳地,帏帐不得文绣,以示敦朴,为天下先。治霸陵皆以瓦器,不得以金银铜锡为饰,不治坟,欲为省,毋烦民。[②]

由于刘恒励精图治、躬身节俭、仁孝治国、减免税赋、仁政爱民,于是,中国历史上第一个治世——"文景之治"出现了。

田租是古代中国政府最主要的经济来源。汉初,国家法定的税额为"十五税一",而汉文帝时代只需要缴纳一半,即"三十税一"。而且,汉文帝还数度全部免掉田租,前后加起来总共有十一年之久。这在中国两千多年的帝制时代是绝无仅有的。

国家大幅度减免田租,国库并没有因此变得空虚,整个社会却出现了极度繁荣富庶的局面。汉文帝执政的二十三年,让我们看到一个不争的事实:中国疆域辽阔、人口繁滋,有如此众多的户籍以供养赋税,即便赋税极轻极少,供养一个政府,也绰绰有余。

这是一种"小政府、大民生"的国家治理模式。当统治者清静无为,给予民众更多的自由和更大的发展空间时,我们可以看到一个吃苦耐劳的

---

① (汉)司马迁:《史记》卷10《孝文本纪》,北京:中华书局,1959年,第420页。
② (汉)司马迁:《史记》卷10《孝文本纪》,北京:中华书局,1959年,第433页。

民族具有怎样惊人的创造力,"非遇水旱,则民人给家足,都鄙廪庾尽满,而府库余财。京师之钱累百巨万,贯朽而不可校。太仓之粟陈陈相因,充溢露积于外,腐败不可食"①。

汉文帝在位期间,励精图治,厚积薄发,为汉朝积蓄了很多能量。说得大一些,如果没有汉文帝的韬光养晦,汉景帝时期就不会出现"文景之治",汉武帝时期也就无法"封狼居胥",汉元帝时期更无法"犯强汉者,虽远必诛之"。

文帝的政治方针和措施,使当时社会经济得到了显著的发展,统治秩序也日臻巩固。西汉初年,大侯国不过万家,小的五六百户;到了文帝和景帝时期,流民还归田园,户口迅速繁息,列侯封国大者至三四万户,小的也户口倍增,而且比过去富实多了。

可以说,文帝时期,大汉王朝一派欣欣向荣的繁荣景象。

可惜天不假年,汉文帝壮年而逝。公元前157年,汉文帝"崩于未央宫",临终前下诏"薄葬"。他将自己的陵墓选在了白鹿原上,而非父亲刘邦、哥哥刘盈已经归葬的咸阳原。

可以说,汉文帝刘恒开创了一个时代,成为了中国历史的一个标杆,尽管中国历史并未沿着这个标杆的方向行进。

也许"文德"可以服人,但"文德"却无法驯服权力。所以,作为以德治国楷模的汉文帝成了中国两千年帝制时代的异端。而异端,要在这块土地上生存是很艰难的。

因此,在我们这个号称热爱和平的国度里,你在大街上随便拉住一位行色匆匆的路人,问他:中国历史上最成功的皇帝是哪一个?

秦始皇,汉武帝,唐太宗,成吉思汗,明太祖,也许还有清太祖,康熙帝,乾隆帝,等等,但估计不会有人认为汉文帝是最成功的皇帝,他可能还会反过来问你:汉文帝是谁?

但历史没有忘记这位仁爱的皇帝,史学家没有忘记这位励精图治的皇帝,文学家没有忘记这位躬身节俭的皇帝。

班固评价汉文帝:"孝文皇帝即位二十三年,宫室苑囿车骑服御无所增益。有不便,辄弛以利民。……专务以德化民,是以海内殷富,兴于礼

---

① (汉)班固:《汉书》卷24《食货志》,北京:中华书局,1962年,第1135页。

义，断狱数百，几致刑措。呜呼，仁哉！"①"太宗穆穆，允恭玄默，化民以躬，帅下以德。农不共贡，罪不收孥，宫不新馆，陵不崇墓。我德如风，民应如草，国富刑清，登我汉道。"②

三

在吟咏汉文帝霸陵的诗文中，有一种现象值得我们重视，那就是直接吟咏文帝本人的诗词数量并不是很多，更多的是"借别人的酒杯，浇自己的块垒"，这可能也正是中国古代诗词的魅力所在。在直接吟咏汉文帝的诗词中，除了歌颂文帝的丰功伟绩和他的仁德慈爱孝顺，很多诗人对其薄葬赞不绝口，并和其他厚葬的皇帝进行比较，讽刺那些厚葬的皇帝们。当然，也有对汉文帝进行批评的，如当年贾谊被贬一事（实际上是汉文帝为保护贾谊而采取的一种手段，但被后世的人们所误解），就被李白很委婉地批评过。

首先，在和汉文帝霸陵有关的诗词中，由于霸陵正是送别之地，所以，送别诗占了相当大的比例。其次，由于李广将军的形象从古到今都深入人心，加上很多诗人觉得自己如李广一样怀才不遇，壮志难酬，所以，借着为李广抱打不平而抒发个人情感的诗词，在和霸陵有关的诗词中也占了相当大的比例。最后，那个让李广将军难堪而搭上性命的霸陵尉也是诗人经常写的内容。可能是诗人们在自己一生中总会遇到类似霸陵尉那样的得志小人，所以，这一部分内容的诗词在吟咏汉文帝霸陵有关的诗词中也不在少数。从朝代上来划分，像吟咏其他皇帝陵的诗词一样，唐代诗人的数量最多。这些诗人中，有些人名气很大，如李白、苏轼等，也有一些不大知名的诗人。

（东汉）王粲《七哀诗》：

西京乱无象，豺虎方遘③患。
复弃中国去，委身适荆蛮。
亲戚对我悲，朋友相追攀。

---

① （汉）班固：《汉书》卷4《文帝纪》，北京：中华书局，1962年，第134—135页。
② （汉）班固：《汉书》卷100《叙传》，北京：中华书局，1962，第4237页。
③ 遘，古同"构"，构成。

> 出门无所见，白骨蔽平原。
> 路有饥妇人，抱子弃草间。
> 顾闻号泣声，挥涕独不还。
> 未知身死处，何能两相完？
> 驱马弃之去，不忍听此言。
> 南登霸陵岸，回首望长安。
> 悟彼下泉人，喟然伤心肝。

这首诗写长安乱得不成样子，是因为李傕、郭汜等人正在作乱，他们大肆烧杀劫掠，百姓遭殃。诗人正是在这样的背景下离开长安的，首联交代了诗人离开长安的原因，次联点出诗人离开长安以后的去向。诗人描写送别时的表情和动作，固然是为了表现诗人和亲戚朋友的深厚感情，更重要的是营造一种悲凉的氛围，使人感到这是一场生离死别。诗人离开了长安，离开了亲戚朋友，一路上见到的景象触目惊心，累累的白骨遮蔽了无垠的平原。诗人见到的不仅是"白骨蔽平原"，还有"饥妇人"弃子的事。因此，诗人以惨绝人寰的事例深刻地揭露了战乱给人民带来的沉重灾难，鲜明而生动，催人泪下。妇人弃子的惨景，使诗人耳不忍闻，目不忍睹。"南登霸陵岸，回首望长安"，在这样的乱世中，诗人自然怀念汉代的明君汉文帝，向往汉文帝时"以德化民，是以海内殷富"①的时代。如果有汉文帝这样的贤明君主在世，长安就不会如此混乱、残破，百姓不至于颠沛流离，自己也不至于流落他乡。登霸陵，眺长安，诗人感慨万端。这首诗写得悲凉沉痛，真切动人，是建安诗歌中的名作。方东树评其为"冠古独步"，不是没有道理的。

（唐）长孙无忌《灞桥待李将军》：

> 飒飒风叶下，遥遥烟景曛②。
> 霸陵无醉尉，谁滞李将军。

长孙无忌的这首《灞桥待李将军》，前两句是景象描绘，对仗十分工整，描写的是傍晚时光的远景：极目望去，在遥远的天边，云烟缭绕，夕

---

① （汉）班固：《汉书》卷4《文帝纪》，北京：中华书局，1962年，第135页。
② 曛：音 xūn，落日的余光。

阳西下，给人一种秋风凄凉、空旷无边的感觉。后两句虽然写的是一段历史事实，但含义比较深刻。一方面，作者对李广这样的名将不遵守法度，违反了不得夜行的纪律，很有感慨；另一方面，作者对霸陵尉的举动表示肯定，霸陵尉对纪律执行得很坚决，即使是李广这样的名将，也不循私情，坚决地把他拦截下来，让李广留置在亭子里，不让他夜行。很可惜的是，这个霸陵尉是在喝醉酒的情况下才做出这样的举动，所谓酒能壮胆，如果没有喝醉，很有可能就网开一面，放李将军夜行。

（唐）李白《巴陵赠贾舍人》：

> 贾生西望忆京华，湘浦南迁莫怨嗟。
> 圣主恩深汉文帝，怜君不遣到长沙。

唐人作诗，常常喜欢把历史上与现实中有同种遭遇的人联系在一起。因为西汉贾谊是洛阳人，能文，曾被贬长沙太傅，而贾至不仅与他同姓，而且同为洛阳人，也擅长作文，被贬的地方岳州与长沙也很相近，因此李白诗的开篇就以贾谊来比贾至。由于西汉和唐代的京城都在长安，位于岳阳、长沙的西北面，故诗中称"西望"。而贾谊、贾至本来都是朝中京官，都是由京城被贬而出，但又时时关心朝政的状况，因此诗中又用上了"忆京华"三字，这"望""忆"二字，实际上已将贾至当时被贬后的失意而又关心朝政的复杂心理揭示了出来。正因为贾至当时失意怨望，却又时时地向往着京城，故而诗人在第二句中就开始劝慰友人，既然已被南贬迁徙到湘浦这地方来了，就不要再去哀怨嗟叹了。李白既然是劝慰朋友，总不能空口相劝，最好能找出一些劝慰的话或事来，这样对朋友才能起到一定的作用。于是诗人想到贾至虽然被唐肃宗贬至岳阳，但岳阳毕竟在长沙的北面，距离京城要比长沙近些，从这一点上来说，唐肃宗还不算太薄情，他至少没像汉文帝那样把贾谊贬到长沙。于是，末二句中有所谓的"圣主恩深""怜君"等，都是从这个意思上来说的，都是一些宽慰之词，并不意味李白认为唐肃宗就是明君。相反，诗中话中有话，唐肃宗与汉文帝的做法实际上是五十步与一百步之差。这样，讽刺意味是十分委婉而深长的。此诗一无华词，二无想象，却一气流走，天然成韵，既有着关切同情，又有着安慰宽解和委婉的措意，充溢着诗人对被贬友人的一片真挚之情。

(唐)李白《灞陵行送别》：

> 送君灞陵亭，灞水流浩浩。
> 上有无花之古树，下有伤心之春草。
> 我向秦人问路歧，云是王粲南登之古道。
> 古道连绵走西京，紫阙落日浮云生。
> 正当今夕断肠处，黄鹂愁绝不忍听。

《灞陵行送别》是李白所作的一首送别诗。这首诗集中抒写行者和送行者的离情别绪，同时蕴含着作者对当时政局的深深忧虑。诗中运用灞水、紫阙、古树、春草等意象，构成了一幅令人心神激荡的景象，并向历史和现实多方面扩展，因而给人以世事浩茫之感。诗中展现的西京古道、暮霭紫阙、浩浩灞水，以及那无花古树、伤心春草，构成了一幅令人心神激荡而几乎目不暇接的景象，这和清空飘渺便迥然不同。像这样随手写去，自然流逸，但又有浑厚的气象，充实的内容，是别人难以企及的。

(唐)李白《忆秦娥》：

> 箫声咽，秦娥梦断秦楼月。秦楼月，年年柳色，灞陵伤别。乐游原上清秋节，咸阳古道音尘绝。音尘绝，西风残照，汉家陵阙。

李白是一位诗人，也有一部分词作。这首词写的是一位长安女子，自从亲人在灞陵和她分别之后，她就寝食难安。从春到秋，年复一年，亲人一直杳无音信。诗人借箫声、明月、柳色、乐游原、汉家陵阙等悲凉的景色，写出了"秦娥"的离别之苦。作品怀古伤今，引发了深沉的历史感慨。全篇哀而不伤，体现了诗人的深刻认识与宽广胸怀。

(唐)温庭筠《杂曲歌辞·侠客行》：

> 欲出鸿都门，阴云蔽城阙。
> 宝剑黯如水，微红湿余血。
> 白马夜频嘶，三更霸陵雪。

温庭筠虽说是花间派词人，但这首送别词《杂曲歌辞·侠客行》却写得十分豪放，词作者主要写景，选择的"阴云"、"宝剑"、"血"、"白马"和"霸陵雪"等意象，渲染了一种肃杀的气氛。

（唐）杜牧《皇风》：

> 仁圣天子神且武，内兴文教外披攘。
> 以德化人汉文帝，侧身修道周宣王。
> 远①蹊巢穴尽窒塞，礼乐刑政皆弛张。
> 何当提笔侍巡狩，前驱白旆吊河湟。

晚唐杰出的诗人杜牧曾做过转淮南节度使幕，黄州、池州、睦州刺史等职。虽然他和李商隐并称为"小李杜"，但他的诗风和李商隐迥然不同，而且他写过相当数量的边塞诗。这首《皇风》就是其边塞诗之一。会昌四年（844年），唐中兴之主唐武宗李炎再命刘濛为筹边使，准备收复河陇，杜牧很高兴，于是作了这首《皇风》。在诗中，他高度赞扬了唐武宗，将他和以德化人的汉文帝相提并论。这首诗前六句颂扬武宗的神武，后两句抒写诗人赴边平虏的心志，诗行间饱含着忠君报国杀敌的激情。

（唐）韩琮《杨柳枝词》：

> 枝斗纤腰叶斗眉，春来无处不如丝。
> 霸陵原上多离别，少有长条拂地垂。

韩琮的这首《杨柳枝词》是比较典型的借景抒情之作，第一、二、四句均属写景，写杨柳的枝条在春天的各种姿态，用"霸陵原上多离别"统领全诗，含不尽之意于言外。

（唐）胡曾《咏史诗·霸陵》：

> 原头日落雪边云，犹放韩卢逐兔群。
> 况是四方无事日，霸陵谁识旧将军。

胡曾的这一首题为《霸陵》的咏史诗，第一联写景虚实，写边关的日落情景，戍边的将士无所事事，只能在荒漠里纵马追逐兔群。因为多年没有战事，所以，没有人认识特别能打仗的李广将军。诗人借此来抒发自己怀才不遇的情感。

---

① 迒：音 háng，（鸟兽的）脚印。

（宋）辛弃疾《八声甘州·故将军饮罢夜归来》：

夜读《李广传》，不能寐。因念晁楚老、杨民瞻约同居山间，戏用李广事赋以寄之。

故将军、饮罢夜归来，长亭解雕鞍。恨灞陵醉尉，匆匆未识，桃李无言。射虎山横一骑，裂石响惊弦。落托封侯事，岁晚田间。谁向桑麻杜曲，要短衣匹马，移住南山。看风流慷慨，谈笑过残年。汉开边、功名万里，甚当时、健者也曾闲。纱窗外、斜风细雨，一阵轻寒。

"飞将军"李广的故事广为人知，在古代诗文中也多有咏及。辛弃疾的这首《八声甘州·故将军饮黑夜归来》，便是其中的名篇。这首词借李广功高反黜的不平遭遇，抒发作者遭谗被废的悲愤心情。辛弃疾的这首词，其句子隐括了不少前人的诗文。但是，他不是简单地照搬古人语句，而是在隐括前人辞句时加进了生动的想象，融入了深厚的情感。例如，上阕写霸陵呵止李广事，加进"长亭解雕鞍"的想象，便觉情景逼真；写李广出猎射虎事，加进"裂石响惊弦"的想象，更觉形神飞动。下阕"汉开边、功名万里，甚当时、健者也曾闲"一问，气劲辞婉，几经顿挫才把意思说完，情真意切，充满了无限悲愤。总之，这首词不仅抒情真切感人，而且语言上也多有创新，是不可多得的佳作。

（宋）袁去华《水龙吟·晚来侧侧清寒》：

晚来侧侧清寒，冻云万里回飞鸟。故园梦断，单于吹罢，房栊易晓。西帝神游，万妃缟袂，相看一笑。泛扁舟乘兴，寒驴觅句，山阴曲、霸陵道。舞态随风窈窕。任穿帘、儿童休扫。洛阳高卧，萧条门巷，悄无人到。供断诗愁，夜窗还共，陈编相照。念寒梅映水，匀妆弄粉，与谁争好。

这首《水龙吟·晚来侧侧清寒》表现自己壮烈怀抱和报国无门的情怀，于是只能寄情于山水之间。

（宋）苏轼《铁沟行赠乔太博》：

城东坡陇何所似，风吹海涛低复起。
城中病守无所为，走马来寻铁沟水。

铁沟水浅不容舟[①]，恰似当年韩与侯。
有鱼无鱼何足道，驾言聊复写我忧。
荒村野店亦何有，欲发狂言须斗酒。
山头落日侧金盆，倒着接□搔白首。
忽忆从军年少时，轻裘细马百不知。
臂弓腰箭南山下，追逐长杨射猎儿。
老去同君两憔悴，犯夜醉归人不避。
明年定起故将军，未肯先诛霸陵尉。

苏轼的这首诗写和朋友乔太博一起出游，前半部分，写在城中百无聊赖，于是两个人就来到了铁沟。从诗的上下文来看，乔太博过去有过一段戎马葱茏的生活，但目前不被重用，赋闲在家，所以最后才有"明年定起故将军，未肯先诛霸陵尉"的句子，鼓励朋友明年一定会像李广将军一样重新被朝廷启用，只是不必像李广那样先杀掉霸陵尉。

（宋）刘子翚《张释之谏文帝》：

扰扰椎埋遍九原，因山独有霸陵存。
孝文俭德虽天纵，亦赖忠臣效一言。

该诗写张释之劝谏汉文帝薄葬霸陵事，汉文帝一生虽有节俭的美德，但最终的因山建陵薄葬也有赖于忠臣的进言。

（宋）罗公升《燕城读史》：

秦王手创万世业，四海不足充侈心。
孝文田家眼孔小，露台欲作悭百金。

这首《燕城读史》通过秦始皇与汉文帝的对比，言秦始皇创下了万世之伟业，但依然欲壑难填，拥有四海仍然不能满足他的贪欲；而汉文帝则像一个贪财的土财主一样目光短浅，想建造一个露台要花去百金都嫌太贵。诗人表面上不着一言，实际上包含着褒贬与爱憎。

（宋）王禹偁《读汉文纪》：

西汉十二帝，孝文最称贤。

---

① 舟：音zhōu，车辕。

> 百金惜人力，露台草芊眠。
> 千里却骏骨，鸾旗影迁延。
> 上林慎夫人，衣短无花钿。
> 细柳周将军，不拜容櫜鞬①。
> 霸业固以盛，帝道或未全。
> 贾生多谪宦，邓通终铸钱。
> 谩道膝前席，不如衣后穿。
> 使我千古下，览之一泫然。
> 赖有佞幸传，贤哉司马迁。

《读汉文纪》是一首五言古体诗，是诗人读了汉文帝刘恒的本纪后对汉文帝所作的评判，既赞颂他的仁政，又批评他帝道未全，在用人上有一些不公正。"汉文纪"即司马迁所著的《史记·孝文本纪》。

（宋）刘克庄《同郑君瑞出濑溪即事十首》（其八）：

> 铁马防秋记昔曾，晚涂消缩似寒蝇。
> 同时校尉俱封拜，谁伴将军猎霸陵。

该诗写李广的故事。当年和李广一起出生入死的将士如今都已封侯拜相，谁还会和李广一起在霸陵上打猎喝酒呢？

（明）孙蕡《高昌老翁行》：

> 高昌老翁背隆然，黄须高鼻毛发拳。
> 自言少小家幽燕，生长适值繁华年。
> 出身从戎事西边，十七八九南营田。
> 雕戈如云护中坚，流苏帐暖垂蜿蜒。
> 三珠虎符谁喜悬，偏裨尽戴黄金蝉。
> 军中无事惟游畋，锦袍白马青连钱。
> 胡鹰一挚冲九天，䴏鹅②酒血来连连。
> 夜阑爱月醉不眠，众宾呼卢各争先。
> 输筹唱饮开锦筵，美人照座红娟娟。

---

① 櫜鞬：藏箭和弓的器具。
② 䴏鹅：鸿雁。

凉州葡萄斗十千，金盘丹荔明珠圆。
野驼之酥香不膻，争持宝刀夸割鲜。
忽尔不乐心悁悁①，琵琶催张凤凰弦。
纤歌一曲清声传，华严天魔间采莲。
美人起舞斗嫣妍，腰肢宛转飞花旋。
玉钗斜横翠袖偏，春风徐来拂筵前。
此时意气如熊虎，伯仲联翩享圭组②。
青云头上高楚楚，却笑旁人不好武。
一朝零落来南土，白发萧萧守环堵。
北风怒号朔雪舞，羊裘无温敝不补。
人间俯仰成今古，老翁无乃独愁苦。
霸陵将军旧征虏，青门秦侯亦开府，浮荣飘风何足数。

这首《高昌老翁行》是一首叙事诗，主题类似于陆游的《关山月》，内容上又类似于高适的《燕歌行》。一位黄须高鼻毛发拳驼背的老翁，原是十七八岁就去戍边的战士。但是，多年无战事，所以，这位戍边的战士就在军营中虚度了一生，直到白发苍苍依然戍边。尽管人世间已发生了很大的变化，老翁依然"独愁苦"。在这种情况下，人们不由得想起了赋闲在霸陵打猎喝酒的李广将军。

（明）尹耕《南巡八首（世庙幸承天作）》（其六）：

宋昌夜佩汉军符，张武乘时亦丈夫。
自是王门多将相，不关六合定须臾。
租蠲云舍民逢岁，晏锡兰台酒既濡。
圣主功高汉文帝，承天原不比中都。

这首七律从汉文帝登基时立下汗马功劳的宋昌写起，从正面赞扬了汉文帝免去减轻老百姓的田赋徭役，老百姓承受了这位仁慈皇帝的天恩。

汉文帝是中国历史上少有的以"文治"而非"武功"著称的皇帝。他在位期间，尊崇儒学，行施德政，成为中国历史上著名的贤君，称得上是

---

① 悁悁：忧闷貌。
② 圭组：印绶，借指官爵。

典范。纵观中国数千年封建史，像汉文帝这样勤政爱民、以德治国的帝王还真是为数不多。他的以德治国主要体现在以下方面：加恩厚赏，优扶诸侯；重农轻赋，发展生产；举贤重谏，以安天下；慎战和亲，稳固边疆；勤俭节约，垂范教民；关心孤寡，力倡孝悌；此外，谨慎谦虚、反躬自省也是文帝的德治方略。汉文帝曾写信给匈奴单于，剖露自己的为政之道："朕夙兴夜寐，勤劳天下，忧苦万民，为之恻怛不安，未尝一日忘忧于心。"司马迁借景帝之诏，群臣之议，以"德莫大于孝文皇帝"来评价文帝的一生。而且，汉文帝也是中国封建皇帝中争议最少的一位仁慈的皇帝。文帝体恤天下、胸怀万民，以自己治国中体现出的圣贤之风、大人之量，以及利国利民的功绩，当受此赞誉。

尽管两千多年的中国封建社会并没有沿着汉文帝所倡导的路线走下来，但汉文帝的存在，至少证明了在中国这块土壤上，治国还存在着另外一种方法，另外一种可能。

第五章

汉武帝茂陵
——一曲哀歌茂陵道，汉家天子葬秋风

一

汉武帝刘彻的茂陵，是我最早拜谒的汉代皇帝陵之一。

那应该是20世纪80年代中期的事情。以我当年应付高考的仅有的历史知识而言，对于茂陵陵主汉武帝刘彻的了解可以说连皮毛都算不上，只知道"秦皇汉武"是中国历史上最厉害的皇帝，至于他为什么厉害，在历史上有什么丰功伟绩，其实都是一知半解。而且，那个时候我总是有一种很奇怪的感觉，总是无法相信当年那个改变中国历史进程的高高在上坐在龙椅上的皇帝死后就埋在了那高大的土堆之下。

拜谒茂陵，纯粹出于慕名。这个"名"，一方面是汉武帝之名，另一方面是当代著名美学家李泽厚先生之名。那几年，文化圈里李泽厚先生的一本《美的历程》很是流行，谁要是没有读过都不好意思说自己是读书人。在《美的历程》这本书中，李先生对于茂陵的陪葬墓霍去病墓前的石雕从美学意义上进行了分析研究。从那些看上去质朴到极致的石雕上面，李先生发现了我们这些肉眼凡胎没有发现的美。要知道，"美学"在当时可是十分"高大上"的一门学问。

记得去的时候是在暑假。酷热难当，我匆匆参观了茂陵博物馆（记不

清当时是不是叫这个名儿了），重点欣赏了霍去病墓前的石雕——马踏匈奴、跃马、卧马等。那一块块拙朴的石头，经古代不知名的艺术家简单的几刀，形象就呼之欲出，套用一个成语就是"栩栩如生"，而且，那"栩栩如生"的艺术品还不是一件，而是一组，可见那些艺术品决不是艺术家兴之所至偶然为之，而是一以贯之。这说明两千多年以前我们的祖先就有了系统的美学知识和艺术创作思想。

三十多年过去了，当我再一次走近茂陵，思考最多的，却是这样一个问题：汉武帝作为中国历史上最伟大的皇帝之一，为什么没有像自己祖父汉文帝那样选择薄葬而是选择了厚葬？以他的聪明才智，他不会不知道死后随着自己一起陪葬的那些全天下的奇珍异宝，实际上是为后世的盗墓贼准备的。

修建于古槐里茂乡的茂陵，建筑宏伟，墓葬内殉葬品极为豪华丰厚。相传汉武帝的金镂玉衣、玉箱、玉杖等一并埋在墓中。后来有文字记载，说由于汉武帝在位时间长，到修建后期，陵墓内已经没有地方再放后来搜罗到的稀世珍宝了。

茂陵是汉代帝王陵墓中规模最大、修造时间最长、陪葬品最丰富的一座陵墓。正因为陪葬品过于丰富，这座帝王陵墓才惹得盗墓贼频频光顾。

考古发现，茂陵的核心建筑地宫规模之宏大更是令人瞠目。据《汉旧仪》记载：地宫占地一顷，深十三丈，墓室高一丈七，每边长二丈，墓室四面各设有能通过六匹马驾之车的墓道。各墓道门还埋设有暗剑、伏弩等机关以防盗。这些机关的设置极其隐蔽。据文献记载，茂陵建成后不久，有个守陵的士兵想偷盗陵墓内的珍品，结果连第一道墓门都没有过去，就被乱箭射死在墓门边上，可见整个陵墓机关设置的严密。

据说，汉武帝的梓宫是五棺二椁。五层棺木，置于墓室后部椁室正中的棺床之上。墓室的后半部是一椁室，两层，内层以扁平立木叠成"门"形。南面是缺口，外层是黄肠题凑。五棺所用木料，是楸、梓和楠木，这三种木料，质地坚细，均耐潮湿，防腐性强。梓宫的四周设有四道羡门，并同时设有便房和黄肠题凑的建筑，便房的作用和目的是"藏中便坐也"。《汉书·匡张孔马传》曰："便坐，谓非正寝，在于旁侧可以延宾者也。"[①]简单地说，

---

① （汉）班固：《汉书》卷81《匡张孔马传》，北京：中华书局，1962年，第3350页。

便房是模仿活人居住和宴飨之所,将死者生前认为最珍贵的物品与其一起葬于墓中,以便在幽冥中享用。

人们纷纷猜测,在事死如生、风行厚葬的汉代,这位君王的陵墓地宫之中必定是充盈着各种奇珍异宝。也难怪人们这样猜测,许多史料中都有对茂陵地宫极尽奢华的描述,《汉书·贡禹传》记载:"及弃天下,昭帝幼弱,霍光专事,不知礼正,妄多臧金钱财物,鸟兽鱼鳖牛马虎豹生禽,凡百九十物,尽瘗臧之。"①可见刘彻茂陵墓中陪葬品的数量之丰。后有文字称,"武帝历年长久,比葬,方中不复容物"②。从以上记载可以看出,因为汉武帝在位年久,汉朝当时又处在经济繁荣的鼎盛时期,所以随葬品很多,除190多种随葬品外,连活的牛马、虎豹、鱼鳖、飞禽等,也一并从葬。另据记载,康渠国国王赠送汉武帝的玉箱、玉杖,以及汉武帝生前阅读的30卷杂经,盛在一个金箱内,也一并埋入陵墓之中。又据《西京杂记》记载:"汉帝送死皆珠襦玉匣。匣形如铠甲,连以金缕。武帝匣上皆镂为蛟、龙、鸾、凤、龟、麟之象,世谓为蛟龙玉匣。"③据说,汉武帝身高体胖,其所穿玉衣形体很大,全长1.88米,约有大小玉片2498片,光是串玉片的金线就有两斤多重。

虽然茂陵至今尚未正式开掘,但茂陵内的丰富陪葬品完好地保存在地宫中的可能性已经微乎其微。历史上,茂陵曾多次被盗,据《后汉书》记载,当年赤眉军攻占长安后,焚烧了皇宫,又"发掘诸陵,取其宝货"④。茂陵中的宝货,总共搬了几十天,"陵中物仍不能减半"。后来赤眉军没有钱用时,再一次盗挖了茂陵。东汉末年,董卓也曾盗挖过茂陵。茂陵最大的一次浩劫在公元881年,黄巢起义军攻入长安,为了筹集军饷,他们将目标指向了茂陵。这次盗掘茂陵地宫,起义军搬运了3天,或许是宝物太多以至于大量的金银器皿散落在茂陵周围。民国时期,军阀孙连仲在茂陵上修筑战壕,也被怀疑实为盗墓。

当然,有关这些盗墓的说法,更多是人们口耳相传或者是"小说家言",不乏虚构的成分。本来,茂陵地宫中随着汉武帝下葬的宝物到底有

---

① (汉)班固:《汉书》卷72《王贡两龚鲍传》,北京:中华书局,1962年,第3070页。
② (宋)欧阳修、宋祁等:《新唐书》卷102《虞世南传》,北京:中华书局,1975年,第3971页。
③ (晋)葛洪:《西京杂记》,周天游校注,西安:三秦出版社,2006年,第40页。
④ (南朝宋)范晔:《后汉书》卷11《刘玄刘盆子列传》,北京:中华书局,1962年,第483页。

多少，谁也说不清。所以，目前考古界对茂陵地宫中的陪葬品还是较为乐观的。原因有二：一是茂陵修筑的时间长达半个多世纪，内部机关重重，一般人很难进入。据《汉书》记载，茂陵地宫中除了玄室、明堂留有空间外，其余大都被随葬品堆放得密不透风。茂陵地宫深邃，四周有用石头砌好的护壁。况且，大多数时候茂陵周围戒备森严，盗墓贼很难得手。所以茂陵地宫中的陪葬品不可能被盗尽，最多也是部分被盗。二是早期盗墓者看重的是金银珠宝，一些如经书类的文物、当时人们用的器物并不被看重，还会留在地宫中，这也是现在发现的不少多次被盗的陵墓仍能有重大考古发现的原因。

当然，这只是考古工作者一厢情愿的想法，是不是真的如此，只有等到茂陵哪一天真正被开发了，真相才能大白于天下。

但有一个"真相"已经大白于天下，即汉武帝刘彻生前苦心经营了半个多世纪的死后殿堂，肯定已被大大小小的盗墓贼光顾过多次。这些盗墓者，有听上去如雷贯耳的赤眉军、董卓、黄巢、孙连仲，当然，可能还有一长串正史、野史上没有任何记载甚至民间口耳相传的故事里都没有名姓的蟊贼，他们也曾经在一个一个风高月黑的晚上面对着茂陵地宫中那无数的宝藏垂涎欲滴。至于这些蟊贼是否破解开了茂陵地宫中的暗道和机关，然后，在昏暗的灯光下，一双双贪婪的眼睛放着贼光，用罪恶的黑手抓起了金的银的玉的珍宝，其实并不重要了，重要的是作为汉武帝刘彻这样一个被后世称道的具有雄才大略的甚至可以用"伟大"来形容的封建皇帝，在安排自己死后丧事这个问题上，做了一件很愚蠢的事情。

可见，无论多么伟大的人物，哪怕他曾经叱咤风云，哪怕他曾经改变历史进程，哪怕他确有经邦济世之才，也有可能犯错，甚至犯十分低级的错误！

按理说，刘彻不可能对自己的爷爷汉文帝刘恒的临终遗诏不了解，在对待自己死后丧事的问题上，刘彻的爷爷刘恒应该说是非常清醒的。据《史记·孝文本纪》记载，汉文帝刘恒临终下了遗诏，曰："朕闻盖天下万物之萌生，靡不有死。死者天地之理，物之自然者，奚可甚哀。当今之时，世咸嘉生而恶死，厚葬以破业，重服以伤生，吾甚不取。且朕既不德，无以佐百姓；今崩，又使重服久临，以离寒暑之数，哀人之父子，伤长幼之志，损其饮食，绝鬼神之祭祀，以重吾不德也，谓天下何！朕获保宗庙，以眇眇之身托于天下君王之上，二十有余年矣。赖天地之灵，社稷之福，方内安宁，靡有兵革。朕既不敏，常畏过行，以羞先帝之遗德；维年之久长，惧于不终。今乃幸以天年，得复供养于高庙，朕之不明与嘉之，其奚哀悲之有！其令天下吏民，令到出临三日，皆释服。毋禁取妇嫁女祠祀饮酒食肉者。自当给丧事服临者，皆无践。经带无过三寸，毋布车及兵器，毋发民男女哭临宫殿。宫殿中当临者，皆以旦夕各十五举声，礼毕罢。非旦夕临时，禁毋得擅哭。已下，服大红十五日，小红十四日，纤七日，释服。佗不在令中者，皆以此令比率从事。布告天下，使明知朕意。霸陵山川因其故，毋有所改。归夫人以下至少使。"①作为一个聪明人，刘彻不可能认识不到，刘恒比起很多帝王，虽然少了很多大人物的传奇性和神秘性，但他是有汉以来最为仁义的一位皇帝，而且他践行了仁者之政，他的以德治国也在历史上留下了一段佳话，其临终前下诏薄葬更是为后人所称道。

或许，刘彻是被自己的"丰功伟绩"冲昏了头脑。

二

相较于自己的祖父和父亲，汉武帝刘彻登上皇位可以说是十分顺利，"孝武皇帝者，孝景中子也。母曰王太后。孝景四年，以皇子为胶东王。孝景七年，栗太子废为临江王，以胶东王为太子。孝景十六年崩，太子即位，为孝武皇帝"②。刘彻是汉景帝刘启的第十个儿子，后来做了胶东王；三年以后，太子被废，刘彻就以胶东王的身份做了太子；又过了几年，汉景帝死了，刘彻就顺理成章地做了皇帝。整个过程似乎没有多少波澜。而且，刘彻登基的时候，之前正是"文景之治"，他的祖父汉文帝刘恒和父亲汉景帝刘启经过多年的励精图治和省吃俭用，已经给刘彻留下了十分丰厚的家底，所以，汉武帝刘彻就有了可供他施展自己治国才能的本钱。于是，中国历史上就多了一位很厉害的皇帝——汉武帝。

学者何新在《论汉武帝》中历数了汉武帝一生所做的五件大事：

---

① （汉）司马迁：《史记》卷10《孝文本纪》，北京：中华书局，1959年，第433—434页。
② （汉）司马迁：《史记》卷12《孝武本纪》，北京：中华书局，1959年，第451页。

从公元前140年汉武帝即位,到公元前87年去世,他一共做了54年皇帝。武帝一生在位期间,主要做了五件大事:

一是打退了匈奴对中原的入侵,中华民族获得了从南到北,从东到西的广阔生存空间。

二是变古创制,包括收相权、行察举、削王国、改兵制、设刺史、统一货币、专管盐铁、立平准均输等重大改革与创制,建立了一套系统完整而且体现着法家之"以法治国,不避亲贵"的政治制度。这种法制传统,成为此后两千年间中华帝国制度的基本范式。

三是将儒学提升为国家宗教,建立了一套以国家为本位、适应政治统治的意识形态,从而掌控了主流舆论,并且为精英阶层(士大夫)和社会树立了人文理想以及价值标准。

四是彻底废除了西周宗法制的封建制度,建立了一套新的行政官僚制度、继承制度和人才拔擢制度。

五是设计制订了目光远大的外交战略,并通过文治武功使汉帝国成为当时亚洲大陆的政治和经济轴心。

在中国历史上,汉武帝是第一位具有世界眼光的帝王。他的目光从16岁即位之初,就已经超越了长城屏障以内汉帝国的有限区域,而投向了广阔的南海与西域。[①]

正因为如此,无论是古人还是今人,对汉武帝的评价,把能用在皇帝身上的赞美之辞都用了。

清人吴裕垂在《历朝史案》如此评价汉武帝:

武帝雄才大略,非不深知征伐之劳民也,盖欲复三代之境土。削平四夷,尽去后患,而量力度德,慨然有舍我其谁之想。于是承累朝之培养,既庶且富,相时而动,战以为守,攻以为御,匈奴远道,日以削弱。至于宣、元、成、哀,单于称臣,稽玄而朝,两汉之生灵,并受其福,庙号"世宗",宜哉! 武帝生平,虽不无过举,而凡所作用,有迥出人意表者。始尚文学以收士心,继尚武功以开边城,而犹以为未足牢笼一世。于是用鸡卜于越祠,收金人于休屠,得神马于渥洼,取天马于大宛,以及白麟赤雀,芝房宝鼎之瑞,皆假神道以设教也。至于泛舟海上,其意有五,

---

① 何新:《汉武帝新传》,北京:中央编译出版社,2004年,第73—74页。

而求仙不与焉。盖舳舻千里，往来海岛，楼船戈船，教习水战，扬帆而北，慑展朝鲜，一也。扬帆而南，威振闽越，二也。朝鲜降，则匈奴之左臂自断，三也。闽越平，则南越之东陲自定，四也。且西域既通，南收滇国，北报乌孙，扩地数千里，而东则限于巨壑，欲跨海外而有之，不求蓬莱，将焉取之了东使方士求仙，一犹西使博望凿空之意耳。既肆其西封，又欲肆其东封，五也。惟方士不能得其要领如博望，故屡事尊宠，而不授以将相之权，又屡假不验以诛之。人谓武帝为方士所欺，而不知方士亦为武帝所欺也！①

当代史学家翦伯赞如此描述汉武帝：

> 说到汉武帝，也会令人想到他是生长得怎样一副严肃的面孔。实际上，汉武帝是一位很活泼、很天真、重感情的人物。他除了喜欢穷兵黩武以外，还喜欢游历，喜欢音乐，喜欢文学，喜欢神仙。汉武帝，是军队最英明的统帅，又是海上最经常的游客，皇家乐队最初的创立人，文学家最亲切的朋友，方士们最忠实的信徒，特别是他的李夫人最好的丈夫。他决不是除了好战以外，一无所知的一个莽汉。②

即便是缺点，也是一个伟大的皇帝的缺点，正如何新先生所言：

> 汉武帝绝不是一个超俗绝世的圣者。他好色、骄傲、虚荣、自私、迷信、奢侈享受、行事偏执；普通人性所具有的一切弱点他几乎都具有。但是，尽管如此，即使他不是作为一个君王，而仅仅是作为一个普通凡人，那么以其一生的心智和行为，他仍然应被认为是一个顶天立地的男子汉，一个机智超群的智者，一个勇武刚毅的战士，一个文采焕然的诗人，一个想象力浪漫奇异的艺术家，以及一个令无数妙女伤魂断魄的荡子，最坏又最好的情人。③

汉武帝的影响力自然是超凡的，何新认为："他不仅开创了制度，塑造了时代，他的业绩和作为也深深地熔铸进了我们这个民族的历史与传统中。汉民族之名，即来源于被他以银河作为命名的一个年代——'天汉'。

---

① （清）洪亮吉、吴裕垂：《历朝史案》，成都：巴蜀书社，1992年，第69页。
② 翦伯赞：《秦汉史》，北京：北京大学出版社，1999年，第312—313页。
③ 何新：《汉武帝新传》，北京：中央编译出版社，2004年，第77页。

在他那个时代所开拓的疆土,从闽粤琼崖直到川黔滇,从于阗阿尔泰到黑吉辽,勾勒了日后两千年间中华帝国的基本轮廓。而这个帝国影响力所辐射的范围,由咸海、葱岭、兴都库什山脉直到朝鲜半岛;由贝加尔湖到印度支那,则扩展成了汉文化影响所覆盖的一个大文化圈。"①

还有一点我们必须予以特别说明,或许是意识到自己的穷兵黩武、声色犬马、荒淫暴虐带给老百姓深重的灾难,汉武帝在晚年颁发《轮台罪己诏》,"深陈既往之悔",实行"息兵重农"的政策,又使社会逐步安定下来,社会经济有所恢复和发展。这一点对于一个封建皇帝而言是难能可贵的。

但是,后世对汉武帝刘彻有如此高的评价,估计有一个人不会答应,这个人就是被誉为"史圣"的司马迁。

在阅读《史记·孝武本纪》时,一个强烈的感受是,这不是司马迁所写!这样的感受主要缘于以下几点:

第一,体例不一。其他帝王及吕后的本纪中,人物的事迹基本上是按照纪年的方式,某一年天下发生了什么事,皇帝下了什么诏书,皇帝针对某件事情说了什么,等等,唯独《孝武本纪》不是,史学家在介绍完汉武帝后,劈头盖脑就来了一句"孝武皇帝初即位,尤敬鬼神之祀"。

第二,主次不分。因为这一"本纪"中,堂堂的大汉天子汉武帝几乎把毕生的精力都花在烧香求仙、装神弄鬼的封建迷信之中,司马迁浓墨重彩地记录了他"信奉鬼神""求仙问丹""封禅祭礼""蛊惑之乱"等事情,且篇幅巨大,而像"远征匈奴""广开三边"等一生丰功伟业,反倒成了陪衬。

第三,和《汉书》的相关章节差距巨大。对照一下司马迁的《史记》和班固的《汉书》,我们不难发现,班固的《汉书》在很多内容上都借鉴了司马迁的《史记》,包括人物的言行,这当然源于两者都属于纪传体。但对照一下《史记·孝武本纪》和《汉书·武帝本纪》,我们很容易就可以发现两者的差距是巨大的。

关于《史记·孝武本纪》到底是怎么回事,学术界目前还有一些争论。一种说法是,司马迁是汉武帝的臣子,他写《史记》时,汉武帝还活

---

① 何新:《汉武帝新传》,北京:中央编译出版社,2004年,第77页。

得好好的，他就按照写别的皇帝的路子写了《今上本纪》，写完了呈送给汉武帝。可能是里面有些内容令汉武帝很不高兴，于是"武帝怒削"。"削"固然容易，但这一章就缺了，西汉后期史学家、经学家褚少孙截取《史记·封禅书》并在开头补写六十字，以补所缺的《史记·今上本纪》。另一种说法是，《史记》并非史公完璧，这一点自《汉书·艺文志》就有记载，已成定论，但是在具体哪些篇目亡缺以及何人补缀上却众说纷纭，亡缺原因更是茫然莫知。按《史记》的说法是"十篇缺，有录无书"[①]。其篇目则多从魏人张晏之说，为《孝景本纪》《孝武本纪》等。这场争论可能还会继续下去，笔者无意也无力对此进行严格的考证，在此只是就此发表一下个人的看法。

司马迁之所以被后人称为"史圣"，一个重要原因就在于其写出了"信史"，即真实的历史。可问题在于，"真实的历史"仅存于岁月的长河之中，一个历史事件发生后，史学家记录下来，但他不可能还原历史，因为史学家已经加入了自己的情感因素，所以说，他写出的是"历史"不假，但已经不再是"信史"了。我想，地球上再伟大的史学家恐怕都不能例外，司马迁自然也不例外。

的确，司马迁撰写《史记》，态度严谨认真，"实录"是其最大的特色。他写的每一个历史人物或历史事件，都经过了大量的调查研究，并对史实反复做了核对。司马迁在二十岁时，便离开首都长安遍访名山大川，实地考察历史遗迹，了解到许多历史人物的遗闻轶事以及许多地方的民情风俗和经济生活，开阔了眼界，扩大了胸襟。汉朝的历史学家班固说，司马迁"其文直，其事核，不虚美，不隐恶，故谓之实录"。也就是说，他的文章公正，史实可靠，不空讲好话，不隐瞒坏事。这便高度评价了司马迁的科学态度和《史记》的记事翔实。

问题是要给将他送进蚕室的汉武帝刘彻作传，司马迁还能保持这样的态度吗？

我以为不能。

我们无法看到《今上本纪》，但看看《封禅书》，就能够看出他把汉武帝迷信神仙、千方百计祈求不死之药的荒谬无聊行为淋漓尽致地描绘了出

[①] （汉）司马迁．《史记》卷130《太史公自序》，北京：中华书局，1962年，第3321页。

来，此其一。关于汉武帝的父亲汉景帝，古今之人都认为他是一个难得的好皇帝，但正如东汉诗人、学者卫宏认为的"司马迁作《孝景本纪》，极言其短……，武帝怒而削去之"①，此其二。《酷吏列传》一共为十个残暴冷酷的官吏作传，其中汉武帝的臣子就有九人。汉武帝十分器重的张汤，其"发明"的"腹诽之法"，简直令人发指，此其三。

所以说，司马迁写作《史记》时，并非完全做到了"其文直，其事核，不虚美，不隐恶"的"实录"，而是带有一定的"偏见"。这一点在写到汉武帝以及与他有关的人物时表现得尤甚。写楚汉相争，明显尊项抑刘，堂堂汉高祖被写成了一个权势流氓无情小人；写李广、卫青、霍去病等人，把军事素养仅堪当一路偏将的李广写成了时运不济末路英雄，而把明显有雄才大略可为国帅的卫霍二人写成了攀龙附凤、借势称雄的阴谋家；同样在写其他人时，也有这类倾向，比如说写郭解朱家之流，无非是几个地痞流氓地主恶霸，却被写成了被冤杀的大侠。至于对汉武帝刘彻和他的父亲汉景帝刘启的带有强烈主观感情的叙写，扎扎实实地掺杂了自己的恩怨情仇，这是不能否认的。这一点我们上面已经做了分析。由此我们是否可以得出一点认识，即司马迁在写《史记》的时候，是抱着对汉武帝的一腔怨气去写的。所以，在写跟汉武帝亲近的人物时，总是要加以针砭，而写与汉武帝站在对立面的人物时，总有一种说不清道不明的同情心，或许是一种同病相怜的情绪。

当然，我们说这些绝对无意否定（实际上绝无可能）《史记》的历史地位，恰恰相反，一部被誉为"史家之绝唱，无韵之离骚"的史学巨著，足以使司马迁名垂青史，流芳千古。对汉武帝等人带有主观色彩的描写，虽然使《史记》在公正性上不再完美，但却使司马迁这个伟大的史学家变得有血有肉，甚至可爱了许多。我们可以设想一下，如果司马迁写汉武帝时也像写别的皇帝那样公正客观，对汉武帝的历史功绩予以充分肯定，甚至像我们后人那样对汉武帝充满了溢美之词，我们又当如何评价《史记》？又当如何评价司马迁？

其实，司马迁对于汉武帝已经够客气了。汉武帝一生建立的伟业无算，但他的一生也同时是声色犬马、荒淫暴虐的一生。他食色不厌，纵情

---

① 转引自（清）孙星衍等辑：《汉官六种》，周天游点校，北京：中华书局，1990年，第9页。

恣欲，"能三日不食，不能一日无妇人"，后宫所纳美女，竟达七八千人。他不问黑白，杀人如麻，大起巫蛊之狱，令人闻而心惊，望而生畏。他穷兵黩武，横征暴敛，严重破坏了社会经济。在他的晚年，社会矛盾加剧，农民起义不断。这些也都是千真万确的史实，司马迁并没有虚饰和夸大，也没有"为贤者讳，为尊者讳"。

司马迁描写汉武帝时这种主观色彩太过浓郁的现象，后世的史学家和文人也都注意到了，所以，班固的《汉书·武帝纪》就试图纠正《史记》的这种弊端，其论汉武曰：

> 汉承百王之弊，高祖拨乱反正，文景务在养民，至于稽古礼文之事，犹多阙焉。孝武初立，卓然罢黜百家，表章《六经》。遂畴咨海内，举其俊茂，与之立功。兴太学，修郊祀，改正朔，定历数，协音律，作诗乐，建封禅，礼百神，绍周后，号令文章，焕焉可述。后嗣得遵洪业，而有三代之风。如武帝之雄材大略，不改文景之恭俭以济斯民，虽《诗书》所称何有加焉。①

宋代史学家司马光《资治通鉴》论汉武帝，则纯从理学道德史观的角度出发，谓：

> 孝武穷奢极欲，繁刑重敛，内侈宫室，外事四夷，信惑神怪，巡游无度，使百姓疲敝，起为盗贼，其所以异于秦始皇者无几矣。然秦以之亡，汉以之兴者，孝武能尊先王之道，知所统守，受忠直之言，恶人欺蔽，好贤不倦，诛赏严明，晚而改过，顾托得人，此其所以有亡秦之失而免亡秦之祸乎！②

史学家有史学家的角度，而诗人自有诗人的角度。

三

后世通常将秦皇汉武二人并列而提，相比之下，其后的唐宗宋祖都有些黯然失色。始皇帝囊括四海统一宇内，其"车同轨、书同文"，完成了

---

① （汉）班固：《汉书》卷6《武帝纪》，北京：中华书局，1962年，第212页。
② （宋）司马光：《资治通鉴》卷22《汉纪》，长春：吉林人民出版社，2000年，第201页。

帝国形式上的统一。可惜的是，秦王朝在统一之后仍然采用之前的国家组织形态，严刑峻法、横征暴敛，结果只二十余年，大秦帝国就土崩瓦解。

中国历史上帝国第一次完成了大一统的构建是在汉武帝时期，削弱诸侯势力，全面实行郡县制。同时汉武帝"罢黜百家，独尊儒术"，采用董仲舒学说，如此种种终于完成了在政治制度与意识形态方面对帝国的构建，延续两千余年的中央集权制度在此时正式形成，开启了千秋之伟业。

此外，正是在汉武帝时期，中原王朝第一次将视线投向西域。建元二年，汉武帝派张骞出使西域。此后，汉王朝又派遣了若干支使节队伍，远及波斯、印度等。之后，汉武帝又派赵破奴、李广利将军对不服的西域小国进行军事打击，从此西域正式划归中原王朝版图，更不用提及征服朝鲜半岛、开拓闽粤、平定西南等功绩了。

凡以上种种，单凭一条便可称作雄主。

但汉武帝刘彻最为历史铭记的，莫过于对匈奴的几次大战，凭此谥曰"武"。

李广、卫青、霍去病，皆不世出之名将，全都闪耀在汉武一朝。十万金戈铁马，封狼居胥，饮马瀚海，匈奴远遁，从此漠南无王庭，一雪汉初高祖、吕后之耻。古往今来，多少少年就是看到这段历史便也想提三尺之剑、立不世之功？

可以说，武帝一朝，奠定了整个汉朝"有明犯强汉者，虽远必诛"的气度！

一个国家，一个民族，有时候还是需要一点精神的。

我们先看看汉武帝的《天马歌》。

（汉）刘彻《天马歌》（一）：

> 太一贡兮天马下，沾赤汗兮沫流赭。
> 骋容①与兮跇②万里，今安匹兮龙为友。

这是汉武帝刘彻所作《天马歌》，最早见载于《史记·乐书》："又尝得神马渥洼水中，复次以为《太一之歌》。"③李斐曰："南阳新野有暴利

---

① 骋容：炫耀姿容。
② 跇：音 yì，超越。
③ （汉）司马迁：《史记》卷 24《乐书》，北京：中华书局，1959 年：第 1178 页

长,当武帝时遭刑,屯田燉煌界。人数于此水旁见群野马中有奇异者,与凡马异,来饮此水旁。利长先为土人持勒鞻于水旁,后马玩习久之,代土人持勒鞻,收得其马,献之。欲神异此马,云从水中出。"①这里记述了一个有趣的故事,汉武帝时,南阳新野有一个叫暴利长的人,因犯罪被流放到敦煌屯田。他在渥洼水边发现一群野马,其中有一匹长得神异非凡,常到这里来饮水。暴利长用泥土塑了一个假人,让它手持马笼头和鞭绳立在水旁。久而久之,野马对站在水边的土人习以为常,慢慢地失去了警惕。一天,暴利长便代替土人,同样手持勒鞻立于水旁,趁马不备时将其套住,献给了武帝。暴利长想把此马说得不同寻常,便诡称它是从水中跃出的。汉武帝本是个十分爱马的人,曾从卜卦中得到了点化:"神马当从西北来",因而派人到乌孙去求神马。这次暴利长称有马从水中跃出,正好应了"神马当从西北来"的爻文,武帝喜出望外,因而认定此马便是太一神所赐,兴之所至,作了《太一之歌》,后世通称为《天马歌》。

后来,汉武帝又写了一首"天马"诗。

(汉)刘彻《天马歌》(二):

>天马来兮从西极,终万里兮归有德。
>承灵感兮降外国,涉流沙兮四夷服。

这次赞扬的是西域大宛的汗血马。《史记·乐书》记载:"大宛旧有天马种,蹋石汗血,汗从前肩髆出如血,号一日千里。"②汉武帝曾派人到大宛买此马以加强骑兵,大宛王非但不给,还袭击了汉朝使者,武帝遂令贰师将军李广利发兵伐大宛,"得千里马,马名蒲梢"。从此,"天马"的桂冠又加在了大宛马的头上,借它抒发降服外国、使四夷宾服的豪情。

(唐)李白《登高丘而望远》:

>登高丘,望远海。
>六鳌骨已霜,三山流安在。
>扶桑半摧折,白日沉光彩。
>银台金阙如梦中,秦皇汉武空相待。

---

① (汉)司马迁:《史记》卷24《乐书》,北京:中华书局,1959年,第1178页。
② (汉)司马迁:《史记》卷24《乐书》,北京:中华书局,1959年,第1179页。

> 精卫费木石，鼋鼍无所凭。
> 君不见骊山茂陵尽灰灭，牧羊之子来攀登。
> 盗贼劫宝玉，精灵竟何能。
> 穷兵黩武今如此，鼎湖飞龙安可乘。

李白的这首《登高丘而望远》诗题无见于前人。郭茂倩《乐府诗集》编此诗于魏文帝曹丕"登高而望远"一篇之后，李白可能拟此。这首诗通过抒情主人公登山望远而想到传说中的神仙及仙境并不存在，秦皇汉武一方面穷兵黩武，一方面梦想长生不老，但最终难逃死劫。这是对此类皇帝的讽刺和批判，也是对当朝皇帝的暗示。全诗可分为三段。首二短句为第一段，写登山望远。后面两段为望中所感。中间八句为第二段，写望中想到传说中的神仙境界并不存在，某些神话传说也为虚妄。末六句为第三段，写望中想到秦皇汉武穷兵黩武，妄想长生，终归一死。末段为全诗之主旨所在。此诗典故密集，一个典故代表一种意象。这些意象的有序排列，组成了全诗的内在结构。

（唐）李商隐《茂陵》：

> 汉家天马出蒲梢①，苜蓿榴花遍近郊。
> 内苑只知含凤觜，属车无复插鸡翘。
> 玉桃偷得怜方朔，金屋修成贮阿娇。
> 谁料苏卿老归国，茂陵松柏雨萧萧。

李商隐这首诗虽名曰"茂陵"，但其含义却极其丰富、深婉。诗人在诗中，既写了陵主汉武帝生前所建立的功勋，同时，又写了其生前游猎、女宠之事。"谁料苏卿老归国，茂陵松柏雨萧萧"句，"苏卿"指苏武。汉武帝天汉元年（前100年）苏武出使匈奴，被匈奴扣留19年才回到中原，其时武帝已逝。当年苏武苦忍19年，留胡节不辱，终于回到了汉朝，表现了坚定的民族气节。然而他回来时，赏识他、重用他的汉武帝早已不在世间了，只有茂陵的松柏在风雨之中萧萧作响，这是诗人借苏武以自叹。纵观全诗，诗人在抒情中寄寓着众多的感慨。

---

① 蒲梢：古代骏马名。

（唐）白居易《海漫漫（戒求仙也）》：

> 海漫漫，直下无底傍无边。
> 云涛烟浪最深处，人传中有三神山。
> 山上多生不死药，服之羽化为天仙。
> 秦皇汉武信此语，方士年年采药去。
> 蓬莱今古但闻名，烟水茫茫无觅处。
> 海漫漫，风浩浩，眼穿不见蓬莱岛。
> 不见蓬莱不敢归，童男丱[①]女舟中老。
> 徐福文成多诳诞，上元太一虚祈祷。
> 君看骊山顶上茂陵头，毕竟悲风吹蔓草。
> 何况玄元圣祖五千言，不言药，不言仙，不言白日升青天。

白居易继承并发展了《诗经》以来的现实主义传统，积极倡导新乐府运动。唐宪宗元和四年（809年），白居易任左拾遗，创作了大型讽喻性的组诗《新乐府》，共有五十首，《海漫漫》是其中的第四首。这是一首古体诗，诗人借秦始皇、汉武帝求仙的史实，讽刺了以求仙博取长生的错误想法，同时说明了自己"不言药，不言仙，不言白日升青天"的思想，讽谏了唐朝统治者，语意警策，足以使迷信者深省。《海漫漫》同时又是一首长篇抒情诗。诗的开头六句，描述了关于蓬莱、方丈、瀛洲三座神山以及长生不老药的传说。接着复述了史书上所记载的秦始皇和汉武帝派人访神山求不死药的事。而"海漫漫，风浩浩"几句用无可辩驳的客观事实揭示了访仙求丹的虚妄，同时也起了点题的作用。诗的结尾六句，实际上是告诉当今皇上，当年的秦始皇、汉武帝求仙，但若干年后，"君看骊山顶上茂陵头，毕竟悲风吹蔓草"，也就是落得个骊山茂陵头上悲风吹蔓草的结局。全诗读来抑扬顿挫，气势非凡。这首新乐府诗形式活泼，通俗易懂，在七言诗的基础上夹杂着三言、九言的句子，读来富于变化，增强了诗的感染力。白居易的诗歌以"明白如话"为重要特征，这首《海漫漫（戒求仙也）》亦然。

（唐）曹唐《句》：

> 斩蛟青海上，射虎黑山头。

[①] 丱：音 guàn，古代儿童束的上翘的两只角辫。年幼。

箫声欲尽月色苦，依旧汉家宫树秋。
一曲哀歌茂陵道，汉家天子葬秋风。
谁知汉武无仙骨，满灶黄金成白烟。

曹唐以写仙游诗著称，不过这首《句》却非仙游诗。诗作前两句写景抒情；中间两句叙事，写汉家天子在秋风中葬在了茂陵；最后两句"谁知汉武无仙骨，满灶黄金成白烟"点明主题，汉武帝一辈子求仙问道，企图炼丹成仙，可惜他却与仙无缘。诗歌在看似不经意间讽刺了汉武帝的荒唐。

（唐）崔颢《邯郸宫人怨》：

邯郸陌上三月春，暮行逢见一妇人。
自言乡里本燕赵，少小随家西入秦。
母兄怜爱无俦侣，五岁名为阿娇女。
七岁丰茸好颜色，八岁黠惠能言语。
十三兄弟教诗书，十五青楼学歌舞。
我家青楼临道旁，纱窗绮幔暗闻香。
日暮笙歌君驻马，春日妆梳妾断肠。
不用城南使君婿，本求三十侍中郎。
何知汉帝好容色，玉辇携登归建章。
建章宫殿不知数，万户千门深且长。
百堵涂椒接青琐，九华阁道连洞房。
水晶帘箔云母扇，琉璃窗牖玳瑁床。
岁岁年年奉欢宴，娇贵荣华谁不羡。
恩情莫比陈皇后，宠爱全胜赵飞燕。
瑶房侍寝世莫知，金屋更衣人不见。
谁言一朝复一日，君王弃世市朝变。
宫车出葬茂陵田，贱妾独留长信殿。
一朝太子升至尊，宫中人事如掌翻。
同时侍女见谗毁，后来新人莫敢言。
兄弟印绶皆被夺，昔年赏赐不复存。
一旦放归旧乡里，乘车垂泪还入门。

> 父母愍①我曾富贵，嫁与西舍金王孙。
> 念此翻覆复何道，百年盛衰谁能保。
> 忆昨尚如春日花，悲今已作秋时草。
> 少年去去莫停鞭，人生万事由上天。
> 非我今日独如此，古今歇薄皆共然。

《邯郸宫人怨》是唐朝诗人崔颢少量存世诗篇中的一首长篇叙事诗，诗中讲述了一位女子起伏跌宕的一生。相对于《长恨歌》的波澜壮阔、《琵琶行》的郁郁不得志、《陌上桑》的喜剧色彩，《邯郸宫人怨》显得更加哀婉与凄美。第一部分讲述诗人在暮春时节偶遇这位女子，听她自己讲述年少时种种，心性高远而不想嫁给平凡的男子，直到有一日做了天子的女人。第二部分讲述建章宫之雄伟、君恩之隆盛，即使是"千金纵买相如赋"的陈阿娇，亦或是"何如汉帝掌中轻"的赵飞燕，都不及在建章宫度过一朝一夕的女子。第三部分说到君王殡天，太子登基，一朝天子一朝臣，女子的境遇大不如前，可以说是天壤之别。最后一部分写女子的父母将其再嫁，即便如此，依旧不复从前的意气与风华，并感叹世间之人无一能够逃脱光阴易老、盛极必衰的无常。

（唐）林宽《寓兴》：

> 西母一杯酒，空言浩劫春。
> 英雄归厚土，日月照闲人。
> 衰草珠玑冢，冷灰龙凤身。
> 茂陵骊岫②晚，过者暗伤神。

这首五言律诗吟咏秦始皇陵和汉武帝茂陵。诗人从"西母一杯酒"写起，写再伟大的英雄最终也要归于黄土，感叹英雄已去，日月闲照、冷灰衰草。最后一句"茂陵骊岫晚，过者暗伤神"，写尽了诗人无限的惆怅与悲悯。

（唐）崔涂《续纪汉武》：

> 分明三鸟下储胥③，一觉钧天梦不如。

---

① 愍：同"悯"，怜悯；哀怜。
② 骊岫：指骊山。
③ 储胥：汉宫馆名。

争那白头方士到，茂陵红叶已萧疏。

《续纪汉武》是崔涂的代表作品之一。诗人在短短的四句中，写汉武帝求仙访道，可惜的是，等到那些卖狗皮膏药的方士到了长安，怎奈茂陵上的红叶已经萧疏，讽刺了汉武帝生前的荒唐行为。古人论崔涂诗，有"崔长短律皆以一气斡旋，有若口谈，真得张水部之深者"之句，可谓中肯。

崔涂的另一首《读侯道华真人传》一诗也是相同的主题。

（唐）崔涂《读侯道华真人传》：

> 汉皇轻万乘，方士说三丹。
> 不得修心要，翻知出世难。
> 茂陵春竟绿，金掌曙空寒。
> 何似先生去，翩翩逐彩鸾。

类似的还有唐代诗人许浑的《学仙二首》。

（唐）许浑《学仙二首》：

> 其一
> 汉武迎仙紫禁秋，玉笙瑶瑟祀昆丘。
> 年年望断无消息，空闭重城十二楼。
> 其二
> 心期仙诀意无穷，采画云车起寿宫。
> 闻有三山未知处，茂陵松柏满西风。

这几首诗作讽刺汉武帝学仙不成，最终长眠于茂陵松柏之下。

唐代诗人李华的《咏史诗》则讽刺得更直接。

（唐）李华《咏史诗》：

> 日照昆仑山，羽人披羽衣。
> 乘龙驾云雾，欲往心无违。
> 此山在西北，乃是神仙国。
> 灵气皆自然，求之不可得。
> 何为汉武帝，精意遍群山。
> 糜费巨万计，宫车终不还。

苍苍茂陵树,足以戒人间。

茂陵的苍苍林木,提供给后人永远的鉴诫。

唐代诗人钱起有《汉武出猎》诗,写的是汉武帝微行游猎的故事。

(唐)钱起《汉武出猎》:

汉家无事乐时雍,羽猎年年出九重。
玉帛不朝金阙路,旌旗长绕彩霞峰。
且贪原兽轻黄屋,宁畏渔人犯白龙。
薄暮方归长乐观,垂杨几处绿烟浓。

诗中的"黄屋"是指帝王居处的宫室,在这里有可能也暗含陈皇后阿娇故事中"金屋"的意思。汉武帝喜好亲手击杀熊和野猪,驰逐野兽。司马相如曾经上疏劝阻说,今陛下喜欢亲临险阻,射杀猛兽,如果一旦遭遇意外,纵然勇力超群,也难以施展。在这样的情况下,"枯木朽株,尽为难矣"。野地里一棵枯朽的树木,都可以导致意外的发生。汉武帝对司马相如提的意见表示赞同,但他似乎并没有终止游猎的爱好。

"诗鬼"李贺有多首诗写了茂陵及汉武帝。

(唐)李贺《咏怀二首》(其一):

长卿怀茂陵,绿草垂石井。
弹琴看文君,春风吹鬓影。
梁王与武帝,弃之如断梗。
惟留一简书,金泥泰山顶。

李贺因不得举进士,赋闲在昌谷家中,尽管家乡山水清幽,又能享受天伦之乐,却难以排遣苦闷的情怀,因而借司马相如的遭遇,抒发自己的感慨。这首诗分两部分。前四句写茂陵家园的周围环境和司马相如悠闲自得的生活情趣。"绿草垂石井"五字,勾勒出一幅形态逼真、情趣盎然的画面,烘托出清幽雅洁的氛围:修长的绿草从石井栏上披挂下来,静静地低垂着,这儿远隔尘嚣,甚至连风的干扰也没有,真是安谧幽静极了。"弹琴看文君,春风吹鬓影",在茂陵赋闲的日子里,司马相如不仅有清幽秀美的景物可供赏心悦目,还有爱妻卓文君朝夕相伴。面对知音的妻子,用琴声倾诉心曲，望着她那在春风吹拂下微微晃动的美丽鬓影，不禁陶然欲醉。这首诗旨在抒发自己的怨愤之情，却从描写司马相如的闲适生活入手，欲抑先扬。前后表达的感情迥然不同，犹如筑堤蓄水，故意造成高低悬殊的形势，使思想感情如流水倾泻而下，跌落有声，自有一种韵味。

（唐）李贺《昆仑使者》：

> 昆仑使者无消息，茂陵烟树生愁色。
> 金盘玉露自淋漓，元气茫茫收不得。
> 麒麟背上石文裂，虬龙鳞下红枝折。
> 何处偏伤万国心，中天夜久高明月。

李贺的这首《昆仑使者》，其诗题类似于《诗经》和李商隐的《锦瑟》，取诗的前几个字而成。这首诗并非吟咏出使昆仑的张骞，而是吟咏茂陵，或者是从吟咏茂陵的角度，实为吟咏派遣张骞出使昆仑的汉武帝。汉武帝派出了张骞，企图从昆仑那里求来神仙，以保自己长生不老，可惜的是"昆仑使者无消息"，没有任何效果。

（唐）李贺《金铜仙人辞汉歌》并序：

> 魏明帝青龙元年八月，诏宫官牵车西取汉孝武捧露盘仙人，欲立置前殿。宫官既拆盘，仙人临载，乃潸然泪下，李长吉遂作《金铜仙人辞汉歌》。

> 茂陵刘郎秋风客，夜闻马嘶晓无迹。
> 画栏桂树悬秋香，三十六宫土花碧。
> 魏官牵车指千里，东关酸风射眸子。
> 空将汉月出宫门，忆君清泪如铅水。
> 衰兰送客咸阳道，天若有情天亦老。
> 携盘独出月荒凉，渭城已远波声小。

这首《金铜仙人辞汉歌》是元和八年（813年）李贺因病辞去奉礼郎职务，由京赴洛途中所作。其时唐王朝国运日衰，藩镇割据，兵祸迭起，民不聊生，而诗人那"唐诸王孙"的贵族之家也早已没落衰微，报国无门，处处碰壁。诗人有感于此，因而借金铜仙人辞汉的史事，来抒发兴亡之感、家国之痛和身世之悲。它设想奇特，而又深沉感人；形象鲜明，而又变幻多姿；词句奇峭，而又妥帖绵密，是李贺的代表作品之一。特别是"天若有情天亦老"一句，已成为传诵千古的名句。诗中的金铜仙人临去时"潸然泪下"表达的主要是亡国之恸。此诗写作时间距唐王朝的覆灭（907 年）尚有九十余年，诗人何以产生兴亡之感呢？这要联系当时的社会状况及诗人的境遇来理解、体味。自从天宝末年爆发安史之乱以后，唐王朝一蹶不振。唐宪宗虽号称"中兴之主"，但实际上他在位期间，藩镇叛乱此伏彼起，西北边陲烽火屡惊，国土沦丧，疮痍满目，民不聊生。诗人那"唐诸王孙"的贵族之家也早已没落衰微。面对这严酷的现实，诗人的心情很不平静，急盼着建立功业，重振国威，同时光耀门楣，恢复宗室的地位。却不料进京以后，到处碰壁，仕进无望，报国无门，最后不得不含愤离去。《金铜仙人辞汉歌》所抒发的正是这样一种交织着家国之痛和身世之悲的凝重感情。怨愤之情溢于言外，却并无怒目圆睁、气峻难平的表现。遣词造句奇峭而又妥帖，刚柔相济，恨爱互生，参差错落而又整饬绵密。这确是一首既有独特风格，而又诸美同臻的诗作，在李贺的诗作中，也找不出几首类似的作品来。

（唐）韩偓《过茂陵》：

不悲霜露但伤春，孝理何因感兆民。
景帝龙髯消息断，异香空见李夫人。

这首诗写诗人经过茂陵，想到了陵主汉武帝活着的时候的所作所为，有感而发。汉武帝一直号称以孝治天下，但是，其父亲汉景帝刘启去世很久了，也没有见他有多么伤心难过。可是对他宠幸的李夫人却朝思暮想，连做梦都在思念着她，所以，就命令方士为其招魂。诗人在诗中对汉武帝的所谓"孝"进行了无情的讽刺：这样的"孝"，怎么会感动亿万民众呢？

描写汉武帝求仙访道的还有宋代诗人陆游的《上之回》。

（宋）陆游《上之回》：

咸阳宫阙天下壮，五更卫士传鸡唱。
重门洞开銮驾出，回中更在云霄上。
云霄一路蟠青冥，车声隐辚驰雷霆。

> 宓妃穿仗王母下，何必轩皇居大庭。
> 君王游幸无终极，万年尽是欢娱日。
> 文成已死方不雠，茂陵松柏秋萧瑟。

汉乐府《上之回》与汉武帝到回中祭祀西王母有关。诗中的"文成"，指齐人少翁。诗人写汉武帝刘彻求仙不成，求金亦不成，死后葬于茂陵，身后仅留下冢上的松柏，在秋风中瑟瑟抖动。

（明）赵崡的《茂陵》：

> 黄山历尽见孤城，城上楼高眼倍明。
> 芳树寝园今北望，暮云宫阙旧西京。
> 芙蓉昼冷仙翁露，苜蓿春闲宛马声。
> 回首长杨夸猎地，何人得似子云名。

这首《茂陵》，名为"茂陵"，但实际上是写诗人登高之后所见的茂陵以及汉长安周围之景物。作者之所以选择这些景物，是因为想通过眼前所见于汉代全盛时期汉武帝的游猎生活进行对比，以抒发昔盛今衰之情，突出今昔变化之巨。

（宋）王安石《汉武》：

> 壮士悲歌出塞频，中原萧瑟半无人。
> 君王不负长陵约[①]，直欲功成赏汉臣。

王安石诗中说，出征的将士唱着悲凉的歌，频繁地远征至西北苦寒之地。青壮年长期征战，导致中原地区人口减半。"君王不负长陵约"，长陵是汉高祖的陵墓，当年汉高祖有个约法叫"白马之盟"，就是非刘不王，非功不侯。要让李广利封侯就必须让他出征，所以这叫"君王不负长陵约，直欲功臣赏汉臣"。很明显王安石写这首诗的目的是批评汉武帝，特别是批评汉武帝为了让李夫人的哥哥封侯，不惜发动战争。这个评价应当说是很中肯的，和司马迁对汉武帝的评价是基本一致的。

（宋）刘筠《汉武》：

---

① 此指"白马之盟"。

> 汉武天台切绛河，半涵非雾郁嵯峨。
> 桑田欲看他年变，瓠子先成此日歌。
> 夏鼎几迁空象物，秦桥未就已沉波。
> 相如作赋徒能讽，却助飘飘逸气多。

刘筠以《汉武》为题，讽刺了像汉武帝那样追求成仙得道的帝王。首联，汉武帝修建的天台切断了天河（绛河即银河），半是水气升腾却不是雾气，天台更显青翠高峻，交代天台的高和空灵飘渺；颔联，写汉武帝想像麻姑一样长生不老，笑看沧海桑田的变化，可是愿望没有达成瓠子口就决堤了，天台求仙成了梦想；颈联，汉武帝得到失传多年的夏鼎却不再重视霸业，想效仿秦始皇求仙，却和秦始皇修石桥一样未建成就沉没大海，无法实现梦想；尾联，司马相如的高才，作了《大人赋》讽谏统治者，却也只是一纸空文，没有效果，只不过为天台增加了飘渺的神韵。全诗有对历史的感慨，也有诗人无力劝谏的无奈。

（南宋）叶绍翁的《汉武帝》：

> 殿号长秋花寂寂，台名思子草茫茫。
> 尚无人世团圞①乐，枉认蓬莱作帝乡。

这首《汉武帝》是叶绍翁的著名作品之一，诗的前两句写皇宫大殿的冷寂，秋草秋花在寂寞地生长开放，而锁在深宫里的人尚不及人世间亲人们还可以团圆享受天伦之乐，所以才有了汉武帝将蓬莱仙境认作故乡的荒唐举动，可惜到头来这一切都是一场空。

（明）祝允明《武帝传》：

> 柞宫②冯几画成王，泪落铜仙月似霜。
> 王母不来方朔死，茂陵松柏自斜阳。

这首诗前两句写景，后两句叙事抒情。汉武帝一生求仙问道，但王母娘娘终归没有出现，东方朔也已死去，只留下茂陵上的松柏孤零零地面对着斜阳。

---

① 团圞：团聚。
② 柞宫：即五柞宫，汉离宫名，故址在今陕西省周至县东南。因为宫有五柞树，其树荫覆盖数亩之大，所以称作五柞宫，汉武帝于公元前87年二月丁卯，驾崩于五柞宫。

（明）刘成穆《过汉武陵》：

> 岁暮霜残过汉都，武皇陵墓旧荒芜。
> 不将玉匣藏天马，犹使金灯照野狐。
> 赋客词园清露尽，仙翁丹竈①白云孤。
> 千年惟有秋风曲，渭水长流啼野乌。

诗人写在一个岁末经过汉武帝茂陵，看到的是一片荒芜衰残的景象，纵使皇帝们把自己埋在一个个巨大的陵冢之中，但荒凉的陵冢下到处是野狐的踪迹，而只有大自然才是永恒的。

（民国）于右任《汉武帝陵》：

> 绝大经伦绝大才，罪功不在悔轮台。
> 百家罢后无奇士，永为神州种祸胎。

国民党元老之一的于右任先生一生经历了大清王朝和中华民国，他对于汉武帝的认识似乎有自己独特的角度。在于右任先生看来，汉武帝"绝大经伦绝大才"，的确具有雄才大略，但是，汉武帝的一生最大的错误并不在于"轮台罪己诏"中所说的穷兵黩武连年征战靡费天下，他认为汉武帝最大的错误是"罢黜百家独尊儒术"，永远在中国这块土地上种下了思想独裁不能创新的祸根。新的思想家要产生，必须要有多种思想、多种文化碰撞的土壤，如果以某一思想为尊，思想也就无处可碰撞，就不会产生新思想的火花。

汉武帝是一位承前启后而又开天辟地的真正伟大的君王，他所建树的文治武功无人可及。他的风流倜傥超群绝伦。他的想象力使政治成为艺术。他的权变和机谋令同时代的智者形同愚人。他胸怀宽广，既有容人之量又有鉴人之明。他开创制度，树立规模，推崇学术，酷爱文学艺术。他倡导以德立国，以法治国。他平生知过而改，从善如流，为百代帝王树立了楷模。后来的魏武帝、唐太宗、明太祖、清太祖、康熙帝的身上，似乎多少都可以看到他的影子。汉武帝具有超越历史的雄才大略，是一位战略和外交设计的奇才。这种天才能力使他能运筹帷幄而决胜万里，处庙堂之

---

① 竈：音 zào，灶。

上，而其武功成就丝毫不少。

他不仅开创了制度，塑造了时代，他的业绩和作为也深深地熔铸进了我们这个民族的历史与传统中。

他的政策在他的时代导致了巨大的变革，也引起巨大的冲突、巨大的争论，使他成为一位备受争议以至于被误解的人物。

可以预料的是，对汉武帝的误解和争论还会继续下去。

第六章

汉宣帝杜陵

——为郡异乡徒泥酒，杜陵芳草岂无家

一

上大学的时候，我读的是汉语言文学专业，母校在古城西安的南郊。学习中国古典文学课，从先秦到元明清，要换好几位老师。无论哪个老师，在讲到某一部（篇）古人的作品时，经常说的一句话就是：这个地方就在咱们这儿。说完，还要煞有其事地朝某个方向指一下。这种情况在讲唐代文学的那个学期尤甚。给我们讲唐代文学的老师是高海夫先生。高老师课讲得非常好，山西人，却说一口地道的陕西话。高老师上课有"三个从来"：一是从来不见他上课拿教案，就拿着一本文学史、一本作品选；二是上课从来都坐着，永远不见他起身站在讲台上；三是从来不写板书，上了半年课居然在黑板上一个字都没有写过。听高老师讲课，会感觉到唐诗中的很多故事就发生在我们的脚下，很多人物就在我们每天走的路上走过。例如，讲到杜甫的《丽人行》，高老师说，曲江就在学校南面的围墙外头，给人的感觉就像杨贵妃三姐妹此时此刻还在那里游玩一般；讲到白居易的《杜陵叟》，高老师说，杜陵就在咱们跟前，不远。

虽然说杜陵距我的母校不远，但上了四年大学，我始终没有去杜陵那里看一看。那个时候，关中地区众多的陵墓除了极个别的开发了以外，其

他都没有开发,所谓的帝王陵就是一个大土堆。再加上历史知识的贫乏,对于陵主生前的事迹几乎一无所知,甚至连陵主是谁都不清楚,所以,怕露怯、怕丢丑,大学四年就这样和"跟前"的杜陵擦肩而过。

2011年暑期,为了完成田野考察的任务,我专程去了趟杜陵。去了之后,我才知道当年高老师说的"杜陵就在咱们跟前"一点都不假,以前多次从此路过,只是一直没有去看看。现在那地方已不是简单地叫杜陵了,而是叫"杜陵国家遗址公园"。当然,杜陵也不再是一个光秃秃的土堆,已经做了深度"开发"。像所有关中地区开发的帝王陵墓一样,"开发"就是投一大笔钱,然后又从游客那里挣回更大笔钱。

汉宣帝刘询的杜陵位于西安市三兆村南。陵墓所在地原来是一片高地,滈、浐两河流经此地,旧名"鸿固原"。在周代这里是杜伯国;到了秦代,置杜县;到了汉代,因宣帝筑陵于东原上,因名"杜陵",并改杜县为杜陵县。汉宣帝年轻的时候流落民间,特别喜欢在原上游玩,即帝位后,遂在此选择陵地,建造陵园。像我们看到的其他汉帝王陵一样,杜陵前照例立有清代乾隆年间陕西巡抚毕沅所立的"汉宣帝杜陵"碑一通,碑铭清晰可辨。

汉代的皇帝,人们熟知的除了开国皇帝刘邦,然后可能就是汉武帝了。其他的皇帝,在现今的老百姓心目中"知名度"都不是很高,这也包括了开创"文景之治"的汉文帝和汉景帝,至于刘询,其"知名度"似乎要更低一些,如果不是当前流行的宫斗剧,这位汉代的"中兴之主"的"知名度"会更低。

不过,话说回来,汉宣帝刘询这位有过跌宕起伏人生的皇帝,的确很适合影视剧来表现。我们先不说他在襁褓之中就遭遇了牢狱之祸,不说他流落民间时和原上那些小混混们"斗鸡走狗",也暂时不说他在位期间所取得的丰功伟业,单是他前后有过三位皇后这件事就足以让那些编剧和导演两眼放光了。

的确,汉宣帝的三位皇后,有两位现在还陪着他。杜陵众多的陪葬墓中,有两座就是皇后陵。

西汉王朝是一个陪葬制度盛行的朝代。实际上,陪葬墓的多少、大小,既反映了帝王生前的政绩,也反映了陪臣地位的高低。杜陵的陪葬墓数量众多,现知就多达62座。总体来看,杜陵陪葬墓分布密集,排列有序，有的规模很大。陪葬墓大多分布在三处：东南方向数量较多，规模较大，分布密集，排列有序；杜陵东司马道以北今赵家湾一带，陪葬墓也比较集中，但数量较少，规模较小，离杜陵也较远；杜陵北部的陪葬墓，分布在今三兆村北，陪葬墓墓冢较小，但数量较多。据文献记载，杜陵陪葬墓墓主中，较著名的除两个皇后外，还有京师巨富、大司马车骑将军张安世，救助抚养刘询后来封博阳侯并出任丞相的丙吉，中山哀王刘竟和成都侯金安上。他们的墓茔有的形呈覆斗，数量最多、规模较小的陪葬墓，都集中在杜陵北部，离杜陵也比较远。

杜陵的皇后陵有两处。一是孝宣王皇后的陵冢，因在皇陵之东偏南，故称"东园"；另一座是孝宣许皇后的陵墓，距杜陵较远，史称"杜陵南园"。

汉宣帝一生立了三位皇后，但在杜陵中却只有两位皇后的陵冢。这里面既有一段凄惨故事，还隐藏着汉宣帝的一次重大失误。

元平元年，也就是公元前74年，在霍光的鼎力相助下，18岁的刘询继承了帝位，就是汉宣帝。在即位前，刘询在民间已经有了共患难的结发妻子许平君，但是，即位后大臣们却要求他立霍光的小女儿霍成君为皇后。汉宣帝是个聪明的人，面对霍家和大臣们的咄咄相逼，他写了一份诏书，说是要访求他未当皇帝时在民间用过的一把佩剑。他用这份诏书来暗示他是个念旧的人。于是，大臣们懂得了皇上的心意，便奏请宣帝立许平君为皇后。

许皇后和汉宣帝是患难夫妻，她虽贵不娇，衣着朴素，生活简朴，而且每五天觐见上官太后一次，赢得宫人赞誉。而霍光的妻子霍显却奸险无比，为了自己的女儿霍成君能够登上皇后的宝座，竟然设计毒杀皇后。她买通了御医，在许皇后分娩时下药毒死了她。汉宣帝对此阴谋其实心知肚明，他原本也想彻查此事，但是碍于霍光的权势，只好忍了下来。为了表示自己对爱妻的一片深情，汉宣帝将许皇后的陵墓设计成"昆仑丘"（即昆仑山，又称昆仑虚。古代神话认为昆仑山中居住着一位神仙"西王母"，虎齿豹尾，由两只青鸟侍奉），希望自己的糟糠之妻在另一个世界能得到幸福。

许皇后死后，迫于霍光的压力，汉宣帝立霍成君为皇后，但是他一点都不喜欢这个飞扬跋扈的女人，更不要说宠爱她了。霍成君几次想毒杀许皇后留下的儿子，但是，汉宣帝防着一手，每顿饭前都要吩咐保姆为太子试菜，霍成君的阴谋才没有得逞。霍光死后，儿子霍禹执掌大权，但无论手腕、权谋，还是在朝廷的威望都无法与他的父亲相提并论。宣帝于是拜张安世为大司马、车骑将军，领尚书事，终于树立了与霍氏抗衡的势力。接着，升魏相为丞相，丙吉为御史大夫，任用自己的亲信，夺了霍氏的行政大权。又接着，撤换霍光所有亲戚在军队中的大权，霍家的势力已经江河日下。这时候，不断有人落井下石，弹劾霍氏家族，霍氏家族动辄得咎，日子越来越不好过。在这种情况下，霍氏家族终于铤而走险，想着横竖都是一死，于是就策划谋反，计划废汉宣帝立霍禹为天子，但被汉宣帝预先得知。于是，霍家全家被杀，霍成君被废，被贬到上林苑昭阳宫，后来自杀。

  这时候，汉宣帝才终于摆脱了霍氏家族的牵制，为许皇后报了仇。汉宣帝为了儿子刘奭的健康成长也费了不少心思，最重要的就是挑选继母。他专门为儿子挑了一个没有生过儿子的人做继任皇后，这个人就是王皇后。王皇后祖籍丰沛，其祖先曾与刘邦同时参加了秦末农民战争，立有战功，西汉初年，由丰沛迁徙到长陵。刘询在民间的时候，与王皇后的父亲王奉光相识。刘询即帝位后，召王奉光的女儿入后宫，霍皇后被废后，就立其为皇后。宣帝不立别的有子女的妃子为皇后，而特意立一个没有子女的妃子，主要是吸取以前的教训，怕母以子贵，出现争夺皇位的现象。此外，更重要的恐怕还是念在与许平君在平民时期奠定的深厚感情上。从这里我们可以看出，汉宣帝刘询是一个很念旧的有情有义的人。

  正是因为这个原因，在杜陵的陪葬墓中，只有两位皇后，而且两个墓冢的外形式样差异很大。因为许皇后死于宣帝之前，墓是宣帝所建，而王皇后死于成帝永始元年，也就是公元前16年，成帝是宣帝的孙子，对于太皇太后的死，他自然只会按照朝廷的礼仪埋葬。所以同是皇后，但陵墓式样差异很大，这种情况在西汉帝后陵墓中还是十分少见的。

  汉宣帝刘询晚年的最大失误，就是他生前明明已经看出太子刘奭不成器，也有好几次想废掉这个不成器的太子而另立其他的儿子，但是，因为顾念着结发之妻许平君的惨死，刘询对其深情难忘，不忍废许平君的骨血。结果汉元帝刘奭在位期间，治国无术，治家无方，朝纲混乱，外戚专权。后代史学家把"元、成、哀、平"四帝相提并论，元帝成为西汉衰弱的罪魁祸首。但真正的祸根还在于宣帝顾念夫妻之情不忍废黜这个懦弱无能的儿子上。当然，此乃后话了。

汉宣帝杜陵最大的谜团是皇后陵的位置，为何汉宣帝的许皇后陵位于杜陵以南，汉宣帝的王皇后陵位于杜陵以东呢？《汉旧仪》中有这样的记载："已营陵，余地为西园后陵。"① 也就是说，西汉天子在营建自己寿陵的时候，一开始就会有一个整体的规划，将西园列为后陵，余下的是皇帝的婕妤、夫人、美人等低级嫔妃，再规划亲族、大臣、僚属的陪葬墓园。

但是，为何汉宣帝的两座后陵的位置与《汉旧仪》记载不符呢？

许皇后是汉宣帝的原配妻子，和宣帝的感情很深，但是做皇后不久即被霍氏害死，当时霍光还活着。霍氏正当权欲熏天的时候，非常会做人的汉宣帝，有可能在没有办法的情况下（比如要看着霍成君的眼色），不能将许皇后葬于杜陵陵园之内。但是根据文献记载，汉宣帝营建杜陵的时候是元康元年，也就是公元前 65 年，也就在这一年，霍光的妻子霍显、儿子霍禹等人阴谋作乱，被汉宣帝镇压后灭门，霍氏已亡，霍成君被废，即使之前宣帝已经将早亡的许平君下葬，也完全可以将许平君迁到自己杜陵的皇后陵位。汉宣帝没有这样做的原因可能有两点：其一，汉宣帝是一个特别会做人的皇帝，这从他老老实实的奉汉昭帝嗣以及礼遇上官皇后就能看出来，元康元年汉宣帝营建杜陵的时候他还正年轻，他还是会立新的皇后的，如果现在将许平君葬于皇后位的话，让将来的皇后怎么办呢？其二，许平君死于本始三年，即公元前 71 年，至元康元年已经六年，古人讲究入土为安，六年的时间迁葬对后代和风水不利。而且许平君是因意外而死，也有一些不能入葬帝陵的其他考虑吧。

至于汉宣帝王皇后陵葬东园的原因，在《汉书》《汉纪》《三辅黄图》等史料中语焉不详，但是从字里行间我们不难看出，汉宣帝王皇后陵的情况比较特殊，要特别强调"东园"这两个字。而且非常奇怪的是，汉宣帝杜陵不仅皇后陵在东，而且主要的陪葬墓也比较反常的位于帝陵之东、之南，与除霸陵外的其他帝陵不同。

西汉的帝王陵主要有两片区域，即渭河北岸的咸阳原和渭河南岸的鸿固原。鸿固原的两座帝陵汉文帝霸陵和汉宣帝杜陵，共同的特点都是皇后

---

① 转引自（清）孙星衍等辑：《汉官六种》，北京：中华书局，1990 年，第 90 页。

陵位于皇帝陵东侧偏南，与渭北诸陵皇后陵大多位于皇帝陵西侧偏北形成了对称格局，如果把都城长安作为一个镜子的话，实际上渭北各陵的布局，通过镜子反照出来的样子，就是杜陵和霸陵的样子，渭北诸陵主要的陵寝建筑均位于帝后陵的北或者西北，而杜陵的陪葬墓和园寝建筑，基本都位于帝后陵的南或者东南，渭北诸陵的陪葬墓多位于帝陵以北，霸陵、杜陵的陪葬墓则多位于帝陵以南。出现这种现象，很可能就与汉文帝时期的制度沿革有关。

汉文帝时期，有一个非常重要的礼制工程，就是建于渭北渭河和泾河交界处的渭阳五帝庙。根据《汉书·郊祀志》记载："赵人新垣平以望气见上，言'长安东北有神气，成五采，若人冠冕焉。或曰东北神明之舍，西方神明之墓也。天瑞下，宜立祠上帝，以合符应'。于是作渭阳五帝庙，同宇，帝一殿，面五门，各如其帝色。祠所用及仪亦如雍五畤。明年夏四月，文帝亲拜霸渭之会，以郊见渭阳五帝。五帝庙临渭，其北穿蒲池沟水。权火举而祠，若光辉然属天焉。于是贵平至上大夫，赐累千金。而使博士诸生刺《六经》中作《王制》，谋议巡狩封禅事。文帝出长门，若见五人于道北，遂因其直立五帝坛，祠以五牢。"①

汉文帝时期，根据方士新垣平的建议，在泾渭交汇之处，建立了祭祀五方帝尊的渭阳五帝庙，而且汉文帝在位时期曾经多次亲临祭祀，足见五帝庙在汉文帝时期的重要性。也因为五帝庙的缘故，汉文帝没有选择高祖长陵以东的昭位兴建寿陵，而是按照新垣平的建议，以长安中轴线（最北至泾阳天齐阁，最南至子午谷）为方位，以中轴线的中心五庙与陵寝对称，东北祭神主，东南葬人君，将自己的陵寝选于长安城东南鸿固原上，并且为了体现出以中轴线为中心、与中轴线西北的渭北诸陵对称的思想（五帝庙的主要建筑群有可能是朝东、北向，以东以北为贵，体现"长安东北有王气"说），既然五帝庙的主要建筑是重东重北的，渭北诸陵的后陵和寝园建筑是重西重北的，那霸陵的后陵和重要的建筑就应该尚东尚南，因此我们可以发现霸陵的陵寝建筑遗址多位于霸陵以南，而皇后陵位于霸陵东南，完全是按照这样的布局设计的。

关于杜陵，史料上如此记载：

---

① （汉）班固：《汉书》卷25《郊祀志》，北京：中华书局，1962年，第1213页。

第六章　汉宣帝杜陵——为郡异乡徒泥酒，杜陵芳草岂无家　135

《汉书》云：元康元年春，以杜东原上为初陵，更名杜县为杜陵，徙丞相、将军、列侯、吏二千石，訾百万者杜陵①。冬十二月甲戌，帝崩于未央宫，臣瓒曰："帝年十八即位，即位二十五年，寿四十三。"②

《汉书》又云：初元元年春正月辛丑，孝宣皇帝葬杜陵，臣瓒曰："自崩及葬凡二十八日。杜陵在长安南五十里也。"③

《汉官六种》云：武，昭，宣三陵，邑皆三万户④。

《汉纪》云：元康元年春，以杜陵东原上为初陵，更名杜县为杜陵，黄龙元年冬十二月甲戌，帝崩于未央宫，初元元年春正月辛丑，孝宣皇帝葬杜陵。

两千多年过去了，杜陵依旧矗立在那里，为它的主人——汉宣帝刘询遮风挡雨，并接受后人的指点、评说。

二

黄炎培曾提出"其兴也勃焉"、"其亡也忽焉"的历史周期率，这一问题其实是"接班人"的问题。

两千多年前的大汉王朝自然也不能逃脱这一规律。

大汉王朝的"接班人"问题，其实在开国皇帝刘邦时已经出现。当时的太子刘盈是刘邦的嫡长子、皇后吕雉的亲生儿子。刘邦在位的时候总觉得刘盈的性格、气度和自己相差太远，打算废长立幼。为保住儿子刘盈的太子地位，吕后曾请教张良，张良出谋划策，请来了"商山四皓"辅弼。"商山四皓"到底有何能耐，史书未作详细介绍，但在当时的名气相当了得。刘邦一看，太子还挺有能耐，自己一直请不动的世外高人，太子居然能请来！加上"商山四皓"的游说，刘邦才打消废立太子刘盈的念头。汉高祖十二年，刘邦驾崩，17岁的刘盈即位，吕雉为太后。惠帝刘盈优柔寡断，软弱无能，在位期间处处受到母亲牵制。在太后剪除异己的时候，他虽然成功地保护了大哥刘肥，但保护三弟赵王如意却失败了。吕太后毒

---

① （汉）班固：《汉书》卷8《宣帝纪》，北京：中华书局，1962年，第253页。
② （汉）班固：《汉书》卷8《宣帝纪》，北京：中华书局，1962年，第274页。
③ （汉）班固：《汉书》，卷9《元帝纪》，北京：中华书局，1962年，第278页。
④ 转引自（清）孙星衍等辑：《汉官六种》，北京：中华书局，1990年，第90页。

杀赵王如意，将如意的母亲戚夫人变为"人彘"，还故意招来儿子刘盈观看。这次惊吓使刘盈受到极大的刺激，以后再也无法上朝理政，就终日饮酒作乐，最后抑郁而终，年仅23岁，在位仅仅7年。惠帝死后，吕后看谁都不顺眼，让谁做皇帝都不放心，结果先后扶持了刘恭、刘弘做傀儡皇帝，自己做了8年实际上的女皇。吕后死后，代王刘恒即位，是为汉文帝，文帝死后算是把政权平稳地交给了自己的儿子刘启，刘启又将政权平稳地交给了刘彻。"接班人"的问题算是得到了暂时解决，政权在不流血的情况下顺利交接，老百姓过了几十年安稳日子。

中国封建王朝的这种皇权交接制度，注定了在绝大多数情况下都伴随着血雨腥风。

在"雄才大略"的汉武帝经过半个多世纪穷兵黩武的统治之后，汉朝迎来了汉昭帝和汉宣帝的时代。当时的汉王朝"户口减半"，可以说已经走到了崩溃的边缘。昭帝刘弗陵继位时年仅8岁，遵照武帝遗诏，由霍光辅政，在位13年，病死，终年21岁。他也许是一位好皇帝，可驾崩太早，在某种意义上来说刚刚成年就死掉了，还来不及在皇位上施展拳脚。昭帝之后，汉宣帝即位。与朝政被权臣霍光把持不同，宣帝刘询这位从小在监狱中长大的传奇天子事必躬亲，为西汉迎来了最后一个全盛时期。

汉宣帝刘询登上皇位的过程，堪称传奇。当然，这个传奇始终伴随着血雨腥风，伴随着刀光剑影，伴随着杀戮，伴随着无数个人头落地。

汉武帝征和二年，太子起兵谋反，事发突然，却发展迅速。太子刘据带着宾客，发兵数万与宰相刘屈氂率领的政府军在城中激战。五天后，太子战败，带着两个儿子出逃，很快就在被追捕中自杀身亡。太子全家，上至汉武帝皇后卫子夫，下至太子夫妇子孙亲属全部被杀。

而这个时候，太子的孙子刘询才刚出生几个月。他的父亲史皇孙刘进，是太子的长子、汉武帝的长孙，也未能逃过此劫。

本来，刘据安安生生地做几年太子，等老皇帝一归西，天下就是自己的，干吗要造反？

按照一般的说法，武帝晚年多病，亲信江充乘机进谗言，称有人诅咒武帝，武帝便命江充彻查此事。江充素来与太子刘据有仇，担心武帝死后太子即位对己不利，于是伪造了证据诬告太子。当时武帝正在甘泉宫养病，太子无以自辩，只有起兵造反捕杀江充以求自保。

这就是汉武帝时有名的"巫蛊之祸"。

其实，事情并非如此简单。逼反太子确属江充诬告所致，但这背后，却并非只是父子被小人离间的家庭道德伦理悲剧，堂堂的汉武帝本人才是事件幕后的谋主。而目的，是为了更换皇嗣，并肃清皇后卫子夫家族的外戚势力。

汉武帝刘彻一生雄才大略却刻薄寡恩，好用张汤之类的文法酷吏，而太子刘据为政却是另一种风格，史称"性仁恕温谨"。这让武帝感觉太子"嫌其能少不类己"。而这"不类"，也让汉武帝的内心充满了矛盾。一方面，武帝自视甚高，他曾骄傲地对卫青说："汉家庶事草创，加四夷侵陵中国，朕不变更制度，后世无法；不出师征伐，天下不安；为此者不得不劳民。若后世又如朕所为，是袭亡秦之迹也。"①言外之意是，我刘彻这么做可以，但我的后代如仿效就会亡国，这就是因为我能掌控全局创不世之功业。汉武帝刘彻的自我感觉是非常良好的。而对于自己选定的太子刘据，汉武帝曾如此定位："太子敦重好静，必能安天下，不使朕忧。欲求守文之主，安有贤于太子者乎！"②"仁恕守文"的太子无疑是自己身后保守江山的最好选择。这是武帝原来的认识，但随着太子年岁渐长，逐步参与朝政，他与武帝截然两样的为政风格终于给自己带来了麻烦。汉武帝用法严苛，多用酷吏，而太子仁厚，对汉武帝重用的酷吏们制造的冤假错案多有平反，因此深得民心。但这一做法却使武帝亲近的一帮大臣深为不满。江充与太子间与其说是"私仇"，不如说是"公恨"。而其背后，则是太子与武帝为政方面的分歧。

太子与武帝在为政方面的分歧逐渐显现，而另外一股影响武帝决策的因素也重要起来，那就是太子之母皇后卫子夫家的外戚势力。随着卫子夫被立为皇后，武帝大力启用卫氏宗族，一时间外戚卫家的权势扶摇直上。卫氏之盛以至于当时有民谣"生男无喜，生女无怒，独不见卫子夫霸天下"。但是，卫氏外戚势力的全盛也让汉武帝动了警惕之心。虽然随着卫青和霍去病的去世，卫氏的势力有所削弱，但"瘦死的骆驼比马大"，卫家的余威尚在。而这时候太子显示出的为政风格与政治倾向又与武帝相悖。随着卫子夫年岁渐大失去宠爱，而武帝后来的宠妃如李夫人、钩弋夫

---

① （宋）司马光：《资治通鉴》卷22《汉纪》，长春：吉林人民出版社，2000年，第196页。
② （宋）司马光：《资治通鉴》卷22《汉纪》，长春：吉林人民出版社，2000年，第196页。

人等又生下了其他皇子,解决卫氏势力撤换太子就成了武帝的最终也是一种必然的选择。

其实,这样的故事,我们在后来的王朝更迭时经常可以看到,只是具体的方式不完全相同。

多年以后,经过了一番血雨腥风的厮杀,刘询终于坐上了皇帝的龙椅。不知道在他坐上龙椅的那一刻,是不是想到了自己的太爷爷?会不会想到自己刚出生时所面临的就是那样一个悲惨的局面?那个被后世称为具有雄才大略的太爷爷一手设计,借助诬告铲除了自己爷爷的整个家族,而自己,则成了整个家族中唯一的幸存者。

当年,刘询这个家族唯一的幸存者尚在襁褓之中,虽然逃了一命,却被投进了大牢,成了帝国年龄最小的囚犯。被关进郡邸狱后,主管郡邸狱的廷尉右监丙吉"重哀曾孙无辜",派两个女囚轮流给他哺乳。这个没有任何亲情关爱的婴儿在丙吉的关照下凄苦地在监狱中长到了五岁。由于监狱里恶劣的条件,这个孩子常常生病,为了让他快点痊愈,他有了人生中的第一个名字"病已"。

四年以后,那个双手沾满了敌人和亲人鲜血的汉武帝刘彻终于撒手人寰。但事情远没有结束,刘病已那个装神弄鬼了一辈子的太爷爷临死前,又险些将年幼的曾孙刘病已扼杀在襁褓中。"后元二年,武帝疾,往来长杨、五柞宫,望气者言长安狱中有天子气"①,于是,武帝派遣使者连夜到长安城各个监狱,要将囚犯无论犯罪轻重全部诛杀,多亏丙吉紧闭郡邸狱大门,拒绝使者入内,他对门外的来人说:"皇曾孙在。他人亡辜死者犹不可,况亲曾孙乎?"②一直到天亮,使者回朝劾奏丙吉,武帝这才醒悟,感叹这位命大的曾孙:"天使之也!"③并因此大赦天下。可惜的是,长安各监狱仅有郡邸狱的囚犯们因为善良的丙吉才侥幸得以保全性命并被释放出狱,其他监狱的囚犯都因为望气者的一句谶语而掉了脑袋。

当然,因祸得福的刘病已还得到了曾祖父最后的一点点关爱,因为良心发现的汉武帝命宗正将刘病已重新列入皇家族谱。

别小看"皇家族谱"这简简单单的几个字,在注重礼法的中国封建社

---

① (汉)班固:《汉书》,卷8《宣帝纪》,北京:中华书局,1962年,第236页。
② (汉)班固:《汉书》卷74《魏相丙吉传》,北京:中华书局,1962年,第3142页。
③ (汉)班固:《汉书》卷74《魏相丙吉传》,北京:中华书局,1962年,第3142页。

会里,这就等于汉武帝在法理上肯定了刘病已皇曾孙的地位,也为后来这位皇曾孙登上皇位埋下了伏笔。

刘病已虽然恢复了皇家宗室地位,却改变不了依旧无家可归的事实。于是,刘病已的"贵人"丙吉派人护送刘病已和乳母去京兆尹官邸,京兆尹不接纳。丙吉又打听到了刘病已的祖母史良娣的娘家,就亲自把刘病已送到史良娣家。刘病已的外曾祖母贞君见到惨死的女儿的小孙子,一把鼻涕一把泪,"甚哀之,自养视焉"①。

后来,重新获得皇族身份的刘病已按例被接回长安,并由掖庭令看管照顾,但他的身份依然是一介平民。在这里,他遇到了生命中第二个恩人——掖庭令张贺。张贺原是刘据的家臣,同情刘据一门的悲惨遭遇,感念故主的大恩盛德,对刘病已关怀备至。

非常的遭遇,特殊的身份,平民的生活,这些都让年少的刘病已有了大量的时间在长安城内外游荡,广泛而深入地接触社会尤其是社会底层。于是,少年刘病已随意往来于诸陵、三辅、莲勺、杜、鄠之间,过着"喜游侠""斗鸡走狗"的生活。在这样一个少年形象的背后,未来的皇帝也已经对大汉帝国基层社会的现状和运作有了清楚的认识,他"具知闾里奸邪,吏治得失"和民生疾苦。这种独一无二的经历在汉宣帝刘询以后的皇帝生涯中也起到了不可忽视的作用,在很大程度上也影响了他后来的治国方略。

就在刘病已流连民间、走马诸陵的时候,汉武帝的继任者,21岁的汉昭帝刘弗陵驾崩。昭帝无子,继任皇帝究竟选谁,成为朝廷上下最为关心的事。

领武帝遗命辅佐昭帝的权臣霍光心里也有一本账。作为汉昭帝宫廷权斗最终的胜利者,霍光已经消灭了同样受命的顾命大臣上官桀、桑弘羊等人,成为权倾朝野一人独大的权臣,也是朝政的真正控制者。在他心目中,接下来即皇位的人,只能是一个年龄不大、没有自己私人势力的傀儡,因为只有这样,才不会对他大权独揽的局面形成威胁。

于是,在皇帝的人选上,霍光断然否决了已经成年的广陵王刘胥,而选择了年龄尚小、且母族亲戚均在汉武帝朝就已经被铲除干净的昌邑王

---

① (汉)班固:《汉书》卷97《外戚传》,北京:中华书局,1962年,第3961页。

刘贺。

但刘贺很快就让霍光彻底失望了。

刘贺的确没有外戚的力量,但他还有封国。更重要的是,刘贺属于那种"上不了台面"的主儿。

我们不妨先看看这个"官二代"刘贺的行状。

刘贺(前92—前59年),汉武帝刘彻之孙,昌邑王刘髆之子,五岁袭父爵。刘贺年少时,不学无术,行为怪诞,是个"在国素狂纵,动作无节,甚至在国葬期间仍然"游猎不止"[①]的纨绔子弟。左右多次对他进行劝谏,但刘贺要么置若罔闻,当耳旁风;要么当时接受,随后依然故我。

刘贺的为人和劣迹,作为资深政治家的霍光不可能没有耳闻。霍光之所以坚持立刘贺,可能基于以下三个方面的考虑:第一,刘贺是刘弗陵的侄子,由他继承皇位,既合乎儒家礼法,也不影响汉昭帝遗孀上官皇后(霍光外孙女)的地位;第二,刘贺一直生活在藩国,在朝中没有根基,没有势力,不会对霍光自己造成威胁;第三,刘贺不识体统,热衷吃喝游玩,似乎对政治不感兴趣,这更便于自己专擅朝政。

刘贺接到入京奔丧的诏令后,从封国昌邑一路狂奔,从"日中"出发,"晡时至定陶",三五个小时居然走了"百三十五里",致使"侍从者马死相望于道"。行至济阳(今河南兰考东北)时,刘贺还惦记着当地的特产,派人"求长鸣鸡,道买积竹杖";经过弘农(今河南灵宝北)时,刘贺淫欲勃发,"使大奴善以衣车载女子"[②],弄了一车漂亮女子供自己玩乐。刘贺一路所作所为,让人瞠目结舌。

到了城门,礼官让他哭丧,刘贺仍不哭。一直拖到未央宫东阙,刘贺才酝酿下眼泪来,这才"哭如仪"[③]。

刘贺即位后,以为自己真的拥有了全天下,其狂纵程度远胜以前,"既立,淫戏无度。……日益骄溢……日与近臣饮酒作乐,斗虎豹,召皮轩车九旒,驱驰东西,所为辟道。……大行在前殿,发乐府乐器,引内昌邑乐人击鼓,歌吹,作俳倡;召内泰壹、宗庙乐人,悉奏众乐。……召皇

---

① (宋)司马光:《资治通鉴》卷24《汉纪》,长春:吉林人民出版社,2000年,第210页。
② (汉)班固:《汉书》卷63《武五子传》,北京:中华书局,1962年,第2764页。
③ (汉)班固:《汉书》卷63《武五子传》,北京:中华书局,1962年,第2765页。

太后御小马车，使官奴骑乘，游戏掖庭中。与孝昭皇帝宫人蒙等淫乱。"①

刘贺荒淫如是，等于疯狂地打了霍光的脸。这还不是最主要的，毕竟淫乱非为是历代皇帝的通病，刘贺在政治上的表现，却让霍光实在忍无可忍。刘贺登基后，大批旧属得到破格提拔，"昌邑官属皆征至长安，往往超擢拜官"②，而且政由己出，"受玺以来二十七日，使者旁午（交错；纷繁），持节诏诸官署征发，凡一千一百二十七事"，彻底打破了自汉昭帝以来"政事一决于光"③的局面。

当了"天子"的刘贺将自己在封国中重用的亲信授予高官，企图用他们控制朝廷和军权，要与霍光公开叫板。

可惜的是，他过于低估了霍光的力量。

独揽朝政十三年的霍光早已将势力渗透到朝廷的各个角落，上至宰相，下至小吏，谁敢对大司马大将军说个"不"字？

刘贺的努力，还没有给自己争取到多少权力，就把自己的底牌全部摊开。于是，"受玺……二十七日"，他就被从皇帝的宝座上扯了下来。"光奏王贺淫乱，请废"，用皇太后的名义，以刘贺"淫乱"为罪名，将他废黜。霍光的奏折里，对刘贺在位期间做的坏事有个统计，在他当皇帝的短短27天时间里，总共做了"一千一百二十七件"荒唐的事情。

平心而论，刘贺固然荒唐，还不至于在27天内做出一千一百二十七件荒唐的事情来，真不知道如此精确的数字霍光是怎么统计出来的。有道是"欲加之罪，何患无辞"，历朝历代的政治斗争莫不如是。通过废立，西汉权臣霍光达到了削减皇权，继而进一步专权的政治目的。在这场废立风波中，刘贺不过是霍光玩弄权术的一个政治道具而已，因为"及昌邑王废，光权益重"④。

问题又摆在了霍光面前，接下来谁来做皇帝？

于是，此时已升为光禄大夫的原廷尉监丙吉，将刘病已这个汉武帝的曾孙推荐给了霍光。对于霍光而言，这似乎是一个比刘贺更理想的傀儡：只有18岁的刘病已既无强力的外戚支援，而且之前因是谋逆的太子之

---

① （宋）司马光：《资治通鉴》卷24《汉纪》，长春：吉林人民出版社，2000年，第211—212页。
② （宋）司马光：《资治通鉴》卷24《汉纪》，长春：吉林人民出版社，2000年，第211页。
③ （汉）班固：《汉书》卷68《霍光金日磾传》，北京：中华书局，1962年，第2765页。
④ （宋）司马光：《资治通鉴》卷24《汉纪》，长春：吉林人民出版社，2000年，第214页。

孙，虽然名列皇族，却只是一介平民，更不可能有成型的封国班底。这个人选太理想了！

于是，谋逆太子的孙子刘病已，就这么传奇般地登上了皇帝的宝座。

坐上了皇帝的龙椅后该怎么做，在民间摸爬滚打熟知人情冷暖的刘病已可比刘贺有心眼得多：如果不想当重蹈刘贺覆辙，那就只好咬着牙隐忍，表演好傀儡的角色。

霍光很快就抛出了一块问路的石头。一天，"大将军光稽首归政，上谦让委任焉。论定策功，益封大将军光万七千户，车骑将军光禄勋富平侯安世万户"①，还专门下了诏书狠狠地表扬了一回霍光。

于是，霍光放心了，起码是暂时放心了。在霍光看来，这个叫刘病已的傀儡皇帝似乎还很识趣，知道自己是怎么登上皇位的，更知道怎样才不会从皇位上被揪下来。

霍氏家族为了争夺皇后之位，派人秘密杀害了他平民时迎娶且已经立为皇后的许平君。皇帝刘病已盛怒，他知道是谁做的，但也知道肯定不会查出结果。于是，盛怒之后他继续隐忍着，满足霍家的要求，迎娶了霍光的小女儿霍成君，并立为皇后。

刘病已之所以忍着，是因为他清楚，霍光已经老了，而霍氏的年轻一代中，再没有像样的人物，霍光死的那一天，就是霍家败亡的开始。

公元前68年三月，霍光终于病死了。

刘病已开始动手，他很快提拔了几个自己信任的官员。霍光虽然死了，但霍家的势力还在，目前还不能莽撞地刺激他们。然后，他开始给霍家子弟和党羽升官。但很快，那些升官的人发现，明面上的确是升迁了，但却离开了他们原本把持的要害部门，实际上是明升暗降。而他们留下的空缺，刘病已毫不犹豫地用上了自己人——已故妻子许皇后家族和外曾祖母史贞君家族的人。

不知不觉地，在霍光去世不到两年的时间里，霍家的党羽要么以年老为由被退休，要么以调动为名外放地方。同时，霍家一件又一件为所欲为、飞扬跋扈的事件在朝野广为传播。

年轻的皇帝学会了在舆论和组织上同时打击对手。

---

① （汉）班固：《汉书》卷8《宣帝纪》，北京：中华书局，1962年，第239页。

霍光去世两年后，刘病已觉得铲除霍家的前期工作已经基本完成，现在需要做的事情就是收尾。

收尾需要一个由头，而这个由头他其实早就想好了：揭开自己一直耿耿于怀的许皇后之死的盖子。

于是，霍氏家族的人们彻底乱了方寸，他们真的开始部署造反。

然而，这"正合孤意"，刘病已名正言顺地将霍氏家族一网打尽。

刘病已终于成为大汉帝国真正意义上的主人。

成为大汉帝国真正意义上的主人后，刘病已很快改了自己的名讳。公元前64年，汉宣帝说："听说古代天子的名，不易知道却容易触犯。现在百姓上书触犯我的名而犯罪的人，我很同情他。我把名改为询。凡是在我改名前触犯我的名的人，赦免他。"刘病已就把自己的名字由"病已"改成"询"。封建时代，皇帝的名讳是需要避讳的，但是，"刘病已"这个"病"字太难避讳了，人生在世，谁每年没有个三灾六病的，所以他改了名字。这一看似细微的举措，能让我们看出这个帝国新主人对民众的态度。

等到真正当家作主了，汉宣帝刘询发现，皇帝这把椅子还真不好坐！

汉武帝三十多年穷兵黩武的开边政策造成了一系列社会问题，到晚年，他已经把整个国家折腾到"户口减半"，王朝到了崩溃的边缘。武帝晚年下罪己诏"悔过"之后，就进入汉昭帝和霍光秉政时代，汉代采取了"与民休息"的国策。刘询掌权后，继续执行这一国策。针对漕运耗人力、浪费严重的问题，他听从了大臣在三辅和弘农地区买粮的建议后，果断减少了一半的漕卒，大省漕运力役。而对于遭灾的地区则施行减免租赋的政策，加大抚恤力度。实行轻徭薄赋的政策，为保证对流民的抚恤措施更加具体，他规定：凡是回归原籍的流民，由政府给予粮种，分给田地耕种，免除相应租赋。这是自汉武帝时代以来招抚流民条件最优惠、措施最具体的一项诏令。通过这道诏令劝课农桑，稳定秩序的目的已达到。

经过多年的恢复，汉宣帝时代的社会大有起色，但武帝时代产生的社会问题依旧严峻。汉武帝连年用兵，以致后来财力衰竭、国用不济时就用卖官鬻爵和输财赎罪等办法增加财政收入。因此，"入物者补官，出货者除罪，选举陵迟，廉耻相冒，武力进用，法严令具"①，货卖公行，乌烟瘴气，吏治混乱异常。汉宣帝亲政伊始，就紧紧抓住整肃吏治这个中心环节。大臣萧望之建言："选同姓，举贤才，以为腹心，与参政谋，令公卿大臣朝见奏事，明陈其职，以考功能。"②汉宣帝采纳了这一建议，即拜萧望之为谒者。其上书言事者，"辄下望之问状，高者请丞相御史，次者中二千石试事，满岁以状闻，下者报闻，或罢归田里，所白处奏皆可"③。通过这种方式选拔和任用了一批干练有为的官吏，为整肃吏治奠定了坚实的基础。

汉宣帝本人也勤于政事，"五日一听事，自尽相以下各奉职而进"。他尤其注意地方官员的选任，在任命刺史守相时都要亲自过问，交代任务，察其言，以观其行，将其治理情况全部造表记载，特别是对于二千石一级官吏的考核和督责尤甚，因为这一级官员往往是直接治理百姓的官员，所用贤良与否直接关系到一地百姓是否能安然享受"与民休息"政策的实惠。

所以，汉宣帝常道："庶民所以安其田里而亡叹息愁恨之心者，政平讼理也。与我共此者，其唯良二千石乎？"④作为大汉皇帝，刘询本人还厉行节俭，多次下令节省开支以增加财政收入。此外，他还组织规模盛大的儒家经学会议，讲论五经的异同问题，针对学术界和思想界对儒家经典的理解存在分歧，刘询会亲自作出裁决，从而统一思想。

汉宣帝刘询这一系列政策，确有祖父刘据当年"仁恕温谨"的行政风格。但实际上，汉宣帝个人更看好并喜爱的是曾祖父汉武帝的行政风格，但同时又充分吸收了曾祖父的教训，将曾祖与祖父的风格交相杂糅，在对武帝政策进行模仿的同时也进行纠错，最终形成自己"霸王道杂之"的为政风格。

更重要的是，汉宣帝对汉武帝的酷吏政治进行包装和控制。当年，汉武帝为了解决帝国社会治安和王朝发展的问题，大量任用酷吏，行严苛之治，但是宣帝任用"能吏"。"能吏"与酷吏的区别在于：酷吏纯粹以严苛

---

① （汉）司马迁：《史记》卷30《平准书》，北京：中华书局，1959年，第1421页。
② （汉）班固：《汉书》卷78《萧望之传》，北京：中华书局，1962年，第3273页。
③ （汉）班固：《汉书》卷78《萧望之传》，北京：中华书局，1962年，第3273页。
④ （汉）班固：《汉书》卷89《循吏传》，北京：中华书局，1962年，第3624页。

之法进行治理，但是"能吏"在为政过程中会在法家思想的表面戴上一层儒学的面纱，避免了治狱、办案由严厉走向残虐。这实际上就表现了汉宣帝既仿效了汉武帝的严刑峻法又稍微有所改正，也就是说既有仿效又有纠错。

这种方法造就了汉宣帝时代作为吏治清明的典范时代。宣帝时期吏治之所以能成为后代的典范，是因为涌现了一大批能力超群的官吏，尤其两千石的官吏中间，强干精明的官吏尤其众多。这一批官吏深受汉宣帝重视，他们中间不少人甚至跻身公卿行列。班固曾经对这批官吏进行了总结："**孝宣承统，纂修洪业，亦讲论六艺，招选茂异，而萧望之、梁丘贺、夏侯胜、韦玄成、严彭祖、尹更始以儒术进，刘向、王褒以文章显，将相则张安世、赵充国、魏相、丙吉、于定国、杜延年，治民则黄霸、王成、龚遂、郑弘、召信臣、韩延寿、尹翁归、赵广汉、严延年、张敞之属，皆有功迹见述于世。参其名臣，亦其次也。**"①

这一大批"能吏"大都活动于汉宣帝躬亲政事之后，建立了一定的功绩，并且受到宣帝的青睐。这些"能吏"首先精通严刑苛法，掌握了较为高超的运用法令治理社会的能力，并据以为政。而在为政之时，表面上，他们大都为自己的严苛之治套上一个体面的形式，即儒家学派的主张和理论。在儒学主张的修饰下，为自己的举措套上一层温情的面纱和一个仁义的光环，避免把内在的本质、功利的计算直接暴露出来。正是这样的"阳儒阴法"原则，为汉宣帝时代构建了一个法令严明又重义的温情氛围，为社会走向大治创造了条件。

汉宣帝以昭帝继承人的身份入继大统，但宣帝为昭帝的侄孙辈，按照礼法只有兄终弟及、父死子继，而没有孙继祖者。另外，宣帝虽为武帝曾孙，但受其祖太子牵连，以庶人身份由官府抚养成人，地位低贱，并不具备储君候选人资格。所以，宣帝成为天子，无论是在正统性还是合理性方面都存在着极大缺陷。为了摆脱这种窘境，彰显自己得国的正统性与合理性，宣帝频繁乞灵于鬼神，大力宣扬灾异祥瑞，作为自己"受命于天"的证明。吏民见宣帝热衷于祥瑞之事，遂"争言祥瑞，以中其欲"。于是，"祥瑞"频现。《汉书·宣帝纪》短短的篇幅，写到"祥瑞"不下十次。

---

① （汉）班固：《汉书》卷58《公孙弘卜式儿宽传》，北京：中华书局，1962年，第2634页。

但是，统治者虽可借祥瑞粉饰政治，但由于所谓"祥瑞"的不可预知性，故无形中也给现实政治带来了巨大风险。因为在"祥瑞说"流行的同时，必然还存在"天谴说"，此说意为帝王行事若不符合上天的心意，上天会降下灾异来提醒甚至惩罚统治者。据此，如果上天总是降下预示灾异的凶兆，那么是否意味着皇朝要被取代？

有鉴于此，汉代自高祖至景帝，鲜有君主以祥瑞文饰其统治者，因灾异而罪己者也仅有汉文帝一人，且仅有一次。汉武帝贪祥瑞说之利，大肆鼓吹，而于史不绝书的灾异则不置一辞，不免给人以自欺欺人之感。而到了汉昭帝时，利用祥瑞说文饰政治就变得有点难以为继。汉昭帝在位13年间，褒奖祥瑞活动只有两次。到宣帝即位时，便面临着是否利用天人感应之说的抉择，要么及时刹住利用祥瑞说文饰政治之风，要么全面接受天人感应之说，在鼓吹祥瑞的同时，也要对灾异现象给予回应。汉宣帝刘询最终选择了后者，即在褒扬祥瑞的同时，对灾异现象也要给予重视，既然认可了灾异天谴说，则也就允许臣民探讨灾异出现的原因。而这种动摇王朝根本的行为，本来是被严格禁止的，但汉宣帝却屡屡诏求天下对灾异现象发表看法。这样一来，等于解除了此前不准论说灾异的禁忌，每个人都可以对祥瑞灾异现象发表看法，从而使国家对舆论的主导权渐渐丧失；同时元、成、哀、平时期频繁的灾异现象，又使汉家即将灭亡的观点深入人心，易代思潮随之而起。

汉宣帝时期另一个不能不说的问题就是外戚当政。自汉初吕氏专权以来，汉朝皇室对于外戚势力一直有所提防，文景时代外戚力量一直不彰，武帝时因外戚卫氏强盛，故亲自定策将卫氏势力彻底铲除，之后又有为防止外戚发展逼死昭帝之母钩弋夫人之举。而到了汉宣帝时代，这一局面被完全颠覆。从史料中我们不难发现，汉宣帝刘询是一个很念旧的皇帝，因为他奇特的身世，在被立为皇帝之前，身为平民且是孤儿的他，与祖母史氏家族、妻子许氏家族相依为命，感情异常深厚。所以，当他登上皇位之后，就大规模重用外戚，一些重要官职尽量选派许、史、王等外戚担任。正是这些外戚给了他强有力的支持，使他能在霍光死后相对容易地铲除强大的霍氏家族。所有这一切都让宣帝对外戚充满了感激与信任，对他们加以重用，同时大行封赏。由于汉宣帝的大力提携，外戚很快发展成为朝中一股强大的政治势力，就是朝中大臣对外戚也不得不追捧攀附、拍马奉迎。

作为一个皇帝，念旧情没有错，知恩图报也没有错，有情有义更没有错，甚至，对那些有恩于己的亲戚用权力予以一定的补偿也可以理解，但若是任人唯亲，使外戚成为朝廷掌握大权的一股重要势力，就会适得其反，甚至反遭其乱。

正因为刘询大量任用外戚，疑忌臣僚，所以，当其临终托付之际，虽拜贤臣太子太傅萧望之为前将军，光禄勋、太子少傅周堪为光禄大夫，让他们"受遗诏辅政领尚书事"，但同时又拜外戚侍中乐陵侯史高为大司马车骑将军，总揽朝政，亲信宦官弘恭、石显居中用事，史称"外有史高总朝廷之事，内有恭显制枢机之权"，使萧望之、周堪在施政过程中处处受到外戚、宦官的制约，最终矛盾激化，萧望之等被肃清，外戚、宦官专权形成，由此开启了汉代新的历史进程。

宣帝一朝，外戚专权的局面彻底形成，社会上利用儒家灾异天谴学说宣传汉当易代的思潮也暗流涌动，就如准备好了一个大火药桶，只要一个火星就会爆炸。在宣帝身后的元、成时代，随着土地兼并的加剧、社会矛盾再次激化，出身掌权外戚的王莽正是利用灾异祥瑞学说为武器成功灭掉西汉，另立"新"朝。而王莽之所以能够篡权成功，关键是因为外戚专权和灾异学说形成并产生影响。而这两者，均是在汉宣帝刘询的"中兴"时代里，就已经埋下了祸根。

总体来说，汉宣帝刘询是一个好皇帝，一个明君。对于汉宣帝的评价，我们可以用以下八个字来概括：明于吏治，失于定本。

汉宣帝的功过具体体现在以下几个方面：

排除霍氏专权，削弱内朝，加强外朝，以求平衡；出于民间，屡下诏书，存慰百姓，抑制豪强；兴学举贤，知人善任；纳谏；综核名实，论封事，信赏必罚；审时度势，推亡固存，解除北边匈奴的威胁；感情用事，定本有失，西汉始衰。

三

在吟咏杜陵的诗文中，直接对汉宣帝刘询的功过进行评论的十分少见，甚至，直接评论宣帝本人功过的诗歌也几乎看不到，这和其他陵墓的咏陵诗歌有很大的区别。至于原因，我们在上文作了一些分析，即中国文人似乎对秦始皇、汉武帝、唐太宗等以"武功"见长的皇帝更感兴趣，而对以"文治"见长的皇帝似乎兴趣不大。这种情况在汉宣帝刘询这里表现的更加突出。按理，作为汉代的一个"中兴之主"，汉宣帝的功劳远远大于过失。从另一方面讲，汉宣帝戏剧性的一生，似乎用叙事文学表现起来更合适一些，而对于诗词这两种以抒情为主要特征的文体来说有些勉强，这或许只是问题的一个方面。确凿的事实则是，在有关杜陵的诗歌中，更多的是将杜陵作为一个登高望远的地点，而不是将其作为吟咏的中心，或者杜陵就是一个纯粹的地名，和汉宣帝没有多少关系。

（唐）豆卢回《登乐游原怀古》：

> 缅惟汉宣帝，初谓皇曾孙。
> 虽在褓襁中，亦遭巫蛊冤。
> 至哉丙廷尉①，感激义弥敦。
> 驰逐莲勺道，出入诸陵门。
> 一朝风云会，竟登天位尊。
> 握符升宝历，负扆②御华轩。
> 赫奕③文物备，葳蕤④休瑞繁。
> 卒为中兴主，垂名于后昆。
> 雄图奄⑤已谢，余址空复存。
> 昔为乐游苑，今为狐兔园。
> 朝见牧竖集，夕闻栖鸟喧。
> 萧条灞亭岸，寂寞杜陵原。
> 幂䍐野烟起，苍茫岚气昏。
> 二曜⑥屡回薄，四时更凉温。
> 天道尚如此，人理安可论。

---

① 丙廷尉：丙吉。
② 扆：音 yǐ，古代庙堂户牖之间绣有斧形的屏风。
③ 赫奕：光辉炫耀貌。
④ 葳蕤：形容枝叶繁盛。
⑤ 奄：音 yǎn，突然地。
⑥ 曜：照耀，明亮。

这是描写汉宣帝及其杜陵的诗词中少有的正面写汉宣帝的诗歌，诗歌对汉宣帝刘询的生平作了简单回顾，并写了杜陵之萧条。

（唐）李白《杜陵绝句》：

> 南登杜陵上，北望五陵间。
> 秋水明落日，流光灭远山。

这首五绝创作的时代背景是天宝二载（743年），李白第二次奉诏入长安，待诏翰林，奉诏侍从游宴，作应制诗（奉皇帝的命令而写作的诗文）多首，与好友游历山水，曾出现"李白斗酒诗百篇，长安市上酒家眠"的局面。但在天宝二载秋，遭到朝中其他人的排挤，并在次年被贬出长安，于是产生了隐居山林的想法。这首诗通过"杜陵、五陵"景色，感叹自己的政治遭遇，融情于景。该诗有浓厚的浪漫主义色彩，诗人借助丰富的想象，生动曲折的反映了对黑暗现实的不满和对理想光明的憧憬。

（唐）李白《夕霁杜陵登楼寄韦繇》：

> 浮阳灭霁景，万物生秋容。
> 登楼送远目，伏槛观群峰。
> 原野旷超缅，关河纷杂重。
> 清晖映竹日，翠色明云松。
> 蹈海寄遐想，还山迷旧踪。
> 徒然迫晚暮，未果谐心胸。
> 结桂空伫立，折麻恨莫从。
> 思君达永夜，长乐闻疏钟。

这首诗是李白在一个雨后晴明的傍晚登上杜陵写给韦繇的。诗人登上杜陵高楼极目远眺，山川万物一派秋天的景色，关山河流纵横交错，叠叠重重，水边竹林，云中古松，都寄托着诗人的遐想和对朋友的思念。眼前美景不可胜收，可惜不能和朋友一起欣赏，所以，整个晚上都在思念，直到长乐宫传来断断续续的钟声。全诗表现了李白对朋友的一片真情。

（唐）李白《题东溪公幽居》：

> 杜陵贤人清且廉，东溪卜筑岁将淹。

> 宅近青山同谢朓，门垂碧柳似陶潜。
> 好鸟迎春歌后院，飞花送酒舞前檐。
> 客到但知留一醉，盘中只有水晶盐。

诗中"杜陵贤人"是指东溪公（其人姓名不详），他应是一位高洁清廉的人士。诗人从不同角度来赞扬东溪公"清且廉"的品质。"飞花"这一意象，不但突出了落花的飘飞姿态和动人色彩，而且与"好鸟"共同构成了春光中最动人的景象。同时，诗人将"飞花"拟人化，飘舞的花朵"送酒"为来客喝酒助兴。最后两句不但表明了东溪公的热情好客，而且更为最后一句突出东溪公品质蓄势。这里诗人通过"水晶盐"这一意象表明了喝酒时没有别的下酒之物。这样，不但表现东溪公的"清且廉"，生活的清贫，而且照应开头，首尾照应，再次强调诗人对东溪公品质的赞扬，也暗示了诗人对东溪公的敬慕。在艺术上，开门见山，提出对象及其品质。以人喻人，含蓄蕴藉；描写环境，寓深意其中；意象鲜明，寓意丰富；首尾照应，强调情感。

（唐）宋之问《军中人日登高赠房明府》：

> 幽郊昨夜阴风断，顿觉朝来阳吹暖。
> 泾水桥南柳欲黄，杜陵城北花应满。
> 长安昨夜寄春衣，短翮①登兹一望归。
> 闻道凯旋乘骑入，看君走马见芳菲。

这首《军中人日登高赠房明府》写早春登高，寒风不再，顿觉太阳暖洋洋的。这时候，泾河南岸的柳树泛出了鹅黄色，杜陵城北的花儿也快要开放。在这样寄春衣的日子，听闻您凯旋归来，骑着骏马欣赏满城春色。

（唐）司空曙《题鲜于秋林园》：

> 雨后园林好，幽行迥野通。
> 远山芳草外，流水落花中。
> 客醉悠悠惯，莺啼处处同。
> 夕阳自一望，日暮杜陵东。

---

① 翮：音 hé，鸟的翅膀。

这首五律诗诗人由近及远,又由远及近,由眼前的园林的曲径,写到了远山,最后落笔又在眼前的流水落花之上。在这样的美景之中,客人悠哉游哉,但无意间望见夕阳,诗人的思绪一下子到"杜陵东",由此贯通了历史。

(唐)岑参《过酒泉,忆杜陵别业》:

> 昨夜宿祁连,今朝过酒泉。
> 黄沙西际海,白草北连天。
> 愁里难消日,归期尚隔年。
> 阳关万里梦,知处杜陵田。

岑参的这首《过酒泉,忆杜陵别业》五律诗写自己在遥远的西部边塞对长安杜陵的怀念。全诗明白如话。前两句交待了自己的行踪,三四两句写自己在边塞所见,其中"际"和"连"给人以无限的想象空间。五六两句抒情,写自己在遥远的边塞度日如年,而回到中原要等到明年。所以,诗人在阳关之外梦见了远在万里之外的杜陵。

(唐)岑参《宿蒲关东店,忆杜陵别业》:

> 关门锁归客,一夜梦还家。
> 月落河上晓,遥闻秦树鸦。
> 长安二月归正好,杜陵树边纯是花。

《宿蒲关东店,忆杜陵别业》是唐代诗人岑参创作的一首杂言古诗。此诗抒写诗人归心似箭之情。首二句点题,写关门已闭,才不得不有梦中还乡。中二句写启明之际,诗人被春鸦唤醒,恍惚间不知身在何处。后二句承梦意,遥想家乡春景,仿佛眼前。全诗用意错落有致,自然浑成。语言平易自然,意味隽永。

(唐)赵嘏《杜陵贻杜牧侍御》:

> 紫陌尘多不可寻,南溪酒熟一披襟。
> 山当昼枕石床稳,泉落夜窗烟树深。
> 白首寻人羞问计,青云何路觅知音。
> 唯君怀抱闲于水,他日门墙许醉吟?

这首七律是诗人写给时任侍御的杜牧,诗的前四句写自己闲适的生活,后四句则写杜牧引自己为同道,表现了唐代知识分子的生活。

(唐)温庭筠《商山早行》:

> 晨起动征铎,客行悲故乡。
> 鸡声茅店月,人迹板桥霜。
> 槲叶落山路,枳花明驿墙。
> 因思杜陵梦,凫雁满回塘。

《商山早行》是著名的羁旅行役诗之一,为诗人离开长安时所作。其中,"鸡声茅店月,人迹板桥霜"已成为众口传诵的名句。"早"字是这首诗所描写的中心,诗中的一切动作、场景、情绪都围绕着"早"而发出,为镜头焦点之所在。末联"因思杜陵梦,凫雁满回塘",与首联遥相呼应,突出了早行的原因,展示了诗人归心似箭的强烈心情。除了善于围绕中心造景写情、结尾含蓄有致的特点之外,对仗工整巧妙当是其不容忽视的艺术特色。中间两联不仅写得声、色、光感俱佳,而且上、下、前、后的空间感极强,加深了人们对诗歌立体画面的形象感受。

(唐)李商隐《鄠杜马上念汉书》(一作《五陵怀古》):

> 世上苍龙种,人间武帝孙。
> 小来惟射猎,兴罢得乾坤。
> 渭水天开苑,咸阳地献原。
> 英灵殊未已,丁傅渐华轩。

该诗作于大中十年。鄠,即今陕西户县,汉属扶风;杜,在今西安市东南,汉属京兆。据《汉书·宣帝纪》,宣帝少时喜在鄠、杜一带游玩嬉戏,故作者于马上念《汉书》而有此作。此诗写汉宣帝刘询的一生,生动地表现出这位布衣皇帝的精神面貌。"人间武帝孙"句,汉宣帝刘询是汉武帝刘彻的曾孙,戾太子刘据的孙子,幼年时流落民间,于公元前74年被朝臣迎立为帝。"小来惟射猎"句,汉宣帝少年时候"高材好学,然亦喜游侠,斗鸡走马,具知闾里奸邪,吏治得失。数上下诸陵,周遍三辅"[1]。

（宋）寇准《杜陵》：

> 燕有情还至，花无主乱开。
> 杜陵人不见，夜月自徘徊。

寇准的这首《杜陵》写景，"一切景语皆情语"，但又非纯粹的写景，燕子有情，花儿无主，诗人似乎有所指，而"还至""乱开"则使诗人笔下的景物变得鲜活、生动、立体，而"杜陵人不见，夜月自徘徊"收束全诗，篇末点题。

（宋）史达祖《绮罗香·咏春雨》：

> 做冷欺花，将烟困柳，千里偷催春暮。尽日冥迷，愁里欲飞还住。惊粉重、蝶宿西园，喜泥润、燕归南浦。最妨它、佳约风流，钿车不到杜陵路。沈沈江上望极，还被春潮晚急，难寻官渡。隐约遥峰，和泪谢娘眉妩。临断岸、新绿生时，是落红、带愁流处。记当日、门掩梨花，剪灯深夜语。

这首咏春雨的《绮罗香》构思巧妙，摹写生动，情致深婉，也是他的咏物佳作之一。这首词重物象形貌的刻画，在力求形似的同时兼求神似。通过对所咏之物细腻、准确的描绘，努力造成一种逼真、生动的画面，并由此传达作者的情感。综观全词，构思措辞都很工巧，没有一字说出"雨"字，却句句不离春雨。同时，全词抒发愁情，写得婉转层折，情致深厚。张炎认为此词好在"收纵联密，用事合题，一段意思，全在结句"，的确是有一定道理的。

（宋）陈亮《青玉案·武陵溪上桃花路》：

> 武陵溪上桃花路。见征骑、匆匆去。嘶入斜阳芳草渡。读书窗下，弹琴石上，留得销魂处。落花冉冉春将幕。空写池塘梦中句。黄犬书来何日许。辋川轻舸，杜陵尊酒，半夜灯前雨。

该词生动而突出地表现了陈亮英雄豪迈、矢志不渝的爱国情怀。词中

---

[1] （汉）班固：《汉书》卷8《宣帝纪》，北京：中华书局，1962年，第237页。

"留得消魂处"是词人因壮志未酬而悲痛至极,"半夜灯前雨"是说作者在梦境之中看到宋朝军队收复中原高兴得喜泪如雨。

(宋)陆游《感皇恩·小阁倚秋空》:

> 小阁倚秋空,下临江渚。漠漠孤云未成雨。数声新雁,回首杜陵何处。壮心空万里,人谁许。黄阁紫枢,筑坛开府。莫怕功名欠人做。如今熟计,只有故乡归路。石帆山脚下,菱三亩。

这首词是作者离蜀东归以前感叹壮志未成思念家乡时所写的。上片以写景起而以抒情终,下片以抒情起而以情景结合终。这里用杜陵指代长安。这是作者想要用归隐的办法来解决理想与现实的矛盾的词作,情景结合,看似很矛盾但解决得比较圆满,作者的心情在这首词中表现得比较闲淡。深入体会,仍然透露出理想对现实的尖锐冲突和强烈抗议,所以意境是曲折的,感慨是深沉的。

西汉史学家刘向这样评价汉宣帝:"中宗之世,政教明,法令行,边境安,四夷亲,单于款塞,天下殷富,百姓康乐,其治过于太宗之时,亦以遭遇匈奴宾服,四夷和亲也。"①

东汉史学家班固在他的《汉书·宣帝纪》结尾这样赞汉宣帝:"孝宣之治,信赏必罚,综核名实,政事文学法理之士咸精其能,至于技巧工匠器械,自元、成间鲜能及之,亦足以知吏称其职,民安其业也。遭值匈奴乖乱,推亡固存,信威北夷,单于慕义,稽首称藩。功光祖宗,业垂后嗣,可谓中兴,侔德殷宗、周宣矣。"②

显然,后人低估了汉代的这位"中兴之主",低估了这位有情有意的浪漫帝王。虽然汉宣帝有过有失,但在两汉时期,汉宣帝确实是一个少有的明君。后人在谈到汉代时,首先推崇的是汉高祖、汉武帝等人,而到了昭宣之际,汉朝达到了鼎盛。之后由于汉宣帝定本有失,没有选定一个让汉朝繁荣下去的继承者,导致了西汉的衰败,实在可惜。当然,最可惜的还是后世的文人们。对于这样一个本身就是传奇的皇帝,文人墨客却很少直接写他的事迹,而只是把他的杜陵作为一个登高远望的制高点。这不能不说是中国文学的损失。

---

① (汉)应劭:《风俗通义校注上》,王利器校注,北京:中华书局,1981年,第98页。
② (汉)班固:《汉书》卷8《宣帝纪》,北京:中华书局,1962年,第275页。

第七章

唐太宗昭陵
——昭陵一望长安道，万里今非旧马蹄

一

在关中地区所有的帝王陵墓中，我对唐太宗的昭陵的情感是最为特殊的。在本书的代序《我对皇帝的认识过程》中，我说过"出了（村）东门，一抬头，就能看见东北方向平顶的唐王陵（昭陵）"，因为很长一段时期，我家在村子的最东头，东门又是上学、干活、赶集的必经之门，所以，出东门的次数比走西门的不知道要多多少倍。事实上，昭陵距离我们村的距离在25千米以上，那时候没有什么污染，蓝天白云不是什么稀罕物，所以，虽然距离远，但远眺昭陵，十分清晰。成年之后，我多次去过昭陵，但奇怪的是，走到近前的昭陵却并非我童年、少年时期在村口看到的唐王陵的样子，这也充分印证了那句"横看成岭侧成峰，远近高低各不同"。

后来，多次近距离地了解观察昭陵，知道了关于昭陵的许多故事和传说，也了解了关于昭陵的方方面面。

唐太宗李世民的昭陵是陕西关中"唐十八陵"中规模最大的一座，从外观看上去也雄伟异常。昭陵是李世民生前选定的陵寝，相传，唐太宗登上皇位之后，有一次去九嵕山打猎，立即被它奇特的山势所吸引。九嵕山虎踞渭北、气掩关中的山势与李世民帝王的气度与胸怀产生了强烈的共鸣，于是，他就想把自己融合在这座山里。但是，当时九嵕山只是准备作为陵寝的方案之一，还没有最后确定下来。随后发生的一件事促使他很快就下定了决心。贞观十年（636年）六月二十一日，集"三千宠爱于一身"的年仅36岁的文德皇后长孙氏病逝。据《旧唐书》记载，长孙氏在临终前对唐太宗说："妾生既无益于时，今死不可厚费。且葬者藏也，欲人之不见。自古圣贤，皆崇俭薄，惟无道之世，大起山陵，劳费天下，为有识者笑。但请因山而葬，不须起坟，无用棺椁，所须器服，皆以木瓦，俭薄送终，则是不忘妾也。"①长孙皇后的这一想法正好和唐太宗早期的"以山为陵"想法不谋而合，于是他十分感动，遵从了皇后的遗愿。

关于昭陵的选址，还有一个近乎神奇的传说。当然，这个传说在唐乾陵传说里也有。如此看来，传说终归是传说，所以，里面有一些荒诞不经的东西也一点都不奇怪。

传说，李世民身边有两位善观星象、占卜风水的谋臣袁天纲和李淳风。有一日，唐太宗召见此二人，经询问得知李氏王朝不可能永传万代之后，便令二人周游唐土，欲觅得一处风水绝佳、风脉独胜之处，百年之后陵寝于此，以求他日李氏东山再起。于是，袁天纲和李淳风二人就出了长安，一个向东一个朝西，遍访名山大川广求异景奇象，但最终一无所获。眼看皇帝定下的限期临近，即将空手而归。忽一日，袁天纲行至一处，但见树木苍郁，鸟鸣莺啼，不觉神清气爽。再仔细一看，此处山峦不类他处奇绝奇险，也非什么悬崖峭壁，平平缓缓，无甚奇异之处。然而，就在他闲步游庭，神弛意缓之际，不知不觉已达纵深之处，至山下竟然有1000多米的差距。站在山的极高处向下看去，顿觉心胸开阔，万物容纳于怀，一股唯我独尊之感不由满溢胸怀。袁天纲不觉一怔，忽而醒悟：这种含而不露、藏而不出，而于其中蕴蓄奇景的风致，加上山峦起伏，似卧龙之脉象，不正是他艰辛数年所求之风水宝地吗？袁天纲喜出望外，当即取出随身佩戴的一枚圆形玉佩，掘地三尺，放在风水之"眼"处，然后匆匆回京报喜。袁天纲走后第二天，疲惫失意的李淳风也行至此处。此山的绝佳风脉使他身上的乏困一扫而光。他东走西看，最后仰天长啸，拔下头上一枝

---

① （五代）刘昫：《旧唐书》卷51《后妃·太宗文德皇后长孙氏传》，北京：中华书局，1975年，第2166页。

金簪,掘地三尺,插在地下,然后掩土埋好,抖擞精神,打道回城,也向唐太宗报喜。李世民听了汇报,立刻派人随二人去查看到底孰优孰劣。掘地三尺一看,袁天纲所埋的玉佩中心孔眼处,赫然插着李淳风的那枚金簪!二人所选之处竟不谋而合,果然是同一处宝地!此处风水绝佳的宝地,后来就成为了李唐王陵所在地。

李世民去世四十一年后,即公元690年阴历九月九日,当年太宗身边的"才人"、年近古稀的武则天改元天授,正式建立了大周王朝,自称"圣神皇帝"。自此,一身龙气的武则天凤翔九天,开创了短暂但辉煌的武周王朝,李家王朝被武姓取代。但是武周王朝毕竟仅武则天一帝,武则天去世后,又还朝于李家,李氏天下又延续了将近200年。据说,武则天改唐为周,李唐王朝中断数十年,而后又还朝于李家,这也和昭陵的选址有关。

其实,当初唐太宗李世民选陵时,李靖曾给他推荐过风水宝地九嵕山。是啊,不要说袁天纲、李淳风、李靖这些"专业人士",就是我们这些普通人,也能看出九嵕山是一块风水宝地。九嵕山位于渭河平原以北,左有五凤山,右有嵯峨山,北有黄土高原,南临渭河,与太白、终南山诸峰遥相对应,的确是一块上佳的宝地。但是,这样的一块宝地历代帝王为什么都没有选做陵寝呢?据说这主要和汉武帝有关。汉武帝生前曾看中了这块风水宝地,但是东方朔却对汉武帝说:皇家选陵址主要看三个因素:一是龙,即地脉之行止起伏,也就是看山脉,观察山脉走向、形势;二是砂,看山与周围山的朝迎关系;三是水,就是看水口、流向形态与山形的关系等。从东南方向看九嵕山是一笔架,中间山峰高,两边低,陛下要选陵址,必选在中间峰上,因为中峰乃皇帝峰。但三峰高低不均,主以前、以后君王势弱,难道陛下不希望自己的后代才华胜于自己,而使刘家的江山更加稳固吗?另外,九嵕山水向也不佳,前有渭河自然美妙,但后有泾水,割断九嵕山山脉,说大点会引起江山易手,说小点注定国势不兴。一辈子求仙访道的汉武帝自然也信阴阳风水,听了东方朔的这席话,就另择陵寝。作为后人,大唐皇帝李世民也听说过汉武帝没有选九嵕山作为陵寝的传说,因此当李靖向他推荐九嵕山时,他大吃了一惊。李靖连忙解释道,九嵕山有帝气,若平民葬于此,必有王气再显,恐夺李家江山。汉武帝选陵址是在山下选,陛下选在山上,只要穴址选好定能弥补此地风水上的不足。陵址可定名为昭陵，凸现阳气，"昭"拆开为"召""日"，"昭"有召集、收集的意思，"日"为阳，代表帝王之气。此名可以弥补泾水割断龙脉的不足。几十年后，武则天即位正应了泾水割断李家龙脉之说，然"昭"字又续上了李氏江山的龙脉。

昭陵选址的这两个传说，有一个共同点，即都强调这块土地是一块风水宝地。对于皇帝来说，所谓"风水宝地"，自然不是这块宝地能带来源源不断的财富。"普天之下，莫非王土；率土之滨，莫非王臣"，几千年来"家天下"的中国，"天下"就是皇帝的"家"，天下的财富就是皇帝的财富，所以，皇帝的所谓"风水宝地"是指能够使自家的江山千年万年长的地方。还有一点，"风水宝地"就是陵墓不能被盗墓贼频频光顾。

然而，无论在怎样的风水宝地修建的陵墓，即便是真正修建得"固若金汤"，也有可能被盗，今世不盗，谁又敢保证后世不盗？而皇帝的陵墓被盗，"风水"自然也就跟着坏了。所以，对于李唐王朝来说，他们仇恨最深的未必是灭掉大唐王朝的朱温，而是若干年后疯狂盗掘唐十八陵的温韬。

温韬，原名李彦韬，五代时梁国人，祖籍京北华原（今陕西耀县），曾任耀州、崇州、裕州等地节度使，镇辖关中地区。有一个传说，温韬生下来时刚好有匪星殒落在昭陵所在地区的嵯峨山，于是好事者就传开了，说将来给唐皇陵带来一场浩劫的人物出世了。温韬在长安做了七年行政长官，关中地区几乎所有唐朝皇陵都被温韬趁战乱盗掘过。温韬盗掘唐皇陵是有案可稽的，不论正史、野史，都有明确的记载。

《新五代史·温韬传》："韬在镇七年，唐诸陵在其境内者，悉发掘之，取其所藏金宝。而昭陵最固，韬从埏道下，见宫室制度闳丽，不异人间。中为正寝，东西厢列石床，床上石函中为铁匣，悉藏前世图书。钟、王笔迹，纸墨如新。韬悉取之，遂传民间。惟乾陵风雨不可发。"《旧五代史·温韬传》："唐诸陵在境者悉发。"《资治通鉴》亦载："华原贼帅温韬聚众嵯峨山，暴掠雍州诸县，唐帝诸陵发之殆遍。"①

最令人发指的是，温韬盗掘陵墓时一般都率领众兵在光天化日之下进行。在当时，偷坟掘墓是十恶不赦的大罪，虽然五代时中国社会动荡不

---

① （宋）司马光，《资治通鉴》卷267卷《后梁纪》，长春：吉林人民出版社，2000年，第2746页。

堪，但盗掘陵墓在老百姓心中仍是难以原谅的。可见，此人甘冒天下之大不韪公然盗墓，并将所盗物品编成名册公诸于世，其胆量之大为天下其他所有盗墓者所少见。

也正是因为温韬的这种行径实在令人发指，所以，在昭陵众多传说中，有一个关于"撕温台"的传说。

"撕温台"确实存在，但其真正的名字为"斯文台"，后世因痛恨温韬的所为，故在当地老百姓中讹传为"撕温台"。"撕温台"在昭陵南司马院外的土阙前，相传五代后唐时，唐庄宗李存勖在此碎撕大将温韬，故名"撕温台"。"撕温台"的传说情节曲折，且涉及的人物众多，时间跨了好几个朝代，有兴趣者不妨找来一读，此不赘述。

"撕温台"的传说显然是虚构的，温韬也并非死于后唐庄宗李存勖的手中，而是死在晋王李克用的养子后唐明宗李嗣源的手中，原因也并非如"撕温台"传说的那样李存勖要给自己李氏家族报仇雪恨，其根源还是温韬没有掌握好"度"。温韬早年盗陵的名声臭遍天下，而其多变的个性注定为统治者不容。虽然他拿着挖掘帝王陵墓的宝藏上下打点，甚至连后唐庄宗李存勖的皇后刘玉娘都能贿赂，但最终温韬还是被李嗣源所杀。在当局者的眼里，这个十恶不赦的家伙除了盗掘帝王陵墓之外，还是一个天生生有反骨的人，今天你能够反了后梁，明天就能反我后唐；今天你能盗前唐的陵墓，明天就有可能盗后唐的陵墓。这样的人，在非常时期还有些利用价值，在时局平稳后是绝对不会被容忍的。

但是，无论怎么说，昭陵的气势在关中地区的唐十八陵中的确首屈一指。九嵕山是至尊宏大的象征，而昭陵所承载的则是大唐雄厚、灿烂的文化，也可以说是唐代"改革开放"的一个缩影。

昭陵依九嵕山峰，凿山建陵，开了唐代封建帝王依山为陵的先例。关于以山为陵制度的原因，在贞观十年十一月文德皇后安葬后，唐太宗撰文刻石的碑上写着："王者以天下为家，何必物在陵中，乃为己有。今因九嵕山为陵，不藏金玉、人马、器皿，用土木形具而已，庶几好盗息心，存没无累。"这里所说因山为陵不藏金玉，与其说是为了俭薄，不如说是为了"好盗息心"更恰当些。虞世南当年上书唐太宗时就说过："自古及今……未有不掘之墓。"因此，唐初以山为陵的目的，无非是为了利用山岳雄伟形势和防盗掘而已。

昭陵工程是由唐代著名工艺家和美术家阎立德、阎立本兄弟设计的。其平面布局既不同于秦汉以来的坐西向东，也不是南北朝时期"潜葬"之制，而是仿照唐长安城的建制设计的。长安由宫城、皇城和外廓城组成。宫城居全城的北部中央，是皇帝起居的地方；皇城在宫城之南，为百官衙署（即政治机构）；外廓城从东南北三方拱卫着皇城和宫城，是居民区。

昭陵的陵寝居于陵园的最北端，相当于长安的宫城，可比拟皇宫内宫。在地下是玄宫，在地面上围绕山顶建为方形小城，城四周有四垣，四面各有一门。据史书记载，昭陵玄宫建筑在山腰南麓，穿凿而成。初建时架设栈道，文德皇后先葬于玄宫，而栈道并未拆除，就在栈道旁建造房舍，供宫人居住，如对待活人一样对待皇后，等到太宗葬毕，这才拆除了栈道，使陵墓与外界隔绝。玄宫深75丈，石门5道，中间为正寝，是安放棺椁的地方，东西两厢排列着石床，床上放着许多石函，里面装着各种殉葬品。墓室到墓口的通道上，用3000块大石砌成，每块石头有2吨重，石与石之间相互铆住。陵墓的外面又建造了华丽的宫殿，苍松翠柏，巨槐长杨。在主峰地宫山之南是内城正门朱雀门，朱雀门之内有献殿，是朝拜祭献用的地方，与门阙距离很近。门阙在献殿正中。献殿南面是横向的一条深沟，可以证明这里不可能有别的石刻，也不可能再有别的建筑物。

昭陵的地宫外面还有许多木构的建筑，建有房舍和游殿等。由于地宫前面四周山势陡峭凸凹不平，往来不便，又"缘山傍岩架梁为栈道，悬绝百仞，绕山二百三十步，始达元宫门"，所以就用栈道连接上下左右，通达地宫的道路。但山上栈道建筑又不能垂直上下，必须左右回绕旋转，这从杜甫所写的《重经昭陵》中"陵寝盘空曲"的诗句中就可以得到证明。

虽然前人的这些记载未必绝对可靠，但从中却可看出其规模的富丽堂皇和工程繁难的程度。昭陵四周当时建筑，根据宋敏求《长安志图》记载："以九嵕山山峰下的寝宫为中心点，四周回绕墙垣，四隅建立楼阁，北为玄武门，南为朱雀门，周围十二里"，可见其规模之宏大。

在主峰地宫之北，是内城的北门玄武门，设置有祭坛，紧依九嵕山北麓，南高北低，以五层台阶地组成，愈往北伸张愈宽，平而略呈梯形，在南三台地上有寝殿，东西庑房、阙楼及门庭，中间龙尾道通寝殿，是昭陵特有的建筑群。在司马道门内列置了十四国君的石刻像，有突厥的颉利、

第七章　唐太宗昭陵——昭陵一望长安道，万里今非旧马蹄　161

突利两个可汗，阿史那社尔、李思摩，吐蕃松赞干布，高昌、焉耆、于阗诸王，薛延陀、吐谷浑的首领，新罗王金德真，林邑王范头黎，婆罗门帝那优帝阿那顺，等等。这些石像刻立于高宗初年，反映了贞观时期国内各民族交往、唐对西域的开拓以及与邻邦关系的盛况。这些石像在早年已遭破坏，今可见者仅有七个题名像座，几躯残体和几件残头像块。前人曾说这些石像"高逾常形，皆深眼大鼻，弓刀杂佩，壮哉，异观矣"！可惜的是，这些来自异域的勇士，并未保护昭陵的陵主——那个在中国历史上浓墨重彩地留下辉煌名声的唐太宗李世民，他的陵墓依然被不同朝代的盗墓贼频频光顾。所以，尽管李世民生前曾提倡"薄葬"，但这里的所谓"薄"也是相对于其他厚葬的帝王陵墓而言，对于一般的人来说，即便是"薄葬"，其陪葬品也是异常可观，令盗墓贼垂涎三尺。

唐太宗昭陵的频频被盗，也给后世的帝王们再次敲响了警钟，即一定要充分认识到厚葬之弊。

关于"厚葬之弊"，欧阳修和宋祁合修的《新五代史》上其实说得很明白：

> 呜呼，厚葬之弊，自秦汉已来，率多聪明英伟之主，虽有高谈善说之士，极陈其祸福，有不能开其惑者矣。岂非富贵之欲，溺其所自私者笃，而未然之祸，难述于无形，不足以动其心欤？然而闻温韬之事者，可以少戒也。五代之君，往往不得其死，何暇顾其后哉。独周太祖能鉴韬之祸，其将终也，为书以遗世宗，使以瓦棺、纸衣而敛，将葬，开棺示人，既葬，刻石以告后世，毋作下宫，毋置守陵妾，其意丁宁切至，然实录不书其葬之薄厚也。又使葬其平生所服衮冕、通天冠、绛纱袍各二，其一于京师，其一于澶州。又葬其剑、甲各二，其一于河中，其一于大名者，莫能原其旨也。①

二

在后人的眼中，唐太宗李世民是中国历史上最负盛名的皇帝之一，和

---

① （宋）欧阳修：《新五代史》卷40《杂传·温韬传》，徐元诰注，北京：中华书局，1974年，第441—442页。

秦始皇、汉武帝齐名，甚至在很多地方超过了前两人。

但是，读完相关的史书，我一直怀疑后人是不是被蒙蔽了？唐太宗李世民是否像人们所说的那样伟大？

有人曾经说过，历史是个任人打扮的小姑娘。尤其是对于胜利者而言，想要篡改历史，在某种意义上易如反掌。

要评价唐太宗李世民的历史功过，"玄武门之变"是个无论如何也绕不开的话题。这一点，李世民本人比我们这些平民百姓要更清楚。否则，作为一个皇帝，他不会不明白他不应该插手修史。然而，他的的确确插手了。

据《贞观政要》记载，贞观十三年，即639年，距离626年的"玄武门之变"已经有一些年头了，李世民做皇帝也已经十多年了。

褚遂良为谏议大夫，兼知起居注。太宗问曰："卿比知起居，书何等事？大抵于人君得观见否？朕欲见此注记者，将却观所为得失以自警戒耳！"遂良曰："今之起居，古之左、右史，以记人君言行，善恶毕书，庶几人主不为非法，不闻帝王躬自观史。"太宗曰："朕有不善，卿必记耶？"遂良曰："臣闻守道不如守官，臣职当载笔，何不书之。"黄门侍郎刘洎进曰："人君有过失，如日月之蚀，人皆见之。设令遂良不记，天下之人皆记之矣。"①

贞观十四年，太宗谓房玄龄曰："朕每观前代史书，彰善瘅恶，足为将来规诫。不知自古当代国史，何因不令帝王亲见之？"对曰："国史既善恶必书，庶几人主不为非法。止应畏有忤旨，故不得见也。"太宗曰："朕意殊不同古人。今欲自看国史者，盖有善事，固不须论；若有不善，亦欲以为鉴诫，使得自修改耳。卿可撰录进来。"玄龄等遂删略国史为编年体，撰高祖、太宗实录各二十卷，表上之。太宗见六月四日事，语多微文，乃谓玄龄曰："昔周公诛管、蔡而周室安，季友鸩叔牙而鲁国宁，朕之所为，义同此类，盖所以安社稷，利万人耳。史官执笔，何烦有隐？宜即改削浮词，直书其事。"侍中魏徵奏曰："臣闻人主位居尊极，无所忌惮，惟有国史，用为惩恶劝善，书不以实，后嗣何观？陛下今遣史官正其辞，雅合至公之道。"②

---

① （唐）吴兢：《贞观政要》，北京：中华书局，2012年，第243—244页。
② （唐）吴兢：《贞观政要》，北京：中华书局，2012年，第244页。

至此，皇帝李世民对史书如何写"玄武门之变"定下了基调："玄武门之变"本来就是像"周公诛管、蔡，季友鸩叔牙"那样的义举，目的是为了"安社稷、利万民"，所以史官大可不必有什么思想负担，更不必用"隐语"和"浮词"来替玄武门事件进行粉饰。唐太宗这么做的最终目的，也就是要把他杀兄夺嫡之罪合理化、合法化、正义化。

那么，既然这是"安社稷、利万民"的大好事，应大书特书，于是射杀太子李建成那一笔就记在了李世民头上。

其实，李世民这么做带有很大的迷惑性：都承认自己射杀了兄长了，那么，"玄武门之变"史官们就可以直书其事没什么隐瞒的了。殊不知，这恰是李世民狡猾的一面，让人看到了杀兄夺嫡，却将囚父皇于后宫巧妙地给掩盖过去了。

"（武德九年六月初四日）建成、元吉至临湖殿，觉变，即跋马东归宫府。世民从而呼之，元吉张弓射世民，再三不彀，世民射建成，杀之。尉迟敬德将七十骑继至，左右射元吉坠马。世民马逸入林下，为木枝所絓，坠不能起。元吉遽至，夺弓将扼之，敬德跃马叱之。元吉步欲趣武德殿，敬德追射，杀之。"①

如果我们仔细阅读一下《资治通鉴》里有关玄武门之变的部分和之后李世民的表现，我们不难发现其中的一些疑窦。

李世民登上皇位后，可以说一直兢兢业业，勤政纳谏，在中央政府实行权力制衡。一个政令的形成，先由诸宰相在设于中书省的政事堂举行会议，形成决议后报请皇帝审批；皇帝批准后，必须再送门下省审查；门下省认为不合适的，可以拒绝"副署"。诏书缺少副署，依法即不能颁布。只有门下省"副署"后的诏书才成为国家正式法令，交由尚书省执行。另外，唐太宗为了防止自己心血来潮出昏招，就主动限制自己的权力，自己下的诏书，也要由门下省"副署"才有效。中国封建皇帝能如此做，这可真是古代所少有的。正是由于这些约束，在李世民贞观朝内，才出现了少有的繁荣景象，史称"贞观之治"。

有后人认为，李世民这么做，是为了证明自己杀兄弟、囚父皇、屠诸

---

① （宋）司马光：《资治通鉴》卷191《唐纪》，长春：吉林人民出版社，2000年，第1909页。

侄做得对，自己才是真龙天子，自己有能力把这个国家治理好！

然而，对于一个以"爱敬君亲"为最高行为规范的社会而言，对于一个以恪守"忠孝之道"为人生准则的古代子臣而言，还有什么行为比"不忠不孝、忤逆君父"更加罪大恶极、不可饶恕的呢？对于自己的弑兄杀弟囚禁父皇的罪恶，李世民在良心上难以承担，以礼教伦常的标准来看更不可原谅，李世民很担心，不知历史如何记载他在武德九年六月初四日的所作所为。

但插手修史之后，唐太宗不担心了。

于是，我们看到的史书上的"玄武门之变"，李世民几乎是被李建成、李元吉和他那个老糊涂了的皇帝父亲"逼上梁山"的，他迈出的每一步几乎都是"被逼无奈"的一种选择，包括最后把他老父亲赶下台自己当皇帝，看上去都是"被逼无奈"的结果。

于是，我们看到，李渊得到天下，一开始主意是李世民出的，每逢大的尤其是棘手的战事，几乎也都是李世民出马解决的。可以说，李世民对于唐朝的建立，居功至伟。然而，李渊在立太子的问题上，犹豫不决，拘泥于古法，变来变去，这样一动摇，一方面叫李世民极端失望，另一方面叫李建成大为恐慌，这不仅对于平息矛盾没有帮助，反而激化了矛盾。李渊在这个问题上是柔弱的，甚至允许李世民去东都洛阳自立（"观汝兄弟似不相容，同处京邑，必有纷竞，当遣汝还行台，居洛阳，自陕以东皆王之。"①）也不给他太子的位置。

太子李建成联合李元吉，贿赂后宫嫔妃，形成了一股内外勾结的势力，排挤李世民，李渊甚至发现了他们要除掉李世民，但最终也还是原谅了李建成，所以太子李建成更加变本加厉地疯狂迫害李世民，一定要从肉体上消灭李世民而后快。直接除掉李世民不成功，又开始把矛头转向了天策府（天策府是唐高祖武德四年即621年，秦王李世民击败王世充、窦建德联军，被封为天策上将后在洛阳所建的府邸，也是李世民日后称帝的标志性事件之一），开始拆散李世民的嫡系力量。

在诸多内外因素的促成下，李世民不得不奋起"防守反击"，于是注定了在公元626年，阴历六月四日，上演了"玄武门之变"，李世民亲自

---

① （宋）司马光：《资治通鉴》卷191《唐纪》，长春：吉林人民出版社，2000年，第1907页。

杀死了哥哥太子李建成，部下杀死了李元吉，从而一举歼灭了太子党，登上了太子的宝座。

但是，如果只以为秦王李世民的目的是杀死哥哥和弟弟，自己当个太子，那你就错了。

"立嫡以长，礼之正也"，如果按照礼法，李世民最终也就是一个王，除非他哥哥早早死了。但当时李世民二十七八岁的年龄，正是年轻气盛、血气方刚的时候，他也不考虑什么礼法了，"身怀利刃，杀心自起"，马上着手谋划政变，政变的目标直指圣上，直指皇位，也就是要一举拿下最高权力。因为拿不到最高权力，李世民行动的合法性就会大受质疑，难以服天下。原因在于，即使击杀了太子建成、齐王元吉，也不能保证皇上就立自己为太子，此其一；六月初四日这一天皇上只是宣太子、齐王进宫质询，两人无罪而诛，谁赋予的权力？皇上必定要将李世民拿下问罪，痛失二子，一气之下将秦王也送去与两兄弟作伴也未可知，此其二；即使皇上不生气，那些皇族、地方势力谁会服，必然会打着清君侧的旗号趁机作乱，此其三；秦王集团倾巢出动，连秦王妃长孙氏也出面作安抚工作，如果仅仅是射杀太子建成、齐王元吉，出动长孙氏意义何在？此其四；秦王集团的大本营秦王府也不要了，可见此次行动秦王集团破釜沉舟、殊死一搏，此其五。……

当然，这些事也可能在太子李建成心中想了一遍又一遍，这也是六月初三日接到密报后，太子建成还坚持进宫见父皇的理由之一。太子宅心仁厚，使不出亲弟弟的那些狠招，他更想不到亲弟弟会使出这些杀招，以君子之心度小人之腹。

不过，话说回来，此时太子李建成不这样做，不表明他即位后不这么做，主要是他不想让父皇李渊痛心，毕竟他比李世民年长。

太子李建成动杀招的证据就是玄武门之变后，李世民与早年做太子洗马的魏徵的对话：初，洗马魏徵常劝太子建成早除秦王，及建成败，世民召徵谓曰："汝何为离间我兄弟！"众为之危惧，徵举止自若，对曰："先太子早从徵言，必无今日之祸。"①

问题在于，李世民杀了自己的兄弟，事情并没有结束。

---

① （宋）司马光：《资治通鉴》卷191《唐纪》，长春：吉林人民出版社，2000年，第1910页。

"世民使尉迟敬德入宿卫，敬德擐甲持矛，直至上所"①。要知道，尉迟敬德作为一般的大臣，皇上未宣，私自入宫，就罪属不轻；身带武器，满身血污来到皇上面前，就是死罪。尉迟恭来不是给皇上请安的，也不是请罪的，而是请君就范的，尽管其面带笑容，态度极其谦恭。尉迟恭将皇上押到一个他们可以控制的地方，然后迫使皇上就范。首先，要皇上降手敕，诸军皆受秦王节制，平息战乱；其次，立李世民为太子；最后，退位。李渊皇上沉默良久，只好答应。于是，尉迟恭拿着皇帝的手敕与建成、齐王两人的人头来到玄武门，向激战正酣的双方宣布停战。于是，情势急转直下，东宫、齐王府将士刚才还是讨伐逆贼理直气壮，现在却变成了犯上作乱，顿时士气全无，作鸟兽散。接下来，秦王集团斩草除根，将太子建成、齐王元吉各五子全部屠杀。三天后，"癸亥，立世民为皇太子。又诏：'自今军国庶事，无大小悉委太子处决，然后闻奏。'"②这其实是皇上遭囚禁的一个隐晦的说法，皇上被囚禁了，只好军国庶事，无论大小，悉数由太子世民处理。两个月后，李渊被逼退位，李世民即皇帝位。

至此，李世民的目的全部达到，整个"玄武门之变"才宣告结束。

在史书里，我们看到的李世民多是一个光辉形象，他少有奇谋，能征善战，父亲曾许诺过让他做太子，"首建大谋，削平海内，皆汝之功。吾欲立汝为嗣，汝固辞"③，这样，取代父皇、兄长登上帝位说明是上承天意，下顺民心，成了顺理成章的事情。

而与此同时，李建成和李元吉则遭到贞观史臣们不遗余力的口诛笔伐，被描写成了彻头彻尾的昏庸之辈、卑劣小人。所以，不但要从肉体上消灭他们，还要将他们钉在历史的耻辱柱上，他们才是奸佞小人，要么好酒、好色、好赌，要么根本就是衣冠禽兽。至于高祖李渊嘛，原本就是一个胸无大志的人，太原起兵都是秦王李世民少年英雄的雄才大略。

今天，史学界比较一致的看法是，贞观史臣在"玄武门之变"的前前后后确实对李世民作了一定程度上的美化。

其实，李世民的这些花招，早在唐代就被人识破。唐代有一个"太宗入冥记"的故事，说到李世民在武德九年六月初四日事，崔子玉问太宗

---

① （宋）司马光：《资治通鉴》卷191《唐纪》，长春：吉林人民出版社，2000年，第1909页。
② （宋）司马光：《资治通鉴》卷191《唐纪》，长春：吉林人民出版社，2000年，第1909页。
③ （宋）司马光：《资治通鉴》卷191《唐纪》，长春：吉林人民出版社，2000年，第1907页。

第七章 唐太宗昭陵——昭陵一望长安道，万里今非旧马蹄

说：为何杀兄弟于前殿，囚慈父于后宫？

贞观时代黄门侍郎刘洎进曰："人君有过失，如日月之蚀，人皆见之。设令遂良不记，天下之人皆记之矣。"①

当然，我们说这些，并不是非要说唐太宗李世民是一个坏皇帝，恰恰相反，他的确是中国历史上少有的好皇帝。而且，说他是一个好皇帝并非是因为坏皇帝太多将他衬托成了一个好皇帝，他是一个实实在在的好皇帝，其历史功绩是真米实秞的，尤其是"贞观之治"更是中国历史上少有的盛世。这一点，前人已作了评价。

《新唐书》："甚矣，至治之君不世出也。禹有天下，传十有六王，而少康有中兴之业。汤有天下，传二十八王，而其甚盛者，号称三宗。武王有天下，传三十六王，而成、康之治与宣之功，其余无所称焉。虽《诗》《书》所载，时有阙略，然三代千有七百余年，传七十余君，其卓然著见于后世者，此六七君而已。呜呼，可谓难得也。"②

《旧唐书》："史臣曰：臣观文皇帝，发迹多奇，聪明神武。拔人物则不私于党，负志业则咸尽其才。所以屈突、尉迟，由仇敌而愿倾心膂；马周、刘洎，自疏远而卒委钧衡。终平泰阶，谅由斯道。尝试论之：础润云兴，虫鸣螽跃。虽尧、舜之圣，不能用梼杌、穷奇而治平；伊、吕之贤，不能为夏桀、殷辛而昌盛。君臣之际，遭遇斯难，以至抉目剖心，虫流筋擢，良由遭值之异也。以房、魏之智，不逾于丘、轲，遂能尊主庇民者，遭时也。……况周发、周成之世袭，我有遗妍；较汉文、汉武之恢弘，彼多惭德。迹其听断不惑，从善如流，千载可称，一人而已。"③

一代诤臣、唐史学家吴兢在《贞观政要·序言》中第一次对唐太宗的历史地位作了评价，他把唐太宗的"仁政"与尧舜之治、文武之治相提并论，评价可以说是极高的："太宗时政化，良足可观，振古以来，未之有也。……庶乎有国有家者克遵前轨，择善而从，则可久之业益彰矣，可大之功尤著矣，岂必祖述尧、舜、宪章文、武而已哉！"④

《贞观政要》集论的撰者元朝的戈直说："夫太宗之于正心修身之道，

---

① （唐）吴兢：《贞观政要》，北京：中华书局，2012年，第244页。
② （宋）欧阳修、宋祁等：《新唐书》卷2《太宗皇帝本纪》，北京：中华书局，1975年，第48页。
③ （五代）刘昫：《旧唐书》卷3《太宗本纪》，北京：中华书局，1975年，第63页。
④ （唐）吴兢：《贞观政要》，北京：中华书局，2012年，第4页。

齐家明伦之方，诚有愧于二帝三王之事矣。然其屈己而纳谏，任贤而使能，恭俭而节用，宽厚而爱民，亦三代而下，绝无而仅有者也。后之人君，择其善者而从之，其不善者而改之，岂不交有所益乎！"①

明宪宗在命儒臣订正重刊《贞观政要》时写道："太宗在唐为一代英明之君，其济世康民，伟有成烈，卓乎不可及已。所可惜者，正心修身，有愧于二帝三王之道，而治未纯也。"

北宋著名的唐史专家范祖禹在他所写的《唐鉴》中，对唐太宗一生的功业有过一段品评，倒是相对客观，起码指出了唐太宗的"不善"之处。他说："太宗以武拨乱，以仁胜残，其材略优于汉高，而规模不及也。恭俭不若孝文，而功烈过之矣。迹其性，本强悍勇，不顾亲，而能畏义而好贤，屈己以从谏，刻厉矫揉，力于为善，此所以致贞观之治也。夫贤君不世出，自周武、成康，历八百余年而后有汉，汉历八百余年而后有太宗，其所成就如此，岂不难得哉！"②

按照目前的说法，唐太宗的历史功绩主要体现在以下几个方面：

第一，经济上实行均田制和租庸调制，使农民有可能安定生产，耕作有时，促进了经济的发展。

第二，政治上实行三省六部制和科举制。三省六部制的实行，使宰相的人数比秦汉时期增多，便于皇帝控制。

第三，唐太宗时期加强了国内汉族与少数民族的联系，加强对西北等地区的管辖，另外还加强了与亚洲各国的友好往来。

第四，唐太宗善于用人和纳谏，这既是"贞观之治"形成的原因之一，也是"贞观之治"的内容之一。他重用了房玄龄、杜如晦、魏徵、长孙无忌等能臣。

第五，重视农业，减轻农民赋税劳役。"戒奢从简"，节制自己的享受欲望；革除"民少吏多"的弊政，利于减轻人民的负担。

有这样的"明君"、这样的"好皇帝"，我们还能要求什么呢？即便他犯了一些错误，尤其是他为了夺取政权而犯的一些错误又算得了什么呢？中国封建社会几千年，绝大多数皇帝终其一生所做的无非就是两件事情：第一，夺取政权；第二，维护政权。唐太宗夺取政权为人诟病，最主要的

---

① （唐）吴兢：《贞观政要》，长沙：岳麓书社，1991年，第3页。
② （宋）范祖禹：《唐鉴》，长春：吉林出版集团有限责任公司，2005年，第35页。

原因就是他是从自己的父亲手中夺取了权力，而且，在夺取的过程中杀死了自己的兄弟。如果我们不考虑亲情的因素，他那么做不是很正常吗？在中国封建社会，政权的更迭或者皇权的交替几乎都要在血雨腥风中进行，死亡几十万人的情况并不是没有。我们不能因为死了李建成和李元吉就认为李世民不伦，而如果死的是"张建成"和"王元吉"就认为李世民符合人伦。况且，唐太宗在维护政权的过程中，尽管他首先要考虑的是自己在世时大权始终在自己的掌握之中，而自己死后大权还要顺利地移交给自己的儿子，但为了实现这两个目标，他所做的一切客观上是造福了那些普普通通的平民百姓的。安定国内形势，恢复发展生产，巩固并发展统一的多民族国家，发展与其他国家的交往，繁荣学术和文化，这不正是作为一个皇帝的主要功业吗？

在对唐太宗这位"好皇帝"的评价方面，古代的文人似乎比我们更清醒一些。

三

可能是因为唐太宗是中国历史上少有的好皇帝，所以，吟咏昭陵和唐太宗的诗词数量很多。唐代不少诗人都在自己的诗篇里，吐露了对唐太宗李世民的仰慕之情。而且，诗人们的赞美还不同于史学家的赞美，他们的赞美往往比较具体，而史学家的往往比较笼统地颂扬"贞观之治"是"仁政"，所以诗人们在这里表现得似乎比史学家更深刻一些，更细腻一些。可能是因为终唐之世，对于唐太宗总是一味地颂扬，不允许也不可能出现对唐太宗的贬斥，所以，五代后晋时刘昫等编撰《旧唐书》说："贞观之风，到今歌咏。"[1]宋代之后，对唐太宗及其"贞观之治"的评价基本上是肯定的，歌颂的，但就是从宋代开始对他的个人品行有所非议了，对贞观政事的得失也有所评论了。这一点既反映在史学家那里，也反映在诗人那里。

（唐）杜甫《行次昭陵》：

> 旧俗疲庸主，群雄问独夫。

---

[1] （五代）刘昫：《旧唐书》卷3《太宗本纪》，北京：中华书局，1975年，第63页。

谶①归龙凤质，威定虎狼都。
天属尊尧典，神功协禹谟。
风云随绝足，日月继高衢②。
文物多师古，朝廷半老儒。
直词宁戮辱，贤路不崎岖。
往者灾犹降，苍生喘未苏。
指麾安率土，荡涤抚洪炉。
壮士悲陵邑，幽人拜鼎湖。
玉衣晨自举，铁马汗常趋。
松柏瞻虚殿，尘沙立暝途。
寂寥开国日，流恨满山隅。

（唐）杜甫《重经昭陵》：

草昧英雄起，讴歌历数归。
风尘三尺剑，社稷一戎衣。
翼亮贞文德，丕承戢武威。
圣图天广大，宗祀日光辉。
陵寝盘空曲，熊罴守翠微。
再窥松柏路，还见五云飞。

杜甫前前后后在关中地区滞留了14年，他也多次到唐太宗的昭陵拜谒访古，写下了好几首有关昭陵、有关唐太宗的诗歌。在《行次昭陵》一诗中吟咏了唐太宗昭陵，《重经昭陵》直接描绘唐太宗的英伟形象，歌颂了他在创建唐王朝中的丰功伟绩。

（唐）杜甫《北征》：

皇帝二载秋，闰八月初吉。
杜子将北征，苍茫问家室。
维时遭艰虞，朝野少暇日。
顾惭恩私被，诏许归蓬荜。

---

① 谶：迷信的人指将要应验的预言、预兆。
② 高衢：大道，要路。比喻高位显职。

拜辞诣阙下,怵惕①久未出。
虽乏谏诤姿,恐君有遗失。
君诚中兴主,经纬固密勿。
东胡反未已,臣甫愤所切。
挥涕恋行在,道途犹恍惚。
乾坤含疮痍,忧虞何时毕!
靡靡②逾阡陌,人烟眇萧瑟。
所遇多被伤,呻吟更流血。
回首凤翔县,旌旗晚明灭。
前登寒山重,屡得饮马窟。
邠郊入地底,泾水中荡潏。
猛虎立我前,苍崖吼时裂。
菊垂今秋花,石戴古车辙。
青云动高兴,幽事亦可悦。
山果多琐细,罗生杂橡栗。
或红如丹砂,或黑如点漆。
雨露之所濡,甘苦齐结实。
缅思桃源内,益叹身世拙。
坡陀望鄜畤,岩谷互出没。
我行已水滨,我仆犹木末。
鸱鸟③鸣黄桑,野鼠拱乱穴。
夜深经战场,寒月照白骨。
潼关百万师,往者散何卒?
遂令半秦民,残害为异物。
况我堕胡尘,及归尽华发。
经年至茅屋,妻子衣百结。
恸哭松声回,悲泉共幽咽。
平生所娇儿,颜色白胜雪。

---

① 怵惕:警惕戒惧。
② 靡靡:犹迟迟。迟缓貌。
③ 鸱鸟:指鸱鹰。

见耶背面啼，垢腻脚不袜。
床前两小女，补绽才过膝。
海图坼波涛，旧绣移曲折。
天吴及紫凤，颠倒在裋褐。
老夫情怀恶，呕泄卧数日。
那无囊中帛，救汝寒凛栗。
粉黛亦解苞，衾裯稍罗列。
瘦妻面复光，痴女头自栉。
学母无不为，晓妆随手抹。
移时施朱铅，狼藉画眉阔。
生还对童稚，似欲忘饥渴。
问事竞挽须，谁能即嗔喝？
翻思在贼愁，甘受杂乱聒。
新归且慰意，生理焉能说！
至尊尚蒙尘，几日休练卒？
仰观天色改，坐觉祅气豁。
阴风西北来，惨澹随回鹘。
其王愿助顺，其俗善驰突。
送兵五千人，驱马一万匹。
此辈少为贵，四方服勇决。
所用皆鹰腾，破敌过箭疾。
圣心颇虚伫，时议气欲夺。
伊洛指掌收，西京不足拔。
官军请深入，蓄锐何俱发。
此举开青徐，旋瞻略恒碣。
昊天积霜露，正气有肃杀。
祸转亡胡岁，势成擒胡月。
胡命其能久，皇纲未宜绝。
忆昨狼狈初，事与古先别。

奸臣竟菹醢①，同恶随荡析。
不闻夏殷衰，中自诛褒妲。
周汉获再兴，宣光果明哲。
桓桓陈将军，仗钺奋忠烈。
微尔人尽非，于今国犹活。
凄凉大同殿，寂寞白兽闼。
都人望翠华，佳气向金阙。
园陵固有神，扫洒数不缺。
煌煌太宗业，树立甚宏达。

长篇叙事诗《北征》是安史之乱爆发的第二年即至德二载（757年）八月，诗人从凤翔到鄜州探家途中所作，叙述一路见闻及到家后的感受。全诗以归途中和回家后的亲身见闻作题材，叙述了安史之乱中民生凋敝、国家混乱的情景，陈述了自己对时事的见解。而正是安史之乱之后唐代社会的残破与凋敝景象，引起了诗人对贞观盛世的无限向往，对唐初开国之君李世民的赞美："煌煌太宗业，树立甚宏达。"诗人采用以赋为主、有比有兴的方法，表现了宏大的历史内容，显示出诗人在诗歌艺术上的高度才能和浑熟技巧。

（唐）刘沧《秋日过昭陵》：

寝庙徒悲剑与冠，翠华龙驭杳漫漫。
原分山势入空塞，地匝松阴出晚寒。
上界鼎成云缥缈，西陵舞罢泪阑干②。
那堪独立斜阳里，碧落秋光烟树残。

《秋日过昭陵》是刘沧的代表作品之一。这首写昭陵的诗以写景为主，但写景中包含着作者无限的情感，"那堪独立斜阳里，碧落秋光烟树残"，在他之前，唐人把唐太宗的陵墓写得如此凄凉的不多，表达了作者对晚唐社会和自身命运的担忧。

其他吟咏昭陵胜景的诗作还有很多。

---

① 菹醢：音 zū hǎi，古代酷刑。把人剁成肉酱。
② 阑干：纵横交错；参差错落。

（宋）蔡襄《昭陵行》：

　　宫人上临候昏钟，帘外香烟烛影红。
　　庭柏飞霜陵漏永，可怜今夜月明中。

（明）赵崡《将登昭陵阻大雨率尔短歌》：

　　九崚山，鸿朦突出泾渭间。
　　冈峰横截青天色，俯视日月如双丸。
　　怪石含岈势绝斗，大者鲸吞小虎吼。
　　唐帝龙髯此上天，玉柙珠襦今何有。
　　御道曾闻凤辇临，玄宫不复熊黑守。
　　悲哉文武大臣附蛰冢累累，千秋魂魄能相依。
　　余也过之生慷慨，腰有长虹依翠微。
　　恍惚似闻神灵怒，鞭骊龙兮吐冯夷。
　　澎澎湃湃狂风骤雨如翻浪，山精木鬼白日争跌宕。
　　疑是浴铁三万自东来，鼓吹前后声悲壮。
　　又疑是褒公鄂公酣战时，大呼动天天震荡。
　　君不见昨日天晴今日阴，眼中之事等流云。
　　汉家长陵窜野鼠，秦帝骊山空草痕。
　　愿提一斗酒，浇君青树根。
　　尽洒英雄恨千古，雨卷风收天地昏。

（明）赵崡《谒昭陵》：

　　众山忽破碎，突兀一青峰。
　　地脉蟠千里，神功辟五丁。
　　风云行殿合，松柏翠华停。
　　寂寞攀髯者，何人问夜扃。

（明）刘永《谒昭陵》：

　　野菊丛丛欲傲秋，兴高策马上陵头。
　　当年龙虎干灵卫，此日牛羊满岔游。

玉寝荒凉无识处，石文断蚀不堪收。
时人若问隋唐事，空使山前草木愁。

（明）傅振商《重过昭陵》：

九嵕山色隐龙蟠，犹想松楸古殿寒。
七德不闻弓剑地，一抔聊当鼎湖①看。
嘶风六骏苍苔没，扈殡②元勋片碣残。
神武更摧安史乱，御营生气自桓桓③。

（明）龙膺《发咸阳次礼泉怀古》：

原沙莽莽涑云流，极目偏增唐代愁。
苔蚀碑阴图紫燕，槐蟠屋角幻苍虬。
灰飞秦烬空为汉，瓦解唐墟倏易周。
莫讶礼泉泉已竭，铜驼紫荆几千秋。

（明）洪翼圣《望昭陵》：

英略④唐皇近古无，文垂丽藻武攘胡。
九嵕想象荒原墓，六骏空传石上图。
宫阙并随烟雾散，江山几换帝王符⑤。
升沉世事何须问，不朽还应觅故吾。

（明）陈于庭《登昭陵》：

望中唐室旧山河，胜日登临感兴多。
三辅于今长带砺，九嵕谁为屹嵯峨。
云开秀嶂连屏敞，风涤泾流一剑磨。
缓步徘徊千古迹，横空骏影自婆娑。

---

① 传说中黄帝升天的地方。
② 扈殡：这里指陪葬墓。扈，随从。
③ 桓桓：勇武貌。
④ 英略：英明有谋略。
⑤ 符：符玺。

（明）汤宾尹《送师达教谕礼泉》：

> 公车暂辍试新毡，今古长安度远天。
> 路过关门凡几日，人依口学又三年。
> 秋风石动昭陵马，夜雨云开华岳莲。
> 共道扬雄工作赋，此来应得奏甘泉。

（明）范文光《上昭陵绝处》（二首）：

> 其一
> 岩悬万古宅，天筑此佳城。
> 墨迹留山色，苔痕老骏声。
> 君臣魂共聚，樵牧胆难行。
> 流水玉衣外，英雄别胜情。

> 其二
> 谁言归地下，隧道在云岑。
> 怪作俗人事，幽移游者心。
> 一流出谷远，三辅入烟深。
> 携友俱豪放，应无畏暮阴。

（清）王佩兰《谒昭陵》：

> 策马九嵕山，抠衣到绝巅。
> 三峰连华岳，孤嶂接遥天。
> 龙虎蟠王气，风雨起暮烟。
> 乾坤留万古，唐业已萧然。

（清）陈维《雨后望昭陵》：

> 雨后昭陵景色稀，文皇弓剑此中归。
> 九原不听徐妃谏，又向山头建翠微。

（清）汪霖《送裘循卓明府之任醴泉》：

> 醴泉宫殿委沟塍，八月秦川谷尽登。

身世却逢全盛日，不须怀古望昭陵。

（清）阎明铎《醴泉旧县》：

赤县名虽在，年深只坏垣。
断碑苔篆古，六骏土花昏。
甲第衣冠尽，昭陵草树繁。
依阑频怅望，寒日下平原。

（清）宋伯鲁《与祭昭陵》：

灯火烧空彻夜红，乱山残月马蹄风。
莘莘鼎俎岚光外，簇簇旌旄暝色中。
神骏只今余断石，苍鹰终古镇幽宫。
丰碑一片资防护，铁画银钩字字雄。

（清）宋伯鲁《望昭陵有感》：

云鬟烟峦碧万层，孤蜂耸处是昭陵。
万年老柏参天仞，廿种残碑值百朋。
金管无端随白兔，兰亭枉自护苍鹰。
茫茫浩劫谁能救，那有常明地下灯。

（清）杨筠《昭陵》：

弓剑依层献，萧条历数违。
草新龙碣老，苔古骏图肥。
灵爽君臣聚，精湮子姓微。
于今拱卫处，只有白云飞。

（清）张鹏翮《九嵕山》：

黄叶秋深覆故宫，斜阳雁带落霞红。
烟笼六骏鸾歌歇，云锁九嵕树影重。
泾水波摇千里月，寒门晴卷五更风。
行人欲问昭陵迹，尽在岚浮翠涌中。

（清）丛树《赋别同年厚斋裘明府》：

> 百里非君志，盘根暂借才。
> 遥知携鹤去，无处不开花。
> 雨遍九峻润，歌传六骏来。
> 地灵常纪瑞，应贡醴为醅。

今人高为炳《昭陵》：

> 功业垂千古，山陵卜万年。
> 翠华停绝巘，园寝照长川。
> 石马晓霜发，碑文绿字镌。
> 而今漫萧瑟，疏柳罩青烟。

今人贺敬之《参观昭陵有感》：

> 死者应使生者忆，今人当重古人绩。
> 昭陵一望长安道，万里今非旧马蹄。

今人符浩《登昭陵望秦川》：

> 一上昭陵千古恨，肢离六骏添新仇。
> 巍巍太华参天外，泾渭分明入海流。
> 人间多少不平事，眼底风云万户愁。
> 文章未必医贫病，宝剑应能解国忧。

（唐）白居易《七德舞——美拨乱，陈王业也》：

> 七德[①]舞，七德歌，传自武德至元和。
> 元和小臣白居易，观舞听歌知乐意，乐终稽首陈其事。
> 太宗十八举义兵，白旄黄钺定两京。
> 擒充戮窦四海清，二十有四功业成。
> 二十有九即帝位，三十有五致太平。
> 功成理定何神速，速在推心置人腹。

---

① 七德：出自《左传·宣公十二年》，即禁暴、戢兵、保大、定功、安民、和众、丰财七件事情。

亡卒遗骸散帛收，饥人卖子分金赎。
魏徵梦见子夜泣，张谨哀闻辰日哭。
怨女三千放出宫，死囚四百来归狱。
剪须烧药赐功臣，李勣呜咽思杀身。
含血吮创抚战士，思摩奋呼乞效死。
则知不独善战善乘时，以心感人人心归。
尔来一百九十载，天下至今歌舞之。
歌七德，舞七德，圣人有作垂无极。
岂徒耀神武，岂徒夸圣文。
太宗意在陈王业，王业艰难示子孙。

《七德舞》原诗名为《七德舞——美拨乱，陈王业也》。这首新乐府诗说的是唐太宗艰苦创业的故事。唐高祖武德年间，李世民为秦王，军中就有《秦王破阵乐》，主要内容是歌颂秦王英勇善战的事迹。至贞观七年，唐太宗亲制《破阵乐舞图》，后令魏徵、虞世南等改制歌词，正式更名为《七德舞》。到了唐宪宗元和年间（806—820 年），白居易有幸观赏此舞，大为感动，写了《七德舞》这首诗，提醒当时的君王与朝廷大臣们不要忘记太宗创业的艰辛，不要忘记尚武与仁德兼济的精神。白居易的这首诗不仅声律优美，还包含了多则当年唐太宗李世民安邦治国的小故事，是唐诗中的精品。

（唐）白居易《百炼镜——辨皇王鉴也》：

百炼镜，镕范非常规，日辰处所灵且祇。
江心波上舟中铸，五月五日日午时。
琼粉金膏磨莹已，化为一片秋潭水。
镜成将献蓬莱宫，扬州长吏手自封。
人间臣妾不合照，背有九五飞天龙。
人人呼为天子镜，我有一言闻太宗。
太宗常以人为镜，鉴古鉴今不鉴容。
四海安危居掌内，百王治乱悬心中。
乃知天子别有镜，不是扬州百炼铜。

《百炼镜》是《新乐府》五十首中的一首。从该诗看，唐太宗当年以史为镜，检讨现实；以贤臣为镜，对照自己；弃旧图新，任贤纳谏；君臣互动，相得益彰；励精图治，共成政道。这就是唐太宗治国之方，也深得人心。这首诗写唐太宗以人为镜，他照的是历史和现状，并不是用来照自己的容貌如何，语意深刻，富于哲理。

（唐）杜牧《将赴吴兴登乐游原一绝》：

> 清时有味是无能，闲爱孤云静爱僧。
> 欲把一麾江海去，乐游原上望昭陵。

这首诗是大中四年杜牧将离开京城长安赴湖州刺史任时写的一首绝句。该诗暗含着诗人一种不满的情绪。当时政治并不清明，既有宦官专权又有牛李党争，唐王朝已到了穷途末路的晚期了。而诗人也觉得自己并非无能的闲散之辈，他有治国的才能又有强烈的忧患意识，既不会闲得去爱孤云，也不会静得去追慕高僧。在他的心中拯救国家、拯救民生、拯救唐王朝才是他最大的理想。所以，临走前还要来这乐游原上遥望昭陵，曾经有过"贞观之治"的大唐王朝，还有复兴之日吗？

（唐）李贺《致酒行》：

> 零落栖迟一杯酒，主人奉觞客长寿。
> 主父西游困不归，家人折断门前柳。
> 吾闻马周昔作新丰客，天荒地老无人识。
> 空将笺上两行书，直犯龙颜请恩泽。
> 我有迷魂招不得，雄鸡一声天下白。
> 少年心事当拏云，谁念幽寒坐呜呃①。

唐宪宗元和初年（806年），李贺带着刚刚踏进社会的少年热情，满怀希望打算迎接进士科举考试，不料竟被人以避讳他的父亲"晋肃"的名讳为理由，剥夺了考试资格，这个意外的打击使诗人终生坎坷。诗人在回乡的途中，借酒兴创作了这首诗，抒发自己的哀愤之情。诗中提到的马周一度困厄如此，以后却时来运转，因替他寄寓的主人、中郎将常何代笔写

---

① 呜呃：悲叹。

条陈，太宗大悦，予以破格提拔。"空将笺上两行书，直犯龙颜请恩泽"即言其事。他说马周只凭"两行书"即得皇帝赏识，言外之意似是：政治出路不特一途，囊锥终有出头之日，科场受阻岂足悲观。同时又有鼓励少年要敢于进取，创造成功的条件。

（唐）李商隐《复京》：

虏骑胡兵一战摧，万灵回首贺轩台。
天教李令心如日，可要昭陵石马来。

李商隐的这首咏史诗的写作背景是，建中四年十月，泾原节度使姚令言率五千士兵前往河朔前线增援削藩，经过长安之时士兵哗变，攻进长安，德宗出幸奉天，是为"泾原兵变"。后来，李晟收复长安，功勋赫赫。一、二句明言李晟之功，三、四句用典暗示李晟得李唐先祖护佑，颇有新意。总的说来，这首诗直白显露，含蓄不足。昭陵在这里并非实指，而是指唐代祖先们。

（唐）权德舆《仲秋朝拜昭陵》：

清秋寿原上，诏拜承吉卜。
尝读贞观书，及兹幸斋沐。
文皇昔潜耀，随季自颠覆。
抚运斯顺人，救焚非逐鹿。
神祇戴元圣，君父纳大麓。
良将授兵符，直臣调鼎铼①。
无疆传庆祚，有截荷亭育。
仙驭凌紫氛，神游弃黄屋。
方祇护山迹，先正陪岩腹。
杳杳九峻深，沈沈万灵肃。
鸟飞田已辟，龙去云犹簇。
金气爽林峦，乾冈走崖谷。
吾皇弘孝理，率土蒙景福。
拥佑乃清夷，威灵谅回复。

---

① 鼎铼：指鼎中食品，后常借指政事。

  礼承三公重，心愧二卿禄。
  展敬何所伸，曾以斧山木。

  《仲秋朝拜昭陵》是诗人权德舆的诗作之一。诗中主要歌颂唐太宗皇帝的丰功伟绩，同时感恩皇帝。总体上来说，其艺术性差强人意。

  权德舆还写了几首与昭陵有关的诗歌，但其内容并无多少新意，艺术上也平平。这些诗是《拜昭陵过咸阳墅》等。

  （宋）张耒《昭陵六马》：

  天将划隋乱，帝逢六龙来。
  森然风云姿，飒爽毛骨开。
  飘驰不及视，山立俨莫回。
  长鸣驰八表，扰扰万驽骀。
  秦王龙凤姿，鲁乌不足摧。
  腰间大白羽，中物如风雷。
  区区数竖子，缚取如提孩。
  手持扫天帚，六合无尘埃。
  艰难济大业，一一非常材。
  惟时六骥足，绩与英卫陪。
  功成锵八鸾，玉辂①行天街。
  荒凉昭陵阙，古石埋苍苔。

  "昭陵六马"是指昭陵北阙前的六块骏马浮雕石刻，这组石刻立于贞观十年（636年），分别表现了唐太宗在开创唐帝国重大战役中的鏖战雄姿，有平刘黑闼时所乘的"拳毛䯄"，平王世充、窦建德时所乘的"什伐赤"，平薛仁杲时所骑的"白蹄乌"，平宋金刚时所乘的"特勒骠"，平窦建德时所骑的"青骓"。为纪念这六匹战马，李世民令工艺家阎立德和画家阎立本用浮雕描绘六匹战马列置于陵前。六骏石刻以统一战争为题材，手法简洁浑厚，造型栩栩如生，是驰名中外的石雕艺术珍品。昭陵六骏也是历代诗人们经常描写的题材，当然，这一类诗其实都属于借物来写人，主要是歌颂唐太宗的武功。

---

① 玉辂：古代帝王所乘之车，以玉为饰。

（唐）李贺《马诗》（十六）：

> 唐剑斩隋公，拳毛给太宗。
> 莫嫌金甲重，且去捉飘风。

《马诗》是中唐诗人李贺所作的一组五言绝句，共二十三首。诗歌通过咏马、赞马或慨叹马的命运，来表现志士的奇才异质、远大抱负以及不遇于时的感慨与愤懑，其表现方法属比体。该诗写唐剑斩了隋公，骏马归了明主，怎么还会去计较金甲太重，只叹飘风太慢，待我疾驰追去。"拳毛䯄"是李世民武德四年十二月至次年三月平定河北，与刘黑闼在洺水作战时所乘的一匹战马，列于祭坛西侧三骏石刻中间。黑嘴，周身旋毛呈黄色。诗人通过这首《马诗》，歌颂了唐太宗早年驰骋沙场的武功。

其他吟咏昭陵六骏的比较有名的还有以下几首诗词。

（明）王云凤《题六骏》：

> 秦王铁骑取天下，六骏功高画亦优。
> 却笑白头阎立本，何曾解画一睢鸠。

（明）倪子敬《唐石马图》：

> 厉精坠地云气黑，龙煤贡自那耆国。
> 英风飒爽生天闲，白玉鸣珂紫金勒。
> 石阑干外草茸茸，一声嘶断落花风。
> 只今万乘巡游少，立盍芭蕉日影红。

（清）曹骥观《昭陵六骏歌》：

> 唐家创业扫群雄，马上得之为太宗。
> 真人出世姿神武，驰骋纵横驾六龙。
> 六龙神骏皆汗血，陷阵冲锋惊电瞥。
> 双瞳垂镜权协月，五花连钱蹄蹴铁。
> 擒充戮窦西复东，飞镞血溅发毛红。
> 帝嘉汝绩传不朽，制赞图形召石工。
> 琢成玲珑气深稳，丹青不逮阎立本。

立仗永置昭陵宫,万岁千秋表忠悃。
于今陵殿久无主,败瓦颓垣窜狐鼠。
独留六骏尚嘶风,犹指唐家一抔土。
何物奸人居奇货,大车细载咸阳过。
纵说神物有护持,到此已嗟缺两个。
我家结庐峻山阳,儿时习见真乘黄。
今日重逢长安市,感时抚事增惋伤。
吁嗟呼!金人辞汉泪犹流,应知六骏多烦忧。
歌成不禁三叹息,恍睹石马向我齐昂头。

(明)周伯器《唐太宗六骏》:

百战功成四海安,君王方念守成难。
骅骝尽入飞龙厩,时复牵来仗里看。

(宋)龚开《题昭陵什伐赤马图》:

赤骥驮僧去玉关,换他白马载经□。
谁怜什伐飞龙子,赢得金创卧帝闲。

(宋)释宝昙《拳毛騧唐太宗所乘马御墨亲题其下》:

太宗自是人中龙,黑闼未当鬼蜮雄。
縠城洺水龙自若,天遣此马收全功。
欻然①一举雷电起,智名勇力不入耳。
身当矢石不忍嘶,我宁饮血不饮水。
人间只作拳毛看,谁知忠义事所难。
归来四海一家日,锦茵却覆黄金鞍。
万金赖有不死药,御手摩挲箭痕落。
西风顾影一长鸣,身在天闲意沙漠。
骕骦②在御臣的卢,郭家师子诚仆奴。
画师画肉不画骨,权奇无乃天之徒。

---

① 欻然:欻音 xū,忽然,迅速。
② 骕骦:音 sù shuāng,古代良马名。

宝墨淋漓三十六，几代流传到华屋。
真人固在马不亡，堪愧驽骀①费粟。

晋代大书法家王羲之的《兰亭集序》的写本，书法史评为"行书第一"。唐太宗生前最喜爱王羲之的字，他死后，举世闻名的《兰亭集序》真迹也成了殉葬品。也就是因为如此，吟咏昭陵的诗作中有很多诗的内容与此有关。

（宋）苏轼《孙莘老求墨妙亭诗》：

兰亭茧纸入昭陵，世间遗迹犹龙腾。
颜公变法出新意，细筋入骨如秋鹰。
徐家父子亦秀绝，字外出力中藏棱。
峄山②传刻典刑在，千载笔法留阳冰。
杜陵评书贵瘦硬，此论未公吾不凭。
短长肥瘠各有态，玉环飞燕谁敢憎。
吴兴太守真好古，购买断缺挥缣缯。
龟趺入座螭隐壁，空斋昼静闻登登。
奇踪散出走吴越，胜事传说夸友朋。
书来讬诗要自写，为把栗尾书溪藤。
后来视今犹视昔，过眼百年如风灯。
他年刘郎忆贺监，还道同是须服膺。

（宋）陆游《跋冯氏兰亭》：

茧纸藏昭陵，千载不复见。
此本得其骨，殊胜兰亭面。

（宋）米芾《无题》：

翰墨风流冠古今，鹅池谁不爱山阴。
此书虽向昭陵朽，刻石犹能易万金。

---

① 驽骀：劣马。
② 峄山：山名，在山东省邹城市东南。

中国古典诗词中,有相当一部分诗作是属于借物咏怀的,即借别人的酒杯浇自己的块垒。这在吟咏唐太宗昭陵的诗词中也不少见。

(宋)陆游《遣怀》:

> 许国区区不自胜,秋风空羡下韝鹰①。
> 青云夜叹初心误,白发朝看一倍增。
> 积愤有时歌易水,孤忠无路哭昭陵。
> 头颅自揣今如此,尚欲闲寻紫阁僧。

(唐)司空图《与都统参谋书有感》:

> 惊鸾迸鹭尽归林,弱羽低垂分独沈。
> 带病深山犹草檄,昭陵应识老臣心。

(唐)司空图《青龙师安上人》:

> 灾曜偏临许国人,雨中衰菊病中身。
> 清香一炷知师意,应为昭陵惜老臣。

(宋)陈人杰《沁园春·我自无忧》:

> 我自无忧,何用攒眉,今忧古忧。叹风寒楚蜀,百年受病,江分南北,千载归尤。洛下铜驼,昭陵石马,物不自愁人替愁。兴亡事,向西风把剑,清泪双流。
> 边头。依旧防秋。问诸将君恩酬未酬。怅书生浪说,皇王帝霸,功名已属,韩岳张刘。不许请缨,犹堪草檄,谁肯种瓜归故邱。江中蜃,识平生许事,吐气成楼。

这首词批评唐太宗兄弟相残、不知礼仪、逼父王退位这种不伦的行为,以及他好大喜功、穷兵黩武、广开边土给老百姓带来无穷无尽的灾难。

这类主题也是吟咏昭陵诗词的一个重要部分,以唐以后的为多。

(唐)韦庄《闻再幸梁洋》:

> 才喜中原息战鼙,又闻天子幸巴西。

---

① 韝鹰:蹲在臂套上的苍鹰,比喻摆脱羁绊欲展鸿图的人。

延烧魏阙非关燕，大狩陈仓不为鸡。
兴庆玉龙寒自跃，昭陵石马夜空嘶。
遥思万里行宫梦，太白山前月欲低。

（宋）无名氏（一说作者为刘镐）《题寐宫诗》：

农桑不扰几常登，边将无功吏不能。
四十二年如梦过，东风吹唳洒昭陵。

（宋）范成大《读唐太宗纪》：

宫府相图势不收，国家何有各自谋。
纵无管蔡当时例，业已弯弓肯罢休！
弟兄相贼斁①天伦，自古无如舜苦辛。
掩井捐阶危万死，不闻亲杀鼻亭神。
佐命诸公趣夜装，争言社稷要灵长。
就令昆季尸神器，未必唐家便破亡。
建成回马欲驰归，元吉行趋武德闱。
若使两人俱得去，却于何处极兵威？
嫡长承祧有大伦，老公爱子本平均。
只知世上寻常理，争信英雄解灭亲。

（宋）陈普《咏史下·唐太宗》：

文皇仁义播敷天，李氏无伦三百年。
末路荒唐如炀帝，蜀江更起度辽船。

（宋）金朋说《唐太宗》：

唐世闺门少谨严，三纲浊乱有由然。
晋阳挟父私宫妾，巢刺王妃不可言。

（宋）刘过《呈陈总领五首》：

太宗造唐划随乱，仁义结民过炎汉。

---

① 斁：音 yì，此为终止的意思。

胡维负恩逆天纪,忠义回天四方起。
嗟哉主将失纪律,百万秦人半为鬼。
浮云改变异今古,不谓前车眼中睹。
尝时潼关说歌舒,今日襄阳说皇甫。

今人张利明先生如此评价唐太宗:

太宗为古今之胸怀最广,最为谦虚,最为爱民之圣君。就个人而言,他修德讲学,克己禁欲,闻义而徙,知错能改,修养极高。就国家而言,他居安思危,心血百姓,礼贤下士,选贤任能,广开言路,从谏如流,兴礼乐,弘文治,攘外夷,定边疆,造就"贞观之治"。使得远近来朝,威扬世界,万古流芳。是以皆为善语,亦为古今中外贤愚之同所共知。若是,余之评价未免有人云亦云之嫌。然圣人已驾鹤而去,史书所载亦不翔实可靠,究太宗之过,实属不易。四无亦云,余观通鉴,仅二三言语太宗之非。吾闻"金无足赤,人无完人",太宗得人于凌烟,失义在玄武。

第八章

武则天乾陵
——今古兴亡有同恨，乾陵火照奉天时

一

童年、少年时期，很长一段时间，我一直不相信那个叫"乾陵"的山是一座坟墓：那么高，怎么可能是坟呢？于是，我就把我的疑虑告诉了爷爷。爷爷听了之后笑了，说：不是坟墓咋能叫乾陵呢？后来长大了一些，从村里一些有文化的人嘴里，我知道了普通老百姓的坟墓叫"坟"或"墓"，皇帝的坟墓就不能叫"坟墓"而要叫"陵"了。从此，我对"乾陵是坟墓"这一事实开始半信起来。直到有一年的暑假，因为一个远方亲戚的缘故，我在乾陵文管所（后来才改为博物馆）住了一个多星期，才真正相信了"乾陵"千真万确是一座坟墓，当然，那不是普通老百姓的坟墓，也不可能是普通老百姓的坟墓。

在乾陵文管所住的那一个多星期里，我几乎每天都会下到那个章怀太子的陪葬墓道里走走看看、看看走走地消磨着时间。这倒不是说我从小就对陵寝文化有兴趣，主要的原因是那里面非常凉爽，比呆在上面的房子里舒服多了。那时候一天到晚也不见有几个游客，那么大的院子始终静悄悄的，只有蝉在大树上不知疲倦地"知了知了"地叫着。墓道里更没有人，墓壁上湿漉漉的潮气袭人。一个人呆久了，还真有点害怕。但我还是坚持每天都下去看一看，看看壁画，看看那些陶制的陪葬品。至今想起来，在文管所住的那些天，似乎没有什么收获，因为即使是后来长大了，也没有想过从事一个与此有关的职业。但就是在那一次，我从这个陪葬墓的规模和气势上对"皇帝""皇家"有了直接的观感。也就是从那个时候开始，我对中国历史上那么多的人为了当皇帝杀人杀到天昏地暗，甚至连自己的父亲、兄弟、儿子都不放过背后的原因有了朦胧的认识。

文管所的管理人员告诉我说，据史书记载，我整天出入的这座乾陵陪葬墓的墓主章怀太子李贤就是被自己的母亲武则天派人跑到四川逼着自杀的！

一想到距此不远的那座巨大的陵墓下面，居然埋着一个连自己的儿子都能杀掉的女人，我不禁打了一个寒颤。

后来，我多次来到乾陵。站在高大的主峰梁山上极目远眺：远处，是一个个绿树丛绕的村落，一代一代的黎民百姓，就在这一个一个的村落里繁衍生息，他们生在那里，最后又死在那里。他们中的绝大多数人的祖先，可能曾经是武则天治下的草民，也许还有人修建过乾陵。他们是谁，叫什么名字，活着的时候脾性如何？没有人知道，连他们的后人也不知道。我学过的历史教科书上曾经这样教导我：历史是劳动人民创造的。起初，我很以为自豪，为那些创造历史的劳动人民们，后来，我觉得自己真是愚不可及，"劳动人民创造了历史"可能没有错，可问题在于，创造历史的劳动人民们，他们连自己的生、自己的死都无法控制，控制他们的，是那些没有创造历史的"统治者"们，而最高最大的统治者就是皇帝。此刻，安安静静地躺在我脚下的武则天就是那些最高最大的统治者中的一个，而那些创造历史的劳动人民们的鬼魂，此刻不知飘荡到了什么地方不得安生。

更令人惊异的是，这个统治中国长达十六年（如果从她当了皇后参与朝政开始计算，她统治中国的时间实际上要更长更久）的人居然是一个女人。

我的一位老乡、一位诗人，曾经写过关于武则天的一首诗，其中有几句令人难忘：

第八章 武则天乾陵——今古兴亡有同恨，乾陵火照奉天时

她是一个了不起的女人

因为她是皇帝

她是一个了不起的皇帝

因为她是女人

就因为乾陵的墓主之一后来成了女皇帝武则天，所以，围绕着这个女皇帝的一切一切，后人都要展开激烈的争论，包括她的这个巨大的、外形酷似女人乳房的陵冢。

神龙元年，即公元705年十一月二十六日，82岁的武则天病逝于东都洛阳的上阳宫，结束了自己富有争议的一生。病逝之前，她留下遗诏去帝号，称"则天大圣皇后"。这就意味着，武则天不是以大周皇帝的身份而是以李家媳妇的身份与自己的丈夫、唐高宗李治合葬于乾陵。

依照唐太宗"因山为陵"的葬制，乾陵建于陕西咸阳市乾县城北六千米处的梁山主峰之上。梁山共有三峰，北峰最高为主峰，南面两峰较低，东西对峙，乾陵就在北峰之上。从乾陵东边西望，梁山就像一位女性的躯体仰卧于大地之上，北峰为头部，南二峰为胸部，所以，人们常说它是女皇武则天的绝妙象征，当地人也称之为"奶头山"。

关于乾陵的选址，除了上文我们曾经提到的昭陵选址袁天纲、李淳风玉佩和金簪的神奇故事外，还有一个传说：唐高宗李治登基后不久，像汉朝那些皇帝一样，就派长孙无忌和太史令李淳风为自己选择陵寝之地，二人同时看中了梁山的风水。梁山主峰直插天际，东隔乌水与九嵕山相望，西有漆水与娄敬山、岐山相连，乌、漆二水在山前合抱，形成水垣，围住地中龙气。以传统堪舆学的观点，梁山算得上是世间少有的一块"龙脉圣地"。但是，这种说法却遭到顶级相术大师袁天纲的坚决反对。袁天纲认为，表面上看，梁山是一处风水宝地确实不假，但是却有很多不足。大唐龙脉从昆仑山分出一支过黄河，入关中，以岐山为首向东蔓延至九嵕山、金粟山、嵯峨山、尧山，唐太宗李世民皇帝已葬入九嵕山，为龙首，作为后人的唐高宗李治就不能葬入龙首之前。另外，梁山是周代龙脉之尾，尾气必衰，葬于此，恐李唐江山不保。而且，更重要的是，梁山北峰居高，前面两峰似女乳状，阴气过重，日后恐怕女人掌握朝纲。唐高宗听了袁天纲一番宏论后，犹豫起来，不知该如何定夺。但是，此事却被皇后武则天

知道了。武则天小时候曾听一个算命的（有传说即袁天纲）说过，她将来能做皇帝，于是，她便建议高宗认同李淳风的说法。中国历史上最著名的"怕老婆"皇帝唐高宗李治听了老婆的吩咐，焉有反对之理，当即就应允了下来，第二天便下了圣旨，定梁山为陵址。

后世的堪舆家们也都普遍认为梁山为帝王陵墓有利于女主，这也难怪武则天虽然死在了洛阳，却要迁入陕西乾陵与高宗合葬，把梁山定为自己百年之后的"万寿疆域"。此是后话了。

选陵址的争论随着武则天的介入告一段落，定名之事又引起了争论，群臣一时争论不休。有人说，太宗的陵名曰"昭陵"，高宗的陵理应命名为"承陵"才对，以表承接太宗恩泽之意。这时，长孙无忌奏道：梁山位于长安西北，在八卦中属乾位，乾为阳，为天，为帝。梁山既为陛下万年寿域的天堂帝都，乾坤相合，陛下将为永世帝王。依臣之见，就定名为乾陵吧！高宗听了以后很高兴，于是就定名为"乾陵"。《周易》中有乾为阳坤为阴、乾为男坤为女之说，梁山有乾必有坤，看来"女主天下"是命中注定了。

乾陵墓依山而建，经过紧张施工，基本工程建成于唐光宅元年（684年）八月，神龙二年（706年）五月武则天葬入后，经武则天、唐中宗至唐睿宗执政初期才最终宣告竣工，整个工程历时57年。乾陵修建正值盛唐时期，可以想象宏大规模背后动用的人力和财力。

然而，争论并没有结束。不过这一次，争议的焦点却是武则天的谥号。虽然唐室依照武则天的遗诏谥号，后来仍有数次修改，这是否是为了应合武则天当政时异常频繁地改元？武则天的谥号按照修改的先后有：唐隆元年（710年），改为天后；景云元年（710年），改为大圣天后；延和元年（712年），改为天后圣帝；未几，改为圣后；开元四年（716年），改为则天皇后；天宝八载（749年），加谥则天顺圣皇后。

还有一个争议是围绕乾陵墓前的"无字碑"进行的。乾陵墓前有两块高大雄浑的石碑，西面是"述圣记碑"，主要是歌颂唐高宗的功绩，由武则天撰文、唐中宗李显书写。根据乾陵建筑对称布局的特点，与"述圣记碑"东西相对的就是"无字碑"。无字碑碑身雕有八条互相缠绕的螭龙，左右两侧各四条。碑身用一块完整的巨石雕成。无字碑显然是在高宗去世时由武则天同时主持竖立的，应该是武则天预先为自己准备的"功德碑"。不过，令人百思不得其解的是，这块功德碑上竟然空无一字。后世的人们为此争得脸红脖子粗，主要观点归纳起来主要有五种：一是功高德大无须说；二是自知罪孽深重不便说；三是功过是非留给后人说；四是称谓不统一不便说；五是信奉佛教万事皆空不用说。这五种说法都有可能，至今莫衷一是。

另一个争论是，唐代其他 17 座帝王陵墓均多次被盗，而作为盛唐时期的帝王陵墓乾陵为何没有遭到盗墓贼的光顾？

乾陵修建的时候，正值盛唐，国力充盈，陵园规模十分宏大，建筑雄伟富丽，堪称"历代诸皇陵之冠"。而最让世人感兴趣的就是那件顶尖级国宝——《兰亭集序》。史书记载，《兰亭集序》在李世民遗诏里说是要枕在他脑袋下边，这也就是说，这件宝贝应该在昭陵，而不在乾陵，可是，五代耀州刺史温韬把昭陵盗了，但在他写的出土宝物清单上，却并无《兰亭集序》，那么十有八九《兰亭集序》就藏在乾陵里面。

这么多的珍宝，盗墓贼难道不眼热手痒？

乾陵不是没有被盗墓贼光顾过，恰恰相反，乾陵被冷兵器时代的刀剑劈过，被热兵器时代的机枪、大炮轰过，炸药炸过，只是这些古代的、现代的盗墓贼们无一人得手。

一千多年间，光顾乾陵的盗陵者有名有姓的就有 17 人之多，至于那些垂涎乾陵地下宝贝的小蟊贼，恐怕难以计数。然而，那么多的帝王陵被盗取一空，为什么只有乾陵可以独善其身？难道这个中国历史上唯一的名正言顺的女皇帝真的地下有灵？

最早打乾陵主意的是唐末造反大军领袖黄巢。这位私盐贩子率领 60 万起义大军攻下京城长安后，先是痛痛快快地烧杀抢掠了一番，待土匪瘾过足了，他突然发现自己无事可干了。这时，有人告诉他，乾陵的入口就在梁山的西侧。黄巢大喜，立即调动 40 万士兵，开到梁山西侧开始挖掘。很快，半座梁山被铲平了，留下了 40 米深的"黄巢沟"，但乾陵的入口依然没有找到。后来，唐王朝军队集结向长安发起反攻，黄巢这才心不甘情不愿地空手而逃。自认为聪明过人的黄巢挖错了方向。

打乾陵主意的第二个人是那个李唐后人们所痛恨的温韬，此人似乎生下来就是给李唐王朝的皇帝陵墓找麻烦的。在乾陵之前已经盗挖了 17 座唐皇陵，唯独剩下了乾陵。和黄巢一样，他也调集数万人马在光天化日之下挖掘乾陵，不料三次上山均风雨大作，人马一撤，天气立即转晴。温韬实在想不明白这到底是怎么回事，认为或许真是天意，遂绝了盗挖乾陵的念头。此即宋人程大昌著的《考古编》中所记之事："史载温韬概发唐陵，独乾陵不可近，近之辄有风雨。"

第三个企图盗挖乾陵的"名人"是民国时期的国民党将军孙连仲。传说，像黄巢、温韬一样，他依然调集了军队，不过这次出动的不是手拿铁锹和镢头的农民起义军，而是一个现代化整编师，先进的装备武器应有尽有。孙连仲学着孙殿英炸慈禧和乾隆墓的样子，在梁山上埋锅造饭安下营寨，用"军事演习"作幌子，黑色炸药炸开了墓道三层竖立石条，正准备进入时，突然，墓道里冒出一股浓烟，盘旋而上，，顿时天昏地暗，走石飞沙，7个山西籍士兵（武则天是山西人）首当其冲，当场吐血身亡。其他人见状，哪里还敢再向前，哭爹喊娘地跑了出来。就这样，乾陵又躲过了一劫。

埋葬着女皇武则天的被当地人称作"姑婆陵"的乾陵就是被传说得这么神奇，以至于这个陵墓的真正主人——唐高宗李治则常常被人们所忽略。所以，至今当人们向别人介绍乾陵，一般不会说这是唐高宗的陵墓，而会说这是武则天的陵墓，尽管武则天是以李家媳妇的身份埋进乾陵的。

乾陵真的是一个神奇的地方，就因为它埋葬着武则天；武则天真的是一个神奇的皇帝，因为她埋在了乾陵。

二

神龙元年，也就是公元705年，这一年大周（唐）的宫室发生了很多事情。二月，太平公主等人发动宫廷政变，迎唐中宗复位，宰相张柬之、驸马都尉王同皎等杀掉了张易之、张昌宗兄弟，逼病重的武则天下台，史称"神龙"政变，复国号"唐"，继续沿用武则天"神龙"年号（甲辰，皇太子监国，总统万机，大赦天下。是日，上传皇帝位于皇太子，徙居上阳宫。戊申，皇帝上尊号曰则天大圣皇帝）。冬十一月壬寅，武则天崩于上阳宫之仙居殿，"令去帝号，称则天大圣皇后"[①]。

---

① （五代）刘昫：《旧唐书》卷6《则天皇后本纪》，北京：中华书局，1975年，第132页。

第八章 武则天乾陵——今古兴亡有同恨，乾陵火照奉天时

关于武则天遗诏里为什么要"令去帝号，称则天大圣皇后"这一问题，历来的说法为：当年武则天为了争夺皇位，用尽了权谋手段，几乎使整个李氏王朝不复存在，一旦武则天另设陵墓，伍子胥鞭尸复仇的故事很可能又会重演。而如果她选择以皇后的身份与高宗合葬，既可以避免身后惨遭羞辱，又可以陪伴高宗，永享子孙后代的香火祭祀。其实，武则天死后让位于李唐，这从圣历元年（698年）李显又一次被立为太子就可以看出一些端倪来。风烛残年的一代女皇武则天，她不得不考虑继承人的问题，她也想将江山传给武家，但她十分器重的大臣狄仁杰的观点起了相当大的作用："且姑侄与母子孰亲？陛下立庐陵王（李显），则千秋万岁后常享宗庙。三思立，庙不祔（新死者附祭于先祖）姑。"①

但是，对于武则天来说，"去帝号，称则天大圣皇后"肯定是个内心极其痛苦的选择，因为这等于否定了自己奋斗的一生。去帝号表示称臣，武则天让位给自己的儿子，而且与丈夫合葬，说明她甘愿放弃了皇帝的身份。

以武则天的个性，我以为武则天如此做的可能性不大。至于为何史书上言之凿凿，可能与宰相张柬之为首的强硬派决定以强对强，用强硬的手段逼迫武则天让位给太子李显，重新恢复李姓天下有关。当时，张柬之为了打击武则天、恢复李朝，控制了京城兵权，笼络了朝廷的各个要害部门。更可能的是，武则天当时已经很老了，那时反对她的势力很强大，他们要求她让位给李显，甚至派兵逼宫，不得已武则天才把皇权交出来，而且声明"去帝号"。

也许，当一个人临死前能放下一切才是真的放下，她明知道自己的遗嘱已经对后人没有任何作用，因为已经改朝换代。在一个男权社会里，尽管她一生都在抗争，而且看上去她似乎已经胜利了，但可惜胜利只是暂时的。当她意识到自己的生命即将走到尽头，她才悲哀地发现，自己根本就是微不足道的，尤其是失去了皇权以后。

如果再往更深一层追究，武则天虽然能够破坏一个旧的制度，敢为天下不敢为之事，可她却无法创建一种新的制度来代替它。在传统社会以父系家长制为基础的宗法制度的制约下，在当时复杂的政治局势的影响下，

---

① （宋）欧阳修、宋祁等：《新唐书》卷115《狄仁杰传》，北京：中华书局，1975年，第4212页。

武则天最终妥协，还政于李氏王朝。

武则天不择手段"步步惊心"地当上皇帝，最后又从皇帝退回到皇后的身份，不能延续武周政权，可能是她人生最大的遗憾。但客观地说，这不失是一个比较明智的选择。武则天最后选择回归妻子与母亲的身份，奠定了她在唐朝的地位，武则天之后继位的所有人都是她的子孙，因此她仍可以继续在李唐王朝享受子孙们祭祀。武则天还政于李唐也顺应了当时历史的发展趋势，尤其是她在位的后期，全天下的老百姓的人心向背已经彻底明了。

于是，这个顽强了一生、强硬了一生、与命运抗争了一生的女人，在自己人生的最后，选择了向命运——女人的命运——妥协。

说到"命运"，武则天早在襁褓之时袁天纲就已经准确预言了。当然，这仍属于传说，只是《旧唐书》记载了罢了，也许武则天也想证明一下自己的皇权是天予神授的。据《新唐书·方技》记载，当武则天还在幼年襁褓中时，袁天纲一见到武则天的母亲杨氏便吃惊地说："夫人法生贵子！"[①]武则天的母亲便把两个儿子武元庆、武元爽领出来让袁天纲相面。可是袁天纲一看说可以官至三品，只不过是能保家的主儿，尚算不上大贵。杨氏又唤出武则天的姐姐（后封韩国夫人）让袁天纲相，袁天纲称"此女贵而不利夫！"最后，保姆抱出了穿着男孩衣裳打扮的武则天，袁天纲一见襁褓中的婴儿大为震惊，说她"龙瞳凤颈，极贵验也！"但马上又遗憾地摇摇头，说："必若是女，实不可窥测，后当为天下之主矣！"

如果《旧唐书》记载的这件事情是真的，那么，"当女皇"应该是袁天纲在幼年武则天心灵深处埋下的一颗种子。

这颗种子在武则天十四岁那年萌芽了。贞观十一年（637 年）十一月，武则天年十四岁时，唐太宗听说她仪容举止美得非常，于是便召她入宫，封为五品才人，赐号"武媚"，后世讹称武媚娘。武媚入宫前夕，寡居的母亲杨氏哭哭啼啼舍不得女儿，但武媚却说："侍奉圣明天子，岂知非福？为何还要哭哭啼啼、作儿女之态呢？"

十四岁，就能发出如此非小女人之言，可见武则天后来的君临天下是与生俱来的，或者，是因为受了袁天纲的蛊惑？

---

① （宋）欧阳修、宋祁等：《新唐书》卷 204《方技·袁天纲传》，北京：中华书局，1975 年，第 5801 页。

第八章　武则天乾陵——今古兴亡有同恨，乾陵火照奉天时

袁天纲在武则天心灵深处埋下的那颗种子，经历了武媚、武昭仪、武皇后、武天后及临朝称制几个时期，到天授元年，即公元690年，经过五十多年的艰苦卓绝的奋斗，终于长成了参天大树：武则天称帝，改国号为"周"。

这五十多年里，武则天经历了太多太多的事情：十四岁入宫，然后被唐太宗封为"才人"；太宗死，武才人入感业寺为尼。唐高宗即位，复召入宫，拜昭仪，进号宸妃，与王皇后、萧淑妃争宠，互相谗毁。到了永徽六年（655年），唐高宗立武氏为皇后；王皇后被废不久，即与萧淑妃同被则天害死。自显庆末年起，乘高宗体弱多病之机，遂专国柄，威势日重。上元元年（674年），唐高宗称"天皇"，武皇后称"天后"，宫中称为"二圣"。弘道元年（683年）唐高宗去世，唐中宗李显即位，武皇后临朝称制。嗣圣元年（684年）二月，武皇后废中宗为庐陵王，立睿宗李旦，继续临朝称制。

时间终于来到了公元690年，"九月九日壬午，革唐命，改国号为周。改元为天授，大赦天下"①，武则天自己则加尊号"圣神皇帝"。在以男权为绝对中心的中国封建社会，一个女人，居然攀上了权力的最高峰，这需要多大的胆识和谋略，需要付出多大的努力，需要跨越多少道障碍！这些障碍，来自于社会各个层面，来自于人们的内心深处，也来自武则天自己的内心深处。

单是来自社会各个阶层骂声中夹杂的唾沫，都足以淹死一个女人。

光宅元年，即公元684年，武则天废李显、立李旦，正想进一步登位称帝，建立大周王朝之际，遭到了一些唐室原臣旧勋的愤怒。开国元勋英国公李勣（即徐茂公）嗣孙的李敬业（即徐敬业）以已故太子李贤为旗号，在扬州起兵，建立匡复府。此时被朝廷贬授临海丞的骆宾王也被罗织在"匡复府"，为艺文令，负责军中的书檄起草工作。于是，就有了《代李敬业传檄天下文》即《讨武檄文》（亦称《讨武曌檄》）的问世。

> 伪临朝武氏者，性非和顺，地实寒微。昔充太宗下陈，曾以更衣入侍。洎乎晚节，秽乱春宫。潜隐先帝之私，阴图后房之嬖。入门见嫉，蛾眉不肯让人；掩袖工谗，狐媚偏能惑主。践元后于翚翟，陷吾君于聚

---

① （五代）刘昫：《旧唐书》卷3《太宗本纪》，北京：中华书局，1975年，第121页。

應。加以虺蜴为心，豺狼成性。近狎邪僻，残害忠良。杀姊屠兄，弑君鸩母。神人之所共嫉，天地之所不容。犹复包藏祸心，窥窃神器。君之爱子，幽之于别宫；贼之宗盟，委之以重任。呜呼！霍子孟之不作，朱虚侯之已亡。燕啄皇孙，知汉祚之将尽。龙漦帝后，识夏庭之遽衰。

敬业皇唐旧臣，公侯冢子。奉先帝之成业，荷本朝之厚恩。宋微子之兴悲，良有以也；袁君山之流涕，岂徒然哉！是用气愤风云，志安社稷。因天下之失望，顺宇内之推心。爰举义旗，以清妖孽。

南连百越，北尽三河；铁骑成群，玉轴相接。海陵红粟，仓储之积靡穷；江浦黄旗，匡复之功何远！班声动而北风起，剑气冲而南斗平。喑鸣则山岳崩颓，叱咤则风云变色。以此制敌，何敌不摧？以此图功，何功不克？

公等或居汉地，或协周亲；或膺重寄于话言，或受顾命于宣室。言犹在耳，忠岂忘心。一抔之土未干，六尺之孤何托？倘能转祸为福，送往事居，共立勤王之勋，无废大君之命，凡诸爵赏，同指山河。若其眷恋穷城，徘徊歧路，坐昧先几之兆，必贻后至之诛。请看今日之域中，竟是谁家之天下！移檄州郡，咸使知闻。

骆宾王的这篇"战斗"檄文，对仗工整，运笔如舌，挥洒自如；立论严正，声色俱厉，气势磅礴，文质兼备，体现了当时的文化新风。作者先声夺人，开篇一个"伪"字将武则天置于被告席上，继而列数其罪，宣告天下，讨伐行动出师有名，从而起到了宣传鼓动作用。

据《新唐书》记载，武则天初观此文时，还嬉笑自若，当读到"一抔之土未干，六尺之孤何托"句时，惊叹是谁写的："有如此才，而使之沦落不偶，宰相之过也！"读完后还赞叹说："骆宾王的文章固然了不起，但徐敬业的武功却未必匹配得上。"她不怕徐敬业的武力，却非常赏识骆宾王的文章。可见这篇檄文震撼力之大，煽动力之强了。

更值得我们赞叹的是武则天的气度。

不过，这篇传世之作虽然铿锵有力，气势恢弘，但除了揭露和痛骂武氏狐媚惑主、窥窃神器外，却无言贬损她的政治业绩，自然也就不能唤起普天下人云集响应。

可见文学的作用的确是十分有限的。一篇文章，绝不可能代替千军万马去打仗；一个政权，也绝不是一篇文章就能够推翻的。这一点，武则天似乎认识得更为清醒。

不过，骆宾王的这篇文章，成了当世和后世人们指责武则天的一个范本，骆宾王文中罗列武则天的罪状，在后世也反复被人提起；骆宾王的观点，也影响了后世修史的欧阳修、司马光等人。

武则天被后世指责最多的是她的"狐媚惑主，秽乱春宫"。其实，无论是骆宾王、欧阳修、司马光，还是千万个在这个问题上指责武则天的人们，其思想最深处隐藏着的观点是：谁让你是女人呢？按照这些人的观点，武媚娘进宫做了唐太宗的才人，太宗死了，她就乖乖地在感业寺呆着，晨钟暮鼓，敲着木鱼，一直到白发苍苍，一直到老死。她不应该出来再做什么武昭仪有违伦常，我们姑且不论唐王朝的统治者李家是否有胡人血统与传统，单就事论事，首先是唐高宗李治，是他在自己的父皇太宗病重时和前来尽一个才人职责的武媚娘"眉来眼去"，才有了后来的一系列事端。我以为，在这个问题上，李治肯定是首先主动的一方，否则，以当时的宫廷制度，武媚娘绝对不敢先以自己的"狐媚"诱惑"新主"，对太子爷有不伦的想法。至于到了后来当了皇后和皇帝之后的"秽乱春宫"，所指的应该是薛怀义、沈南蓼等人，这可能还真是出于武皇后生理上的需要。皇后死了，皇帝肯定不会独守空房；那反过来说，皇帝死了，皇后就要守空房吗？至于做了皇帝之后武则天所宠幸的男宠张易之、张昌宗还有所谓的"面首三千"，则属于女皇武则天的政治需要。作为皇帝，她在所有的领域内都要行使和男性皇帝同等的权力，都要享受和男性帝王同样的待遇。本来，女人当皇上就是一个突破，既然突破就要突破彻底，完完全全打破一个旧的世界，才能建立新天地；男人可以三妻四妾，当了皇帝的男人可以后宫三千，女人难道就要从一而终？这太不公平了！朴素的"男女平等"思想督促着皇帝武则天选了"面首"。其实，武则天登基时已经接近七旬，所以，选面首更像是在打压旧的男权思想。

在《讨武檄文》中，"杀姊屠兄，弑君鸩母"是骆宾王给武则天列数的另一大罪状。如今看来，"杀姊"当为诬蔑武则天的不实之辞，因为在诸书中她的大姐韩国夫人的死因都没有明确记载。有一种说法是，她的姐姐韩国夫人因为武则天的关系进宫，但很快就和李治有染，所以就被大权在握的武则天毒杀。但这件事任何正史上均无记载，民间戏说的成分居多。"弑君鸩母"似乎也出于诗人骆宾王的虚构,史书中并无武后谋杀唐高宗和毒死母亲的记载。目前能够坐实的就是韩国夫人的两个女儿确实系武则天所害,而其中一女贺兰氏之死,又与武则天"屠兄"一事有直接的联系。武则天"屠兄"是成立的,只是在具体情节上略有分歧。武惟良、武怀运是武则天的堂兄弟,据新、旧《唐书》记载,武则天父亲武士彟死后,她的那两个堂兄"遇杨氏失礼"。具体怎样"失礼",史书上没有记载。韩国夫人的女儿贺兰敏月,为母报仇心切,想方设法接近唐高宗李治,想加害武则天,被李治封为魏国夫人。此时两个堂兄武惟良和武怀运被召回长安,魏国夫人告诉他们,武则天可能又会流放他们,甚至会杀害他们。武氏两兄弟就和魏国夫人一起谋划加害武则天。武则天知道后,将计就计,让魏国夫人喝武氏兄弟呈上来的酒。魏国夫人不知酒里有毒,喝下去马上一命呜呼,武则天随后嫁祸于他的两个堂兄,将武惟良、武怀运兄弟二人处死。这里,我们无意为武则天开脱,只是这件事无论从哪个角度看上去似乎先出手的都不是武则天,她后来的行为更像是在"复仇",而且是一个大权在握的"复仇女神"。

武则天被后人谴责的最厉害的却是骆宾王在《讨武檄文》中并未提及的武则天杀女事件。骆宾王写的这篇文章,目的就是为了丑化武则天,其中甚至有"杀姊屠兄,弑君鸩母"等子虚乌有的栽赃,但居然没有武则天杀女事件。

按照《新唐书》的说法,当时的斗争局面,王皇后是"正宫娘娘",而萧淑妃是极受宠爱的"小妾",王皇后为了争宠,专门牵线,介绍武则天给唐高宗李治,想搭武则天的车挤垮萧淑妃。但是,王皇后没有想到武则天手段更狠,谋杀了自己襁褓中的亲生女儿,然后嫁祸王皇后,用来达到唯我独尊的政治目的。《资治通鉴》对这一记载也给予了高度认可。

在某些人眼里,武则天这样一个"雄才大略"的女强人,不可能儿女情长,从逻辑上讲,这也是说得通的。刘邦当年不也曾将自己的一双儿女推下车去以求自己逃命吗?武则天共生了四个儿子,长子李弘,二十四岁时死了,据说是被武则天毒死的,次子李贤,三子李显(哲)为中宗,四子李旦,就是睿宗;两个女儿,一个就是这个"据说"被武则天杀死在襁褓中的婴儿,另一个就是后来在朝廷呼风唤雨的太平公主。皇权斗争中亲人互相残杀的比比皆是,武则天杀女也不过其中一例而已。

然而，这件事中最重要的一点却一直被我们忽略了：把自己的亲生女儿当赌注，武则天总得赢回点什么吧？

萧淑妃显然不是武则天的目的，按照《唐会要》的说法，武则天比萧淑妃更受宠，所以她不会杀死自己的女儿嫁祸萧淑妃。那么，武则天针对的就是王皇后了。但一个不能否认的事实是，早在武则天二次入宫之前，王皇后就已经失宠。废黜王皇后在唐高宗眼里，早就没有了情感上的障碍，剩下的只是一个"面子"问题，毕竟王皇后的娘家太原王氏这样的高贵门阀不好惹，在朝廷中也是根深蒂固。武则天获宠，她依仗的是自己的心机和感情，对皇帝的喜好了如指掌才是她最大的底牌，对已经失宠的"落架的凤凰"王皇后进行二次打击，有必要赌上自己的亲生女儿吗？再说，以长孙无忌为首的朝堂重臣反对武则天为后的最大理由，无非就是门第低微，且侍奉过先帝。武则天嫁祸王皇后，丝毫不能改变这两点。也就是说，这场杀女豪赌，对武则天来说，既无必要，更无好处，甚至可能为他人做嫁衣。

如此看来，王皇后被废的真正原因，和武则天长女夭亡一点关系都没有。据《唐会要》《旧唐书》《新唐书》等史书中记载，王皇后最终失败的导火索，都是王皇后和她的母亲柳某人在宫中搞迷信活动，用巫术诅咒情敌及皇帝。

唐高宗在废后诉状中，根本没有提及皇后谋杀公主事件，理由一直都是"皇后无子"。大臣们反对废后的理由有二：一是"皇后未有愆过"；二是立武则天为后她先皇才人的身份不合适。

我们可以分析一下"武则天杀女"的谣言是如何进入"正史"的过程，以便看出武则天是如何被一步一步写成"魔鬼"的。

在唐宪宗时期成书的《大唐新语》中，没有出现武则天杀女嫁祸的记载，这一事件最早出现是在《旧唐书·武则天本纪》（945年成书）里，但不在正文中，而是在相当于"补充说明"的"史臣曰"中提及。史臣曰："昔掩鼻之谗，古称其毒。人彘之酷，世以为冤。武后夺嫡之谋也，振喉绝襁褓之儿，菹醢碎椒涂之骨，其不道也甚矣，亦奸人妒妇之恒态也。"①涉及的其实也只有简单的"振喉绝襁褓之儿"这一句。王溥编辑的

---

① （五代）刘昫：《旧唐书》卷3《太宗本纪》，北京：中华书局，1975年，第133页。

《唐会要》（961年成书）卷三《天后武氏》中的记载依然很朦胧："昭仪所生女暴卒。又奏王皇后杀之，上遂有废立之意。"①这里并未说高宗的爱女是怎么暴卒的。而到了欧阳修等人修的《新唐书》中，这段记载似乎被"扩写"，莫名其妙地"丰满"了起来，有声有色，犹如亲眼目睹了武则天掐死女儿了一般："昭仪生女，后就顾弄，去，昭仪潜毙儿衾下，伺帝至，阳为欢言，发衾视儿，死矣。又惊问左右，皆曰：'后适来。'昭仪即悲涕，帝不能察，怒曰：'后杀吾女，往与妃相谗媚，今又尔邪！'由是昭仪得入其訾，后无以自解，而帝愈信爱，始有废后意。"②事情到此并未结束，司马光在《资治通鉴》中，进一步细化了武则天杀女而嫁祸于王皇后的细节："后宠虽衰，然上未有意废也。会昭仪生女，后怜而弄之，后出，昭仪潜扼杀之，覆之以被。上至，昭仪阳欢笑，发被观之，女已死矣，即惊啼。问左右，左右皆曰：'皇后适来此。'上大怒曰：'后杀吾女！'昭仪因泣数诉其罪。后无以自明，上由是有废立之志。"③有情节，有细节，有人物对话，有武则天的"表演"，一切看上去都是那么的真实可信。

  至此，事情就此彻底坐实：武则天是杀死自己亲生女儿的恶魔！

  而此时，距离武则天时代已经过去了三百多年，她杀死亲生女儿的故事被钉在了历史的十字架上，她百口莫辩。

  从常理上"推测"，小公主的死亡，最大的可能是猝死。再有一种解释就是当时在冬季，取暖用炭，在炭燃烧不充分的情况下，一氧化碳导致小公主中毒而死。武则天最多是利用了女儿的猝死事件，而非一手策划了谋杀事件。

  尽管历史不容假设，我们还是"假设"一下：倘若武则天真要扼杀襁褓中的女儿，她做起来有多么的不容易，虽然后宫深似海，可是皇帝的女儿有多少人在伺候着，武则天有没有机会下手，这实在是一个问题。

  如果她有机会下手，那一定是她一个人干的，武则天会把这个很没有面子的事情说给别人吗？

---

① （宋）王溥：《唐会要·皇后》，北京：中华书局，1998年，第17页。
② （宋）欧阳修、宋祁等：《新唐书》卷76《后妃·则天武皇后传》，北京：中华书局，1975年，第3474—3475页。
③ （宋）司马光：《资治通鉴》卷199《唐纪》，长春：吉林人民出版社，2000年，第2008页。

有意思的是，司马光曾从"虎毒不食子"的伦理常情断言："恐武后亦不至于轻浅如此！"我们无从知道司马光说此语的目的何在，是觉得说武则天杀女的证据不足，还是要制造一种"欲言又止"的效果？但客观的效果是，后人"宁可信其有而不愿信其无"。

我相信，在有关武则天"负面"的"历史事实"中，类似的事件绝不止这一例。从古到今人们如此热衷于向武则天泼脏水，最重要的原因只有一个：武则天是一个当了皇帝的女人，而这个"职业领域"，向来是男人的专属领地！

武则天是一个皇帝，她有着"历届"皇帝都有的权利欲望，她的一生，概括起来就做了两件事：夺取权力和维护权力。这一点，她和其他的男性皇帝没有什么区别。只是，她毕竟还是一个女人，所以，在很多问题上，我们能够看出作为一个女性皇帝的处事风格。例如，出人意料地对骆宾王的欣赏，频繁地改元，不无恶意地给别人赐一些看上去更像是诅咒的姓氏，以恶作剧的方式对待酷吏来俊臣，造出了十几个新的汉字，等等。这些小女人爱玩的把戏，使这位被后人不断妖魔化的女皇帝，有了几分可爱。

在此，我们不妨引用《武则天会扼杀自己的女儿吗》的开头，作为这段文字的结尾：

> 历史的惯性就是要把女性拒绝在权力门之外。武则天凭借智慧韬略和才能胆识当上女皇，男权逊位给女权，这让历史有些受不了，它显得很不开心，一而再地对武则天妖魔化。①

三

或许是因为武则天本人的形象过于复杂，更或许是因为她是一个女皇帝，所以，历来吟咏武则天乾陵和她本人的诗文特别多，乾陵正宗的陵主唐高宗李治倒是没有几个人提及。需要指出的是，写武则天的诗文在武则天生前就已经不少。那些诗文里，除了没有多大价值的阿谀奉承的"颂圣"文字，最著名的就是骆宾王的《讨武檄文》。另外值得一提的是，武

---

① 《武则天扼杀自己的女儿吗》，文踪旅迹的博客，http://blog.sina.com.cn/s/blog_4fcb06430102wcp9.html。

则天本人也有一些诗作流传了下来，这其中最为著名的就是那首《如意娘》。

（唐）武则天《如意娘》：

看朱成碧思纷纷，憔悴支离为忆君。
不信比来长下泪，开箱验取石榴裙。

武则天十四岁入宫为才人，太宗李世民赐号武媚。而后太宗崩，居感业寺为尼。高宗李治在寺中看见她，复召入宫，拜昭仪。武则天在感业寺的四年，是她人生中最失意的四年，但"祸兮福之所伏"，武则天在感业寺的日子也充满了命运的转机。在感业寺，武则天写下了这首她最有名的情诗《如意娘》，史载这首诗是写给唐高宗李治的。或许，正是这首诗，才使李治忽然想到尚在削发为尼度日如年的旧情人武媚。此诗极尽相思愁苦之感，尺幅之中曲折有致，融合了南北朝乐府风格于一体，明朗又含蓄，绚丽又清新。钟惺《名媛诗归》卷九评价说："'看朱成碧'四字本奇，然尤觉患。'思纷纷'三字，愤乱颠倒得无可奈何。""老狐媚甚，不媚不恶。"

（唐）武则天《腊日宣诏幸上苑》：

天授二年腊，卿相欲诈花发，请幸上苑，有所谋也。许之，寻疑有异图，乃遣使宣诏云云。于是凌晨名花布苑，群臣咸服其异。

明朝游上苑，火急报春知。
花须连夜发，莫待晓风吹。

《腊日宣诏幸上苑》是武则天登基称帝的第二年（691年）所作。此诗简捷明快，语言流畅，主题鲜明，堪称上乘之作。与诗序整体来看，充分反映了女皇洞察一切的睿智，随机应变的能力，刚毅果断的作风以及号令一切、吞吐宇宙的气概。女皇初登大宝之位，需要树立权威，方能驾驭天下。此诗正好显示了女皇主宰一切的神气和至高无上的尊严。这首诗写腊八节百花盛开的奇景，也是一首具有特殊价值的诗歌。诏书属于应用文体，诗歌属于文学文体，武则天用诗的形式写诏书，而且写得如此形象生动，可见武则天的写诗技巧，亦可见唐代诗风之盛，诗歌已深入社会生活的方方面面。

（唐）武则天《石淙》：

> 三山十洞光玄箓，玉峤金峦镇紫微。
> 均露均霜标胜壤，交风交雨列皇畿。
> 万仞高岩藏日色，千寻幽涧浴云衣。
> 且驻欢筵赏仁智，雕鞍薄晚杂尘飞。

这是一首七言律诗，它是武则天于久视元年（700年）游览嵩山名胜的游幸之作，寓情于景，托物言志，抒发了她在实现了自己的政治抱负以来，看到国家繁荣昌盛，社会比较安定的感触。这一年是武则天登上皇帝宝座的第十个年头。在这十年的过程中，她经历了各方面的斗争和苦心经营，政权基本上稳定下来，推行了富民政策，特别是施行了均田制，重视发展农业生产，出现了国泰民安的局面，表现出她的喜悦心情，同时也可以看出诗人的写作水平。

（唐）武则天《建言十二事》：

(1) 劝农桑，薄徭赋；

(2) 给复三辅地；

(3) 息兵，以道德化天下；

(4) 南北中尚禁浮巧；

(5) 省功费力役；

(6) 广言路；

(7) 杜谗口；

(8) 王公以降皆习《老子》；

(9) 父在为母服衰三年；

(10) 上元前勋官已给告身者无追覆；

(11) 京官八品以上者益禀入；

(12) 百官任事久，材高位下者得晋阶申滞。

这十二条，归纳起来是四大政策：一是富国强民；二是善用人才；三是笼络百官；四是提高妇女地位。武则天步入政坛后，风波迭起，颇不平坦，耗费了很多心力来应付局面，但是唐太宗之魂从没有离开她的头脑，她也自始至终把富民强国作为头等大事来完成。在她和唐高宗联合执政的

"二圣"时期，大唐从战后恢复期进入蓬勃发展期，国力渐盛，人口激增，万民乐业。这个因素，才是武则天屹立不倒的根本原因。她的智谋、权术、心计，固然是她纵横政坛的利器，但即便是一个绝顶聪明的政治家，如果漠视民意，或敢于倒行逆施，那是早晚都要被民众情绪这个"覆舟之水"所掀翻的。劝农桑，薄徭赋，就是我们这个古老国家的根本，为成为丝绸之国作出杰出贡献。当时很多人诋毁武则天，说她阴毒、淫荡，夺取了李唐的江山，对其"建言十二事"也不以为然。但实际上，"建言十二事"的推行，稳定了社会，造福了百姓，为后来一些执政者提供了很好的参考。

（唐）张祐《读狄梁公传》：

> 失运庐陵厄，乘时武后尊。
> 五丁扶造化，一柱正乾坤。
> 上保储皇位，深然国老勋。
> 圣朝虽百代，长合问王孙。

张祐的这首《读狄梁公传》热情表彰了狄仁杰在武后统治期间匡救太子、扶保唐室的巨大功绩。中宗李显为武则天所废，武后专权，后欲立武三思为太子。狄仁杰劝谏阻止并晓之以理，动之以情，终于保住了太子，匡扶皇室。《旧唐书·狄仁杰传》也有记载："中宗在房陵……唯仁杰每从容奏对，无不以子母恩情为言，则天亦渐省悟，竟召还中宗，复为储贰。"①虽葛立方认为"欲归庐陵，事大体重，非二嬖（张易之、张昌宗）之言，后孰信之？"但狄仁杰的确功不可没，起到举足轻重的作用。张祐赞美仰慕狄仁杰的才能，联系到唐代宦官专权，皇权旁落，朝臣二心，追求声色享乐的社会现实，不禁倍增了几分无奈、几分悲凉。同时慨叹当朝无人扶政的政局现实，不免心伤，表现了诗人的爱国忧国之心。

（唐）白居易《文柏床》：

> 陵上有老柏，柯②叶寒苍苍。
> 朝为凤烟树，暮为燕③寝床。

---

① （五代）刘昫：《旧唐书》卷89《狄仁杰传》，北京：中华书局，1975年，第2895页。
② 柯：音kē，草木的枝茎。
③ 燕：同宴。

以其多奇文①，宜升君子堂②。
刮削露节目，拂拭生辉光。
玄斑③状狸首，素质如截肪。
虽充悦目玩，终乏周身防。
华彩诚可爱，生理苦已伤。
方知自残者，为有好文章。

白居易的这首《文柏床》是咏物诗，诗人借乾陵上的古柏的遭遇，感叹人世间的不公平。字里行间充满了凄清哀婉和无可奈何的情绪。

（唐）宋之问《则天皇后挽歌》：

象物行周礼，衣冠集汉都。
谁怜事虞舜，下里泣苍梧。

这首五言绝句《则天皇后挽歌》写的是对武则天的哀悼之情。
同样题材的还有唐代诗人崔融的《则天皇后挽歌二首》：

其一
宵陈虚禁夜，夕临空山阴。
日月昏尺景，天地惨何心。
紫殿金铺涩，黄陵玉座深。
镜奁长不启，圣主泪沾巾。

其二
前殿临朝罢，长陵合葬归。
山川不可望，文物尽成非。
阴月霾中道，轩星落太微。
空馀天子孝，松上景云飞。

（宋）詹初《读李敬业传》：
闲笑唐明主，深怜李绩忠。
如何一诏献，便使百年恫。

---

① 文：同纹。
② 君子堂：指富贵人家。
③ 玄斑：黑中带红的斑纹。

> 武后兴唐乱，英公奋义戎。
> 那知成祸者，祸惨亦归躬。

《读李敬业传》一诗记叙了读李敬业传后的感情，极具哲理性。诗中同时谴责了武则天"兴唐乱"。

（宋）晁说之《书事》：

> 一江如鼎鱼龙沸，我欲逃生何所之。
> 今古兴亡有同恨，乾陵火照奉天时。

这首七绝《书事》写作为个人生逢乱世，在兵荒马乱的岁月，个人就犹如江中的鱼龙一般，逃到任何地方都无济于事。在这一点上，从古到今都是相同的，遥想前唐乱世时，战火烧在乾陵上，也烧在乾陵所在的奉天县（今陕西乾县）。

（宋）金朋说《武则天》：

> 唐代司晨有牝鸡，灭残宗室殆无遗。
> 若非仁杰擎天力，李鼎将移属武媚。

金朋说的这首咏史诗《武则天》写武则天灭唐事。首句写武则天篡权掌握着大唐的江山，将李唐宗室的成员几乎全部杀光，如果不是狄仁杰力挽狂澜，大唐江山就会易主。总体上说，这首咏史诗在艺术上乏善可陈，叙事过于平面，且在主题上没有多少可取之处。

（明）刘基《乾陵》：

> 蕃王严侍立层层，天马排行势欲腾。
> 自是登临多好景，岐山望足看昭陵。

刘基德这首七言绝句《乾陵》写诗人来到乾陵之巅，看到乾陵墓前层层侍立的各国藩王，临风畅怀，饱览乾陵胜景。"岐山望足看昭陵"句，写自己站在乾陵上，向西可以看到岐山（周），向东可以远眺唐太宗的昭陵，不经意间诗人贯通了历史，不胜感慨。

（清）杨秀芝《乾陵即景》：

> 西风翁仲对斜阳，百丈乾陵接渺茫。

凤子飞来秋色里，双双犹恋野花香。

在采用咏物抒情的手法描写乾陵的诗歌中，清代诗人杨秀芝的《乾陵即景》是一首上乘之作。诗的第一联写西风斜阳中的翁仲，以此来衬托乾陵之高耸；第二联表面上依然写景，但似乎含言外之意，秋风中的蝴蝶飞来飞去，仍然留恋着路边的野花。

（清）袁枚《武后陵》：

其一
高卷竹帘二十年，女人星换紫薇天。
明堂黜配无光武，本纪开端有史迁。
鹤监尽容才子住，南牙不放阿师颠。
莲花霜折宫床冷，犹见金轮荡晚烟。

其二
含风殿唱小秦王，短发重歌武媚娘。
十月梨花知宰相，一篇橄草叹文章。
慈心果自啼鹦鹉，杀气终教晒凤凰。
爱绝丑奴为殉未，荒坟相对有庄裹。

这是清代诗人袁枚评论武则天功过是非的两首七律诗。从内容上来分析，所涉及的内容十分广泛，既有对武则天以女性身份称帝创举的称赞，也有对她晚年祭祀后凄切清冷境况的描述；既揭露了宫廷内部的尖锐矛盾，也写出了武则天知人善任、惜才爱才用才的品格。

（金）杨慥《无题》：

牝鸡一啄血波流，天下何缘不姓周？
今日阿婆①心力尽，乾陵秃似老僧头。

这首咏史诗讽刺武则天一生的所作所为均属枉费心机。前两句以牝鸡作比，说武则天在当时虽然残酷地杀戮过自己的政敌，但最终也没有使天下江山姓周；后两句是说，武则天一生殚精竭虑，气力用尽，但是就连她死后所葬的乾陵上也是光秃秃的一片，活像僧人的光头。

---

① 阿婆：年老的妇人，此处指武则天。

（明）马文升《过乾陵》：

> 巡行几度过乾陵，遥忆当年感慨生。
> 雀入凤巢彝道鼓，阴乘阳位大伦轻。
> 禁垣有趾荒秋草，殿寝无痕数到兵。
> 独有数行翁仲在，夕阳常伴野农耕。

这首七言律诗作者写自己几次经过乾陵，遥想起当年武则天"雀入凤巢、阴乘阳位"，置之人伦于不顾，不禁有无限的感慨。但是，眼前的乾陵却是一片荒凉，当年的宫殿早已毁于兵燹，里面长满了荒草，遍布鸟兽的脚印，只有数行的翁仲默默地矗立着，陪伴着田间耕作的老农。

（明）郭登庸《梁山雪》：

> 梁山雪，春霏雰①。
> 下有居人兮驱牛羊，止知武，不知唐。
> 梁山雪，留嶰嵢②。
> 下有居人兮收宿莽，不知唐，止知武。
> 梁山雪兮丘山圮，有客经此憾未已，东望昭陵兮三十里。

这首《梁山雪》写梁山的一场春雪。诗人在纷纷扬扬的春雪中经过乾陵所在地梁山，山下有人驱赶着牛羊，有人在收割着野草，但是，这些草民百姓只知道陵下埋葬着女皇武则天，却不知道乾陵其实是唐高宗李治的陵墓。诗人由此感慨，由此向东遥望，三十里外就是唐太宗的昭陵，但由于当年武则天的所为，世人已经把大唐帝国忘记了。

同样主题的还有明朝杨美益的《乾陵三咏》，但其涉及的人物更多，除了乾陵陵主唐高宗李治、武则天外，还有武则天的男宠张易之、张昌宗兄弟，以及被武则天废掉的皇帝李显。

（明）杨美益《乾陵三咏》：

> 其一
> 断兽空碑卧草坪，荒茵落日走鼯鼪。

---

① 雰：雨雪下得很大的样子。
② 嶰：深谷；嵢：山高。这句诗说雪虽然很大但梁山的深谷大豁依然清晰可见。

第八章 武则天乾陵——今古兴亡有同恨,乾陵火照奉天时

吁嗟唐帝先埋处,今世唯呼女后茔。
其二
笑杀莲花似六郎,含元殿里映宸妆。
但誇兄弟承恩宠,飘泊谁怜帝在房。
其三
禁门同气不相能,一谶何知遽可凭。
非有梁公忠夹日,北山都是武家陵。

(明)卓玄应《乾陵》:

天枢①突立与天齐,天上为陵亦恨低。
鹦鹉不回千载梦,牝鸡无复伍云楼。
汉宫月落金人泣,秦苑风寒石马嘶。
玉匣朱襦②在何处,只残荒垅麦成畦。

这首七言律诗《乾陵》,在写法上主要采用了借物起兴的方法,诗人写武则天生前豪情万丈要"与天齐"的雄心,但如今她的陵墓却是一片衰草牛羊野,只有陵前的石马在寒风中嘶叫;当年入土时武则天所穿的玉衣和陪葬的陶俑都化作了泥土,不知在什么地方,地面上只留下荒垄和麦田。作者由此感慨人世的沧桑和岁月的残酷。

同样主题的还有明代乾县当地人王完写的《登乾陵》。

(明)王完《登乾陵》:

陵上罡风六月寒,陵边翁仲闲巑岏③。
牛羊尽日迷茵草,烟雨空山冷石坛。
晨牝于今偏讽易,英雄自古亦称难。
到来凭眺添惆怅,仿佛犹闻唱木兰。

明代乾县当地人王子直的《登乾陵》也值得一读。

(明)王子直《登乾陵》:

---

① 天枢:此处指华表。
② 朱襦:华丽的短衣。
③ 巑岏:耸立貌。

> 梁山雄峙九重城，世远凋零感慨生。
> 述圣碑残横绿草，双龙阙古入青冥。
> 玉鱼终见唐陵掘，白马谁移汉帝盟。
> 一转乾坤狄相力，令人千载慕精诚。

这首诗是说当年雄伟壮观的乾陵陵园到今天已成为残垣断壁，满目荒凉，幸亏当年宰相狄仁杰扭转乾坤，复唐换周的功劳永远为后人称颂。

（明）李应聘《登乾陵》：

> 成城谁复意倾城，凤阙朝来牝雉生。
> 一统山河忽汎汎，九重日月总冥冥。
> 野铜空铸嬴皇冢，嘷血难忘刘氏盟。
> 子母几言青史垂，挥毫聊自附忠诚。

（明）杨殿元《乾陵》：

> 掘地无能及九泉，黄巢沟尚野人传。
> 妖魂兀自饶才具，风雨犹能窃帝权。
> 重城双阙拥高封，跛马残蠡处处逢。
> 落日前山秋草里，孤坟东望有僖宗。

（清）张相侨《乾陵诗》：

> 萃兀①乾陵接碧霄，秋风日落草萧萧。
> 百年帝后无双冢，万古周唐说两朝。
> 只恐金蚕②终化土，虚传石马解为妖。
> 故臣惟有梁公近，任只余殃到牧樵。

（清）吴玉《晚过乾陵》：

> 雨过高原净，落日荒陵道。
> 暮气骄石马，长风撼坏堡。
> 鬼磷乱明灭，翁仲纷颠倒。

---

① 萃兀：险峻高起貌。
② 金蚕：陪葬品。

横垂树偃蹇,倔立石怒恼。
二圣长眠处,萧条余野草。
万古徒荒凉,当年徒改造。
易唐与反周,俯仰伤怀抱。
山外梁公墓,居人常祭扫。

这是一首写景抒情诗。作者傍晚时分来到这里,满目是日落荒陵一片萧条的景象,感慨就油然而生。作者首先是对乾陵陵园残垣断壁做了详细的描写,接着发出了自己的感叹,最后写自己对历史的评价。

(明)杜诗《乾陵》(四首):

其一
帝王陵寝郁巑岏,独有乾陵称则天。
怪得满朝男事女,高宗原是妇人冠。

其二
长发未就犟娥猜,一见君王笑靥开。
试向昭陵原上问,才人斌媚几时来。

其三
昭阳宫里醉颜酡,祔葬乾陵奈尔何。
茜长缠头罗列处,六郎花里梦中过。

其四
唐室将倾不可支,庐陵帝子一丝危。
二妃骨醉诸王鸩,罄竹难书没字碑。

这组题为《乾陵》的四首七言绝句,第一首由武则天写起,由于李治软弱,故而满朝文武均臣服于武则天;第二首则写武则天侍奉唐太宗李世民事,有点揭这个昔日的武才人老底的意思;第三首写武则天因为秽乱后宫,不该葬入乾陵;第四首写武则天做皇帝后大肆残杀李唐皇室子弟事,由于她的罪恶深重,因而罄竹难书,故而立了一个无字碑。总起来说,这组诗对武则天的历史功过进行了较为全面的评价,尽管诗人依然坚持正统的观点,但在短短的几首七绝中,能将武则天的一生功过给予较全面的概括、评价,亦属难得。

（明）邢云路《乾陵》：

> 曾将弱质事先皇，再整新妆悦嗣王。
> 抔土未干流帝子，嫠居①无奈狎张郎。
> 生前已享祀周嬰，死后何须祔李唐。
> 失侣塞鸿休过此，忍看羞墓在山傍。

该诗写武则天宫闱秘事。武则天十四岁入宫，侍奉唐太宗李世民；等到太宗去世，又重新收拾妆容侍奉新皇帝高宗李治；而李治死后，坟上的土还没有干，寡居的武则天又和张易之、张昌宗兄弟在一起。武则天生前已改国号为大周，享受周的祭祀，死了之后为什么还要埋在李唐的陵冢之中呢？武则天的这种做法，使失去伴侣的鸿雁从此飞过，都因为羞愧不愿意在此休憩。最后一句极尽讽刺之能是。

同样围绕谴责武则天篡唐、秽乱后宫，最后还要厚着脸皮葬入乾陵等事件的诗作还有很多。

（明）毕懋康《乾陵》：

> 荒丘翁仲对夕阳，传是唐家女主坟。
> 周嬰那堪仍附李，回车不忍看碑文。

（明）洪翼圣《乾陵》（二首）：

其一

> 女主如何窃号皇，妖尼飞入得翱翔。
> 宣淫最恨桃花面，复国惟劳药笼肠。
> 虽喜伍王扶社稷，还遗诸武战玄黄。
> 乾陵祔圣徒彰秽，臣子当年谋未藏。

其二

> 才人立后上怀疑，敢谏回天正在兹。
> 碎首遂良甘贬黜，逢君李勣效阿私。
> 大臣谋国分邪正，皇路临岐决盛衰。
> 唐事可为中载鉴，立朝莫把赤心移。

---

① 嫠居，寡居。

（明）尹伸《和乾陵壁上作》：

荒原落日草凄然，陵墓犹称武则天。
太白虽占诸李尽，晋阳遗累一丝悬。
生前只合愁为鼠，地下重开不是莲。
数局赌回唐社稷，只今人道翠表鲜。

这首诗原题为"蜀人尹伸"。诗人在傍晚时游览乾陵，写太宗朝太史占卜以及唐高祖山西晋阳起兵，说明武则天执政以及李唐弟子被诛杀乃是天意。诗人同时还写到武则天杀掉萧淑妃以及武则天的男宠张昌宗被杀，讽刺了武则天不守妇道的恶果。"地下重开不是莲"写武则天死后和唐高宗李治合葬，而非张昌宗。

（明）傅振商《经乾陵》（三首）：

其一
尝异乾陵祔则天，深山翁仲尚依然。
梦回鹦鹉仍双翼，云散珠襦闭九泉。
太帝只应留醉骨，玄宫何处觅乡莲。
低回闲读夕阳碣，仿佛宾王旧檄传。

从内容上考察，这首诗和下列两首诗非一时之作。该诗写诗人经过乾陵，看到墓前的翁仲仍矗立在深山之中，不由得想起了武则天生前为了谋取最高的权力，做了许许多多伤天害理的事情。但是，她窃取的武周最终又改为李唐，而她自己的白骨早已深埋地下，就连他的男宠也被杀掉。具有讽刺意味的是，如今看着墓碑上的文字，每一句仿佛都像是骆宾王的《讨武檄文》。

其二
转日回天藉伍王，断肠鹦鹉忆鸳鸯。
魄应化鼠还作妇，魂故攀龙当六郎。
暮雨已沉愁晚照，明河犹在朗秋光。
一朝女主收前局，终数梁公擅胜场。

这首诗选取了武则天一生中的几件重要的事情，如张柬之等五人反对武氏专权、武则天因二张被杀梦见鹦鹉、萧淑妃诅咒武则天、张昌宗攀龙附凤事,讽刺了武则天虽然大权在握也难以保全自己的宠臣。等到武则天统治结束,狄仁杰等人又挽大唐于危难之中。

其三
妲己荒湎聚作孽,雉①依作种祸水决。
宣淫屋社已乖常,犹是椒房旧营皋。
惟有女擅英雄骨,武曌　笑乾坤裂。
手提烈火炙八埏,兰王偏若红炉铁。
盘根仙李将无枝,鹦武两翅几尽折。
玄元谷神不佐孙,周宗忽祀唐宗灭。
地居天位女剖符,九阙圯圮六鳌坼。
纷纷酷虫俟鬼神,悍马垂钳自不辙。
淫风妖艳日绵渺,清浅明河事鼓枻。
莲花散作六郎身,莫登时舆阿难袭。
密云剩雨恋阳台,问津渡头常曲折。
辉辉丽笔催花早,艳艳春心妇让哲。
独留人望系朝绅,珍表一博屈淫孽。
更开对策罗才子,千载词场薪火热。
豁开女祸绝世界,颠倒古今任浊涅。
小儿已斩日重轮,唐帝何面更同穴。
凤巢滥招群鸟宿,龙眠岂在同心结。
渚莲久萎更难似,木鹤犹留子晋血。
萧妃佳妇醉骨香,一抔土下羞难雪。
我来洗涤山川秽,全发奇淫勒片碣。
缅想飞妖慧有神,心服应闭倾城舌。

这首长诗对武则天的一生进行了回顾,主要对其秽乱后宫事和以十分残暴的手段篡唐事进行了尖锐的批评和讽刺。

类似主题的诗还有以下几首。

---

① 雉:指吕后。

（明）杨邦宪《乾陵吊古四绝》（原题《渤海杨邦宪》）：

> 其一
> 秋风零乱淡寒烟，苔没残碑草色芊。
> 试问当年狐媚者，徒留秽骨播人传。
> 其二
> 武曌何为号则天，蛾眉惑主握朝权。
> 奠安不有梁公力，龙邸房州那得还。
> 其三
> 双阙巍巍耸具瞻，一朝金碗出人间。
> 百年驹隙石中火，陵畔惟闻鸟语闲。
> 其四
> 六郎容貌艳如花，承宠昭阳泛紫霞。
> 牝鸡空含谋一恨，高丘无复旧繁华。

（明）李梦阳《乾陵歌》：

> 九重之城双阙①峙，前有无字碑，突兀云霄里。
> 相传翁仲化作精，黄昏山下人不行。
> 蹂人田禾食牛豕，强弩射之妖亦死。
> 至今剥落临道旁，大者虎马小者羊。
> 问此谁者陵石立，山崔嵬②，铜铁锢。
> 重泉银海中潆回，巢也信力何能开！
> 君不见金棺玉匣出人世，蔷薇冷面飞尘埃。
> 百年枯骨且不保，妇女立身何草草。

诗人将有关乾陵的传说和自己在乾陵所见的景象巧妙地相联系，融写景、叙事、议论于一体，在吟咏乾陵的诗歌当中可谓另辟蹊径、别具一格。

（明）范文光《晓行乾陵山下》：

---

① 双阙：在此指乾陵的双乳峰。
② 崔嵬：高大貌。

凤夜催速驾，整衣顾我仆。
毕宿①似张罗，北斗已倒竖。
月晕生微风，野鸡号孤树。
远山如深宫，一点凝寒雾。
唐家调鹦鹉②，玉帐③梦方熟。
生事无停止，影踏霜与露。
村扉门半闭，默然心有悟。

这首《晓行乾陵山下》表面上写诗人大清早天还未亮时赶路经过乾陵，清晨的薄雾中，隐隐约约地看见远处的梁山就如深宫一般，因而想到武则天当年在长安手握大权高居庙堂之上的情景，实际上表现了诗人对明末统治者荒淫无道之士天下大乱的不满和谴责。"唐家调鹦鹉"句，写武则天生前事。诗人由此生发出"生事无停止，影踏霜与露"的感慨。

（明）范文光《首夏上乾陵》：

薄游④驱老马，暇日此追随。
麦熟黄垂地，苔深绿绕碑。
妒风腥草木，妖气染熊黑。
自丑生前事，难题石上辞。

该诗写诗人在初夏季节登上乾陵遥望一望无际的关中平原，正是麦子黄熟的季节，但是乾陵处却是一片荒芜的景象，草木丛生，妖气弥漫。也许，武则天觉得自己生前所做的事情太过丑陋，难以在墓碑上留下文字。

（清）温自知《乾陵》：

女主踞洪图，虎视何雄哉。
千秋王气尽，陵墓空崔嵬。
我今登其巅，萧萧风怒来。
饥鸢猎旷野，寒狐叫山隈⑤。

---

① 毕宿：星宿名。
② 鹦鹉：相传安禄山在叛乱前曾经向唐玄宗和杨贵妃献过鹦鹉鸟。
③ 玉帐：军帐，这里代指起兵之事。
④ 薄游：漫游，随意游览。
⑤ 隈：山水等弯曲的地方。

妆阁岂云秘，翁仲在莓苔。
石兽夜吼天，霜风日以摧。
咄嗟此高阜，万古云雷埋。
我本侠烈人，过揖过夜台。
腰下看青苹，肝胆历然开。
谁使贻妖氛，民生逢祸灾。
慷慨挥长剑，坐使鲸鲵①颏。
相顾起叱啸，旦夕风云回。

这首《乾陵》写登临乾陵时所见所感，但与明以后大多数诗人吟咏乾陵多以批评、讽刺武则天不同，温自知这首诗除了写乾陵的宏伟气势外，对武则天这位中国历史上仅有的女皇帝表达了一定的尊崇与赞美，整首诗写得比较客观，这从开篇第一句"女主舆洪图"即可看出端倪。当然，这首诗重点在于抒发自己怀才不遇的情怀。

（清）程应权《乾陵》：

听政日垂帘，奇局秦创始。
继者一辈辈，效颦而已矣。
武曌奇外奇，毅然称天子。
作用亦卓卓②，英主不过尔。
宇宙五千年，一官一家耳。
牝朝忽崛起，鼎足遂同峙。
黄巢入长安，唐陵应劫毁。
风雨声萧萧，此人独不死。

这首《乾陵》从中国历史上女人垂帘听政自秦开始，继承者不少，但大多数都是东施效颦，只有武则天政绩突出，因而她毅然称帝，政绩卓越，即便是那些男性英主也不过尔尔。中国五千多年来的家天下，本来都是男人掌舵的事情，但武则天却足以和那些英主鼎足相对。黄巢率领军队攻入长安，盗取了那么多的唐陵中的珍宝，唯独乾陵却在暴风雨中得以保

---

① 鲸鲵：音 jīng ní，凶猛吞食小鱼的鲸鲵。比喻凶暴不义之人。
② 卓卓：特立；高超出众。

全,这难道不是天意吗?这首诗一反大多数诗人诋毁、讽刺武则天临朝称制和登基为帝,而是对武则天的所作所为予以赞扬,实属难得。

(清)王庆澜《乾陵》:

> 坤德乃称乾,月魄辄掩日。
> 其才虽足雄,毋乃太突兀。
> 昔称则天后,遽谓天可则。
> 宇宙创奇局,今古竟无匹。
> 来自魔道中,帝亦莫之咈①。
> 六珈②忽冕旒③,廿年不巾帼。
> 能用狄梁公,岂曰非圣哲。
> 更喜独怜才,弗怒宾王檄。

这首题为《乾陵》的诗作几乎通篇都是议论,实际涉及乾陵景物的文字少之又少。作者写武则天"坤"占"乾"位,"月"掩"日"光,虽然自己确有治国之才,但无疑还是过于突兀,过去称天后,现在居然要"以天为法,治理天下"。但是,就是武则天这一奇局,从古到今没有人能够匹敌。她从参与国家管理直到掌握国柄,连高宗也无法制止。以一个妇人之身,居然巾帼不让须眉,而且,她还重用了像狄仁杰这样的贤才,对于没有招纳到写《讨武檄文》的骆宾王这样的人才而感到惋惜,可见埋在乾陵的武则天是一位圣哲。

吟咏乾陵的还有民国以及当代的众多诗人。

(民国)胡文炳《乾陵七律》:

> 乾陵坡下草离离,寝墓咸传葬武氏。
> 震主雌威余后世,开周辣手著生时。
> 高宗总属昏庸辈,贞观究无法则遗。
> 试取唐书观政处,篇中未载女戎辞。

梁文典《乾陵怀古》:

---

① 咈:音 fú,古同"拂",违逆,乖戾。
② 六珈:古贵族妇女发簪上的玉饰。
③ 旒,古代帝王礼帽前后悬垂的玉串。

第八章 武则天乾陵——今古兴亡有同恨，乾陵火照奉天时

乾陵古迹已千年，不说高宗说则天。
帝后威严从昔显，姑婆名号至今传。
岂因风雨多灵验，莫怪阴阳恒倒颠。
历代山陵穿掘尽，如何此地独能全？

郭沫若《游乾陵》（三首）：

其一
岿然没字碑犹在，六十王宾立露天。
冠冕李唐文物盛，权衡女帝智能全。
黄巢沟在陵无恙，述德纪残世不传。
待到幽宫重启日，还期翻案续新篇。

其二
巨坟云是旧梁山，山石崔嵬颇耐攀。
南对乳丘思大业，下临后土望长安。
千秋公案翻云雨，百顷陵园变土田。
没字碑头镌字满，谁人能识古坤元。

其三
陵头无复黑松林，解放以来护惜深。
埋没石人重见日，聚完碑纪尚飞金。
狻猊雄浑惊天地，象魏残存亘古今。
地下宝藏无恙否？盛唐文物好探寻。

毫无疑问，武则天是中国历史上争论最多的皇帝，没有之一。原因之一，她是一个女人，却做了从古到今千千万万个男人想做却没有做成的事情；原因之二，她占了男人们认为应该是男人才应该占有的一个位置；原因之三，作为一个女人，居然侍奉了两代皇帝；原因之四，在从一个十四岁的丫头走向权力之巅成为"则天大圣皇帝"的过程中，她做了太多太多应该做和不应该做的事情；原因之五，做了皇帝之后，她依然做了太多太多应该做和不应该做的事情……

可以这样说，武则天从入宫做唐太宗才人的那一天起，所走的每一步，在后人那里都会引起争议，包括她临死前传位于皇太子，包括下遗诏

要以李家媳妇的身份葬入乾陵，包括在乾陵墓前所立的无字碑……对她的争论从唐代开始一直持续到今天，自然还会继续下去。

我们还是看看晚年的毛泽东对武则天的评价吧。

对待武则天这样一个被欧阳修、司马光们妖魔化了的皇帝，毛泽东的评价更是准确客观。他曾经和身边工作人员谈起了武则天。当听到工作人员说："武则天，一个女人当了那么多年的皇帝，可真是不简单啊！"

毛泽东说："你觉得武则天不简单，我也觉得她不简单，简直是了不起。封建社会，女人没有地位，女人当上皇上，人们连想都不敢想。我看过一些野史，把她写得荒淫得很，恐怕值得商量，武则天确实是个治国之才，她既有容人之量，又有识人之智，还有用人之术。她提拔过不少人，也杀了不少人。刚刚提拔又杀了的也不少。"[①]

关于武则天所立的无字碑，毛泽东认为："武则天有自知之明，她不让在她墓前的碑上刻字。有人说其本意是功德无量，书不胜书。其实，那是武则天认识到，一个人的功过是非，还是由后人去评论。"[②]

"千秋功罪，自有后人评说！"这句话放在武则天身上再合适不过了！

---

① 盛巽昌：《毛泽东眼中的历史人物》，上海：上海辞书出版社，2005 年，第 236 页。
② 盛巽昌：《毛泽东眼中的历史人物》，上海：上海辞书出版社，2005 年，第 236 页。

第九章

唐玄宗泰陵
——终是圣明天子事，景阳宫井又何人

一

2011年暑期，在我们考察关中地区汉唐陵墓的过程中，有几座陵墓的寻觅过程十分艰难。之所以用"寻觅"，是因为在我们不断地使用现代化的设施定位、询问当地百姓时，有时候真的觉得某个陵墓似乎压根儿就没有存在过一样。有些陵墓的"知名度"确实太低，这主要因为陵主的知名度本身就太低，如汉代的几个皇帝，皇帝的龙椅还没有坐热就死了，或者被赶下了台；还有些陵墓本身就在延绵的深山之中，一个山头连着一个山头，如果不是对这方面有一定的兴趣，普通人也确实不清楚；再有就是有些帝王陵墓周边的交通条件很差，远离村镇，找寻起来也就比较困难。

但找寻唐玄宗泰陵的过程如此艰难，还的确出乎我们的预料。

站在了泰陵面前，我心里还在嘀咕：这是泰陵吗？这是那个因"开元之治"将唐王朝推上极盛巅峰的李隆基的陵墓吗？这是那个号称当了50年"太平天子"的唐玄宗的陵墓吗？

"因山为陵"是唐代帝王陵墓的重要特色，十八陵中有十四陵营建在"孤耸回绝"的山峰之中。这是希望借人力所无法比拟的自然形势来抒发大唐盛世君主豪雄非凡的精神气宇，同时也反映了唐代"天人合一"的观念。

　　位于渭河北岸金粟山的泰陵和同样"因山为陵"的昭陵、乾陵相比，实在是相形见绌，甚至有些寒酸。第一，金粟山不像昭陵和乾陵所在的九嵕山、梁山那样有巍峨挺拔的主峰，网络宣传上言泰陵"气势磅礴"显然是文人随手写的虚夸之辞，更像是讽刺一般，"逶迤蜿蜒"倒的确形象；第二，相比昭陵、乾陵和唐代其他陵墓前的石刻，泰陵前的石刻似乎是"微缩景观"，整个小了不止一圈；第三，泰陵居然只有一座陪葬墓，显得"门前冷落鞍马稀"，凄惶得紧。

　　沿着一条崎岖泥泞的乡间道路，我们来到了泰陵脚下。

　　据史料记载，唐代帝王中，生前为自己选择陵址的仅有二人，一位是唐太宗李世民，另一位就是唐玄宗李隆基。生前为自己定下陵址，肯定是看到了好山好水好地方，据新旧《唐书》记载，开元十七年，也就是公元729年，唐玄宗去拜谒睿宗桥陵，远望东北天空中白雾冲天，似有一条巨龙正在腾飞，他内心十分高兴，随即一路向前走到巨龙腾飞的地方，来到了金粟山，目睹了岗峦像龙盘凤翔的模样，便对左右侍臣说："朕千秋后，宜葬此地。"（《旧唐书》："上皇亲拜五陵，至桥陵，见金粟山岗有龙盘凤翥之势，复近先茔，谓侍臣曰：'吾千秋后宜葬此地。'宝应初，追述其志而置山陵焉。"[①]）开元十八年，泰陵正式动工建设，至广德元年（763年）竣工，长达33年之久。也许因为是"肉眼凡胎"，或许是因为审美的眼光不同，我们实在看不出这里有"巨龙腾飞"的迹象，也不见有"龙盘凤翔"的痕迹。

　　专门研究唐代宫廷女性人物的中央民族大学蒙曼女士，在其出版的《蒙曼说（唐）长恨歌》的"前言"中说，她1995年暑假在瞻仰过西安的许多胜迹之后来到泰陵，"我真的震惊于它的卑小。难道，这不足一人高的石狮子守卫的就是大名鼎鼎的盛唐天子唐明皇吗？"[②]

　　说实话，我也有同样的疑问。

　　金粟山的大势坐北向南，成环拱之形。它属于五龙山之余脉，自西南向东北延伸过来。以风水之优，唐睿宗用丰山为陵，唐玄宗用金粟山为陵。

[①] （五代）刘昫：《旧唐书》卷9《玄宗本纪》，北京：中华书局，1975年，第235页。
[②] 蒙曼：《蒙曼说（唐）长恨歌》，西安：陕西师范大学出版社，2010年，第1页。

所以，我很怀疑唐玄宗当初选择这里作为自己的最终归宿，更多的是为了陪伴自己那可怜的老爹（《旧唐书》载玄宗遗诏："吾千秋后宜葬此地，得奉先陵，不忘孝敬矣。"①）！

玄宗李隆基是唐朝第七个皇帝，也是中国历史上最具传奇色彩的皇帝之一。因"开元之治"，他把唐王朝推上极盛的巅峰；因"天宝之乱"，他又把唐王朝推向几致覆亡的深渊；一折《长生殿》，使他流传千古；一曲《长恨歌》，又使他遗恨终生。因此，就陵主而言，泰陵的唐玄宗李隆基有着极大的魅力。

有人说过，对于唐太宗、武则天和唐玄宗，历史学家的评价会有历史学家的道理。实际上，社会的发展是向人性倾斜的，唐玄宗不仅仅具备了一个皇帝应该具备的雄霸、威严和谋略，也具备了一个人应该具备的率真及其对生活的热忱。他广觅全天下的女人不是仅仅出于欲望。他的魅力显然超越了唐太宗和武则天，并将成为有唐一代最有影响的皇帝。

但是，作为泰陵的主人，当唐玄宗李隆基在宝应元年（762年）以太上皇的身份冷冷清清地死于长安神龙殿。我们很难理解，这样一个伟岸潇洒，多才多艺、尤懂音律，善八分书，生前爱热闹、爱女人的风流天子，死后除了自己的老婆元献杨皇后，居然只有一个老宦官陪葬。

他看着自己的祖母武则天、伯母韦皇后、姑姑太平公主为了皇权进行残酷的绞杀，使整个都城长安都弥漫着血腥味。后来，他也因为杨玉环丢掉了皇位，并差点丢了大唐江山。所以，他选择了死后远离女人，除了元献杨皇后，只留下那个生前陪伴了他一生、死后继续陪伴他的老宦官高力士。

高力士，这个活着的时候几乎终生陪伴唐玄宗的人，死了之后继续孤零零地陪伴着自己的主人，就葬在距离泰陵不远的椿树镇所辖的西山村，一个破败且不起眼的黄土堆下。

学界有人指出，唐玄宗经历了"开元盛世"至"安史之乱"，深刻地体会到人间的冷暖和世态的炎凉，他感到一生中真正与他荣辱与共、患难相依的只有高力士一人，于是遗诏中只让高力士一人陪葬。也有人认为，从开元初的发奋勤勉到天宝时的声色脂粉，唐玄宗的可悲之处在于丢皇位

---

① （五代）刘昫：《旧唐书》卷9《玄宗本纪》，北京：中华书局，1975年，第235页。

前早已丢了人心。被软禁在宫内当太上皇的两年，堂堂的大唐天下，和他共同患难的只有高力士一人。或许是玄宗在做太上皇的最后几年孤苦时光中，终于把人世的冷暖炎凉、繁华丧乱都经历过，看清了所谓君臣父子的关系的实质不过是赤裸无情的利益关系而已。朝廷上下的冷暖切换、人事更迭，那些当初甘愿为他当牛做马的奴才和大臣们，只不过是他荣华富贵的附带品，他终于明白，真正能属于自己的，便是与高力士一起打拼天下的主仆兼兄弟之情。昔日那个倾城倾国的杨贵妃已长眠在马嵬坡下，唯有高力士还在遥远的巫州为自己流泪，所以在死前，玄宗钦点其为自己唯一陪葬之人。也许，唐玄宗生前赐给高力士的财富不计其数，但唯有这封遗诏，才真正显示了在这位皇帝心中，高力士早已不是奴才的身份，而是超越了君臣、主仆，是朋友、兄弟，是唯一可与之交心、与之荣辱与共的人。那是一种生死与共的知己情谊。或许也是因为了解主子的这份心思，高力士才不愿让唐玄宗在九泉下孤独，尽早赶了去，在地下再续这份情义。

"从龙文武几人在，丹心事主惟高公"，元代诗人张志公《金粟山高公墓》中的这两句，应该最能表现唐玄宗李隆基和高力士二人之间的关系。

一般人对高力士的评价是不公平的，在关于唐朝这一段历史的小说演义中，高力士是个不可或缺的角色，但大多以奸佞猥琐、谄言媚上、恃宠弄权的形象出现。而不少学者认为，历史上的高力士不但不是奸臣，反而忠心耿耿，并为开元盛世作出过贡献。

高力士原名冯元一，其曾祖冯盎曾任高州总督，受封耿国公，他的父亲冯君衡世袭祖上军功，担任潘州刺史。后来，冯君衡因受到一桩谋反案牵连而被抄家。当时年仅十几岁的冯元一被罚为宦官。他长相清秀，入宫后得到武则天的喜爱，但后来因犯错被逐出宫。这时，宦官高延福将他收为养子，从此改名为高力士。在此期间，高力士随高延福经常在武三思家走动，武则天见了，又把他召进宫。高力士二次进宫后，变得非常谨慎，也懂得了察言观色。

唐玄宗李隆基年轻时便与高力士结下了友谊。武则天时期，李隆基默默无闻，高力士在此时成为他的心腹。后来，高力士协助李隆基杀死了韦皇后和太平公主及其党羽。政变后，高力士得到升迁。后来，高力士升任右监门卫将军，并开了宦官担任军职、掌握兵权的先河。

天宝十四载（755年），安史之乱爆发，高力士手下的军队随唐玄宗入蜀，至成都后，高力士因有功受封齐国公。天宝十五载（756年），太子李亨在灵武称帝，后高力士随唐玄宗还京，加开府仪同三司，封赏五百户。上元元年（760年），高力士被诬流放巫州。宝应元年（762年），唐代宗即位，高力士遇赦还京，归至朗州，知悉玄宗上皇驾崩，高力士面朝北哀恸呕血而卒。代宗复其原官职，并赠封扬州大都督。

人们对高力士的印象往往是邪恶的，习惯于把他归于奸臣那类人，只因他是个宦官，历史上的高力士真的是奸佞之臣吗？

作为皇帝的贴身内侍，高力士的本职工作干得十分出色，他把玄宗的生活起居照顾得无微不至，深得玄宗宠幸。玄宗专门在寝殿旁的帷幕后置一小床，让高力士睡在那里，以便随时差遣，并感慨地说："力士当上，我寝乃安。"①在工作上，高力士无疑是个优秀的宦官。高力士非常聪明，单观他能服侍皇帝多年且无大错，就知道他很会审时度势，灵活应变。俗话说，"伴君如伴虎"，高力士在唐玄宗身边工作了几十年，一直稳如泰山，从未被贬过，就充分地说明了这一点。他的聪明不但表现在自己的本职工作上，还表现在能揣摩皇帝的心思，并且还具有十分敏锐的洞察力和很强的判断力。在废掉太子李瑛之后，在继立谁为太子这问题上，唐玄宗犹豫不决。当时玄宗的宠妃武惠妃力荐自己的儿子寿王李瑁，宰相李林甫等人也主张立李瑁，而玄宗自己却想立年长的李亨，一时拿不定主意，闷闷不乐，连饭都不想吃了，力士一看就知道怎么回事，故意在旁边说："主子不吃饭，是不是饭菜做得不好呢？"玄宗说："你是我的老臣了，应该猜到我在想什么。"力士说："是立太子之事吧？依照历代规矩，推长而立，谁还敢争？"高力士这番话打消了玄宗的疑虑，他下定决心，将李亨立为太子。力士平素谨慎，又善于观察时势，所以久受宠任，于朝廷内外亦无大恶名。高力士言事还有个特点，叫"顺而不谀，谏而不犯"。早在安史之乱之前，在玄宗逐渐沉迷声色，又昏庸地任用奸邪之人时，皇帝信任的高力士不仅仅伺候皇帝和贵妃的起居，更重要的是多次警示唐玄宗应提防安禄山拥兵自重，心怀叵测，劝玄宗收回边事大权。然而，此时的唐玄宗声色犬马，根本听不进高力士的忠告。杨国忠靠着杨贵妃的关系登上

---

① （宋）欧阳修、宋祁等：《新唐书》卷207《宦者·高力士传》，北京：中华书局，1975年，第5858页。

了宰相之位，经常做些欺上瞒下之事。对此，高力士心知肚明，只是因为碍于杨贵妃的情面没有说出来罢了。据《新唐书》记载，天宝中，边将争立功，帝尝曰："朕春秋高，朝廷细务付宰相，蕃夷不龚付诸将，宁不暇耶？"对曰："臣间至阁门，见奏事者言云南数丧师，又北兵悍且强，陛下何以制之？臣恐祸成不可禁。"其指盖谓禄山。帝曰："卿勿言，朕将图之。"①这说明高力士非但不是李、杨同党，而且还敢于揭露他们，只是皇上不听。后来，安禄山叛乱，玄宗后悔莫及，痛谓力士曰："悔初不听卿言，致有今日之祸！"

由于身体残疾，一些宦官往往心理上极度自卑，扭曲畸形，其内心阴险狠毒，仇视社会。这种扭曲心理会随着地位提升逐渐体现，当权力达到只手遮天时，有了释放的舞台，就会暴露无遗。但是，高力士是历史上极为少见的有着好性格的宦官，史书说他"然性和谨少过，善观时俯仰，不敢骄横，故天子终亲任之，士大夫亦不疾恶也"②。天子信任，士大夫也不厌恶，就是正常的聪明人也很难做到这一点，说明他为人比较低调，性格很温和，心态也很平和。历史上与他同时代的知名人物，没有谁受过他诬谄或迫害的，非但如此，他有时还敢于直言，不偏袒。总起来说，高力士的为人还是不错的，没有昧着良心做事。例如，张说当时受到宇文融、李林甫的排挤，并被他们诬告说"与朔方九姓勾结，图谋不轨"，玄宗见奏大怒，便派高力士前去了解实情。高回来后汇报说："张说蓬头垢面，睡在破席上，用瓦器盛着粗饭淡茶，惶惶不可终日，正在悔过，等待惩罚。哪有一点造反的迹象？"玄宗听后怒气才消去，高力士又乘机进言说："张说一向忠于国家，在平定太平公主叛乱时又立有功劳，望陛下三思。"玄宗因此放过了张说。

唐玄宗晚年的昏聩，终于酿成了安史之乱，致使他逃往成都避难。当他闻知太子李亨于灵武即位时，似乎很得意，对高力士说："吾儿应天顺人，改元至德，不忘孝乎，尚何忧？"③高力士听后，说："陛下躬亲庶务，子有黔黎四十余年，天下无事。一朝两京失守，万姓流亡，西蜀、朔方，皆为警跸之地；河南、汉北，尽为征战之场。天下之臣，莫不增痛。

---

① （宋）欧阳修、宋祁等：《新唐书》卷207《宦者·高力士传》，北京：中华书局，1975年，第5860页。
② （宋）司马光：《资治通鉴》卷216《唐纪》，长春：吉林人民出版社，2000年，第2201页。
③ （宋）欧阳修、宋祁等：《新唐书》卷207《宦者·高力士传》，北京：中华书局，1975年，第5856页。

陛下谓臣曰：'卿之与朕，复何忧哉！'臣未敢奉诏。臣闻主忧臣辱，主辱臣死，死辱之义，职臣之由。臣不孝不忠，尚存余喘。亲蒙晓谕，战惧伏深。"高力士指明了局势的严峻，委婉地批评了玄宗的盲目乐观思想。可惜，开始玄宗还听，说得多了，皇帝就不高兴了，终是没有听从。

历史上其他有名的宦官大多臭名昭著，这些人都是狼子野心，篡权窃国，欺上瞒下，胡作非为，但高力士可谓忠心耿耿，尽心尽责，没有利用手中的职权干坏事，即使在玄宗退位之后，高力士还是一心一意地跟随玄宗，这一点尤其难能可贵。上元元年（760年）八月，李辅国矫诏率五百骑士拦住太上皇的道路，想谋害玄宗，高力士挺身而出，冷静果断地平息了这起风波。事后，玄宗皇帝握着高力士的手感激地说："微将军，朕且为兵死鬼。"① 后来，高力士因此被流放巫州，临走之前对李辅国说："我早该死了，只是因为圣上仁慈怜悯才苟活至今。我请求再拜见一下太上皇的龙颜，那样我即使死了也心无遗憾了。"李辅国没有同意。高力士带着遗憾来到巫州，至死也未能见上玄宗一面。

宝应元年（762年）四月，唐玄宗和唐肃宗相继去世，李豫即位，是为代宗，改元大赦天下，流放于巫州的高力士遇赦回京。六月，他得到玄宗去世的噩耗，"号天叩地，悲不自胜"，每一号恸，数回气绝。七月，到朗州（今湖南常德）时由于哀毁过度，哽咽成疾。他对左右说："吾年已七十九，可谓寿矣。官至开府仪，可谓贵矣。既贵且寿，死何恨焉。所恨者二圣升遐，攀号不逮；孤魂旅榇，飘泊何依？"

从李隆基即位，高力士就开始追随其后。从大唐王朝极盛到衰落，从歌舞升平到饿殍遍野，高力士目睹了开元时期的沧桑巨变，作为最接近皇帝的红人，并且是唯一一个跟随唐玄宗这么长时间的人，他了解掌握这一时期各类事件应该是最多的，也最有发言权。

纵观高力士一生，无大过，没做过什么伤天害理之事，要说他有小过，那就是贪了不少钱财，不过，这些钱并不是通过横征暴敛的手段得来的，而是那些官员为巴结他而送的。自然，高力士的身份，也决定了他不会做出什么利国利民的丰功伟绩。但我们可以设想一下，如果唐玄宗听取高力士的劝言，克制李林甫，贬谪安禄山，弃用杨国忠，那么，开元盛世

---

① （宋）欧阳修、宋祁等：《新唐书》卷208《宦者·李辅国传》，北京：中华书局，1975年，第5881页。

就不会如此短暂了，而他的功劳也足以改写历史。所以，总体来说，这个陪伴唐玄宗生死的宦官并非奸臣，否则，以唐玄宗的心智，恐怕不会糊涂到死后还要一个奸臣陪他到地老天荒。

一千多年过去了，在陕西蒲城县东北十五千米处五龙山余脉金粟山南，中国历史上著名的风流天子唐玄宗李隆基的泰陵就在那里，神异的翼马和石刻群向世人夸示威烈，仪卫亡灵，气势宏大、庄严、冷峻，给人以无情震慑。然而石刻群冷峻的背后又透出墓主无可奈何的悲凉，泰陵只有一个老宦官忠实地相陪。与自己的祖宗们相比，唐玄宗只能伤感地躺在冰冷的地下玄宫中。

当年，这里有寝园，城垣之内面积足有数十里，青龙门、白虎门、朱雀门、玄武门四方而开，筑有阙楼、献殿、便殿。然而，这一切，现在均已荡然无存。荒野之中，唯有神道两边的石刻惶然残存着，张皇地望着唐玄宗、元献杨皇后和高力士的陵墓。

二

在唐玄宗李隆基成长的过程中，除了自己的父母，除了从十来岁就陪伴他左右的高力士，有三个女人对他性格的形成可以说起到了至关重要的作用，第一个是他的祖母武则天，第二个是他的伯母韦皇后，第三个是他的姑姑太平公主。了解了这三个女人，我们也就能够理解唐玄宗后来对另外一个女人杨贵妃玉环的"爱情"了。

唐玄宗出生于公元 685 年，在他出生的前两年，大唐历史上那个最没出息、也最窝囊的皇帝唐中宗李显登基，龙椅还没有坐热，就被武则天赶下台；然后，李隆基的父亲唐睿宗李旦第一次登上了皇位。在武则天的操纵下，李旦战战兢兢地做了六年的傀儡皇帝。公元 690 年，李旦把皇位让给母亲。这一年李隆基 5 岁了。随后，李隆基那个强势的祖母武则天开始了长达十五年的统治。再后来，又是李显二次登基，李重茂短暂登基，到了公元 710 年李旦二次登基，中间还夹着一个在洛阳打算称帝的伪皇帝谯王李重福。公元 712 年，李隆基那个本该当皇帝却酷爱音乐的哥哥李宪（本名李成器）拒绝当皇帝，李隆基这才当上了皇帝。这一年，他 27 岁！

第九章 唐玄宗泰陵——终是圣明天子事，景阳宫井又何人

在一个人成长的过程中，5岁到30岁这一年龄段可以说是一个非常重要的年龄段，他对世界的认识，对人生的看法，对自我的认知，自己的处世方式，等等，都是在这个阶段形成的。可是，在李隆基人生的这个重要阶段，唐王朝处于一个非常特殊的时期，其特殊在于，皇帝像走马灯一般换个不停，直到武则天登基才基本上消停了下来，而武则天死后又开始了新一轮的走马灯，直到李隆基自己登基才稳定了下来。另外一个特殊在于，这段时期在唐王朝历史上基本上是"女人政治"，武则天当皇帝期间"牝鸡司晨"自不用说，武则天死后，李隆基的伯母韦皇后领一拨人，姑姑太平公主领一拨人，堂姐安乐公主李裹儿还领着另外一拨人，就连上官婉儿也有自己的一拨人……女人政治横行朝野，天性懦弱的李显总是睁一只眼、闭一只眼。甚至，作为一个具有至高无上权力的皇帝，居然默许上官婉儿把美男子武三思引进内宫。《新唐书》里说："至是与三思升御床博戏，帝从旁典筹，不为忤。"①《旧唐书》也说："帝后受上官昭容邪说，引武三思入宫中，升御床，与后双陆，帝为点筹，以为欢笑，丑声日闻于外……"②这就是被武则天吓破了胆的大唐帝国皇帝的所作所为，李隆基就是在这样的一个大环境下成长的。对于以祖母为代表的女人，他的感受应该是十分特殊的。

李隆基那工于心计、心狠手辣的祖母武则天给唐高宗李治总共生了四个儿子两个女儿，分别是：李弘、李贤、李显、李旦，长女安定思公主，早夭，次女太平公主。李显和李旦都是上台没多久、龙椅还没坐热就被母亲拉了下来。而长女安定思公主，据传说也是做了母亲武则天和王皇后斗法的牺牲品，可怜的孩子估计连眼睛都没有睁开，就成了冤死鬼。对自己的亲人尚且如此，至于外姓旁人更是毫不留情。据林语堂先生《武则天正传》说，武则天一生共谋杀了93人（不包括其受到株连的亲属），其中她自己的亲人23人，唐宗室34人，朝廷大臣36人（不包括其走狗），这都是有名有姓有身份地位的人，至于到底杀了多少无名小辈，真的无法统计。李隆基的祖母就是这样一个为了权力任何亲情都不讲的女人，一个"一言不合"就大开杀戒的女人。

李隆基和他强势的祖母交集不多，但他出生的时候正是武则天主政要

---

① （宋）欧阳修、宋祁等：《新唐书》卷76《后记·韦皇后传》，北京：中华书局，1975年，第3486页。
② （五代）刘昫：《旧唐书》卷51《后记·中宗韦庶人传》，北京：中华书局，1975年，第2172页。

做女皇的时候，所以他小时候就经历了错综复杂的宫廷变故，这也许促使他形成了意志坚定的性格。李隆基小时候就很有大志，在宫里自诩为"阿瞒"，虽然不被掌权的武氏族人看重，但他一言一行依然很有主见。据史书记载，在他七岁那年，一次在朝堂举行祭祀仪式，当时的金吾将军（掌管京城守卫的将军）武懿宗大声训斥侍从护卫，李隆基马上怒目而视，喝道："这里是我李家的朝堂，干你何事？！竟敢如此训斥我家骑士护卫！"弄得武懿宗看着这个小孩儿目瞪口呆。武则天得知后，不但没有责怪李隆基，反而对这个年小志高的小孙子备加喜欢。到了第二年，李隆基就被封为临淄郡王。可见，只要对自己的皇权地位没有威胁，武则天还是挺赏识她的这个人小志大的孙子的。

在祖母武则天死后，伯父唐中宗李显懦弱无能，结果朝政大权落到了韦皇后和安乐公主之手。

每个女人都可以有武则天的想法，但不是每个女人都具有武则天的才能。

神龙元年（705 年），凤阁侍郎张柬之、鸾台侍郎崔玄暐等五人，发动兵变，逼迫武则天禅让，李显复辟，史称"神龙政变"，韦氏也重新当上了皇后。

重新成为皇后以后，韦氏便像武则天在高宗朝那样干预起朝政来了。

对于韦后干政，神龙政变的五位功臣之一、时任侍中桓彦范上表，认为："《周易》说：'妇女没有什么错失，在家中主持家务，就是吉利。'《尚书》说：'如果母鸡司晨打鸣，这个家庭就要败落了'。我发现陛下每次临朝，皇后总是坐在帷帐后面参预对军国大事的处理。臣观察历朝帝王，没有哪一个与妇人共同执政而不导致国破身亡的。再说阴凌驾于阳之上，是违背自然法则的；妇人欺凌丈夫，是违背人伦之道的。希望陛下观察古今治乱兴衰的经验教训，时刻想着社稷与百姓，敦促皇后严守皇后的本分，一心一意地致力于女子的教化，不要到外朝来干预国家政事。"

李显对韦后干政的事情听之任之，大臣的话自然听不进去。于是，韦后就变本加厉地胡作非为起来。

也许，如果没有武则天的出现，那时候的女子是不可能有如此开放和自由的。如果武则天没有当过女皇，天下人也不可能知道女人也能做到男人做不到的事情。武则天不仅给了天下女人以极大的自由，也给一些卓越的女人以更加广阔的想象空间。特别是对于韦氏这种经历过权力之殇对权力痛恨而又痴迷的人来说，她深知只有自己掌握权力，才能不被伤害。或许当上皇后的那一刻，韦氏并没有想过要再僭越一步，也不会再有什么非分之想，因为这个世界上已经没有人有能力再去威胁到她和她家人的安全了。可是韦氏自己不想，她身边的人不一定不想。时任昭容的上官婉儿就趁着韦皇后势高权重的机会，屡次对其进行劝说，希望她能效仿武则天的一些做法，当然，不是说让她当女皇，而是改易制度，用来收取人心民望，与此同时顺便提升一下妇女的地位。对于上官婉儿这样的女官来说，比起再回到男权的道统，她们更愿意再推出一个女皇来服侍。对于效忠韦氏卖官鬻爵的宵小弄臣来说，他们更愿意这位主子更上一步，成为天下的主人，他们好获得永世的荣华富贵。而对于之前效忠武则天的武氏集团来说，抱紧韦氏的大腿来对抗李氏皇族的报复，更是事关他们家族生死存亡的大事。

于是，在唐中宗李显的后宫里，谗言漫天，奢靡不止。几年后韦皇后释放出压抑了半生的欲望，她开始卖官鬻爵、骄纵无忌，她甚至和李显的表哥武三思通奸。对于这一切李显都在宽容她，韦氏毕竟是与她同甘共苦十多年的结发夫妻，而且在李显内心里甚至真的认为，如果没有韦氏就没他今天的成就，他对韦氏原本就充满着感恩之心。就李显自己来说，重登皇位的他，自己逍遥快活还来不及，怎么会去管韦氏呢？

有了皇帝老公的默许，韦皇后的做法就越来越肆无忌惮，无拘无束了，韦氏对权力的痴迷也越来越严重。韦后与武三思每日在皇帝李显的面前诬陷张柬之、敬晖、桓彦范等帮助过李氏皇族的重臣，同时又重新起用那些在倒武斗争中被打倒的旧臣来培植自己的党羽和势力。在唐中宗的纵容和武三思、上官婉儿等人的恣意下，朝政大权基本上都落入了韦皇后之手。

最丧心病狂的是，韦皇后居然想除掉自己的皇帝丈夫！

要知道，在中国的封建社会，皇帝，哪怕懦弱无能如李显般的皇帝，也是全天下人的皇帝。所以，韦皇后这么做，无疑是犯了众怒，她要冒天下之大不韪，与全天下的人为敌。几年之后唐隆政变的当天，李隆基高喊着"韦后毒死先帝，谋危社稷，今晚大家要齐心协力，铲除韦家人及其死党"这样的口号杀进了皇宫。

一朝大权在握，韦皇后便开始动手了。景龙元年（707年），韦后因为太子李重俊不是自己亲生的，所以对他极度厌恶，并想要构陷他。就连她的女儿安乐公主和驸马左卫将军武崇训等人，也仗着她的势力强盛，经常侮辱太子。安乐公主甚至盘算着废掉太子，竟然想要母亲效仿武则天做个女皇帝，然后立她为"皇太女"。太子心中激愤，终于在同年七月，率左羽林大将军李多祚等，发动"重俊之变"，武三思、武崇训父子等人在这次事变之中被杀，但因为在玄武门受阻，李重俊手下的士卒倒戈，李重俊被手下所杀。这时，在韦氏与皇权之间已经再无其他阻碍，只有皇帝李显了。

景龙四年（710年）六月，唐中宗李显去世。由于中宗生前并未重新册立太子，于是韦皇后便掌控宫禁秘不发丧，她想要立李重茂为皇太子，让相王李旦辅政，韦后自己做皇太后摄政，为自己当女皇铺垫道路。可是韦皇后毕竟才把持朝政不到五年，而且她并没有武则天那样真正治理天下、掌控朝局的才能，她所笼络的一些党羽故旧，无非是一些酒肉宵小，她最重要的支持者武三思又在之前的政变中被杀。在她秘不发丧的这个时候，她实际上是内无亲信、外无强助，而且，整个大唐的朝局，还有天下士族阶层并不希望再出现一位女皇帝。

韦皇后的诏命还没来得及发向全国，临淄王李隆基就和太平公主抢得先机在景龙四年七月二十一日发动了著名的"唐隆之变"，并昭告天下说是韦皇后毒死皇帝，号召全天下之人群起而攻之。韦皇后感到大势已去，仓皇逃走，却被一个名不见经传的士兵斩下首级。

所以，要做女皇，不能和武则天比谁的手段更残忍，而是得和武则天比一比治国的能力。韦皇后也许就错在这一点上。

我们不必过于指责韦皇后，毕竟，权力尤其是皇帝的权力，有让人迷失甚至丧心病狂的魔力！

是啊，身处政治斗争的漩涡里，又有什么东西能替代最高的权力，让韦皇后获得真正的安全感呢？

后人编写的历史对于韦皇后的评价，想必亲手把她送上不归路的李隆基会同意的。

《新唐书》："或称武、韦乱唐同一辙，武持久，韦亟灭，何哉？议者谓否。武后自高宗时挟天子威福，胁制四海，虽逐嗣帝，改国号，然赏罚己出,不假借群臣,僭于上而治于下,故能终天年,阽乱而不亡。韦氏乘夫,淫蒸于朝,斜封四出,政放不一,既鸩杀帝,引睿宗辅政,权去手不自知,戚地已疏,人心相挻,玄宗藉其事以撼豪英,故取若掇遗,不旋踵宗族夷丹,势夺而事浅也。然二后遗后王戒,顾不厚哉。"①

在李隆基发动"唐隆政变"的前后,有一个女人给予了他强有力的支持,她就是武则天的女儿、李隆基的姑姑太平公主。

这个太平公主也不是一盏省油的灯。

"唐隆政变"中,李隆基杀死了韦皇后,然后,他和姑姑太平公主就在唐中宗的棺材旁边废掉了韦皇后拥立不到一个月的唐少帝(亦称殇帝)李重茂,皇位传给了李隆基的父亲李旦。

就在政权移交的过程中,无论是皇帝李旦还是皇太子李隆基,无时无刻不感觉到太平公主的存在,而且,父子二人不约而同地从太平公主的眼神里感到了一股寒气。

太平公主立下大功后,权势地位更加显赫重要,李旦经常同她商量朝廷的大政方针,每次她入朝奏事,都要和李旦坐在一起谈上一段时间;有时她没去上朝谒见,李旦会派宰相到她的家中征求她对某些问题的处理意见。每当宰相们奏事的时候,李旦就要询问:"这件事曾经与太平公主商量过吗?"接下来还要问道:"与三郎商量过吗?"在得到宰相们肯定的答复之后,李旦才会对宰相们的意见表示同意。凡是太平公主想干的事,皇帝李旦没有不同意的,朝中文武百官自宰相以下,或升迁或降免,全在她的一句话,其余经过她的举荐而平步青云担任要职的士人更是不可胜数。

其实,太平公主参与政治亦非一日两日。这个据史载极"喜权势"的女人,武则天认为她的长相、性格都像自己,就常常与女儿商议政事,但武则天生前从不让太平公主将她参与政事的事情外泄。神龙元年,即公元705年李显复位之后,被封为"镇国太平公主"的李令月逐渐从后台走到前台,积极参与政治,像她的母亲一样成了"政治野兽"。她受到李显的尊重,李显曾特地下诏免她对皇太子李重俊、长宁公主等人行礼。中宗朝,韦后与安乐公主乱权,唯惧太平公主多谋善断。景龙四年(710年)

---

① (宋)欧阳修、宋祁等:《新唐书》卷76《后妃·杨贵妃传》,北京:中华书局,1975年,第3496页。

七月，太平公主派其子薛崇简与刘幽求一起参与了李隆基等诛杀韦后的行动，清除了韦氏党羽，并亲手将李重茂拉下皇位，拥立相王李旦复位，是为唐睿宗。太平公主因此番功劳而晋封万户，为唐朝公主权势之顶峰。

李隆基的父皇李旦也和他的伯父皇帝中宗一样，是一个十分软弱的皇帝，他不愿和太平公主发生正面冲突，总是一再忍让；他也试图在儿子李隆基和妹妹太平公主之间寻求某种政治平衡，以避免伤害到任何一人。而太平公主则认为是自己给了哥哥做皇帝的机会，功劳巨大，所以她掌握了朝政大权。随着势力的不断强大，太平公主的野心也逐步膨胀起来，她也想像自己的母亲那样过过当女皇的瘾。

但是，她可能忘记了自己的侄子李隆基已经27岁了，他不再是一个弱冠少年了。

开始，太平公主并没有把长相英俊帅气的李隆基放在眼里，觉得他还很年轻，但是，经过一段时间接触，尤其是后来了解了李隆基的英勇果断之后，就开始防范他，转而又想改立一位昏庸懦弱的侄子作太子，以便使她自己能长期保住现有的权势地位。于是，太平公主屡次散布流言，声称"太子并非皇帝的嫡长子，因此不应当被立为太子"，更不能继承皇位。其目的是要废除李隆基的太子身份，为自己以后做女皇帝开路。

从公元710年（景云元年）到公元711年，太平公主和李隆基两个人都磨刀霍霍，时刻准备动手。可以说，如果没有一个和稀泥、搞平衡的唐睿宗，估计历史的进程会前提。唐睿宗既不得罪自己那个谁也惹不起的妹妹太平公主，又想同自己的儿子太子李隆基保持政治上的联系。太子、太平公主双方互为敌手，却对睿宗皇帝都有共同的政治需要。睿宗也正是在太平公主与太子的政治较量中保持着他的皇统地位。睿宗希望能够在儿子和妹妹之间找到政治合作的共同点，希望彼此能够平和相处。他把"太极"年号改为"延和"，其实已经隐隐约约表达了这样的期盼。

然而，政治斗争的法则，使唐睿宗李旦的这一追求化为泡影。

这一次，他倒向了自己的儿子李隆基。也许，在唐睿宗的潜意识里，只有他这个能"诛凶定乱，安宗庙社稷"的儿子，才能和他的妹妹作殊死一搏。

延和元年，即公元712年，后来被司马光评价说"宽厚恭谨，安恬好让"的唐睿宗厌烦了做皇帝的生活，决定要把帝位让给自己的儿子李隆

第九章 唐玄宗泰陵——终是圣明天子事，景阳宫井又何人

基。这应该是这位皇帝第三次把皇位"让"给别人了，第一次是让位于母亲，第二次是让位于皇兄李显，这是第三次了，他要让皇位于自己的儿子。这时候，距他再次登上皇帝的宝座，仅仅只有两个月时间。睿宗为了求得政治上的稳定，他决定以"传德避灾"禅位的形式终结自己这次短暂的帝王生涯。但是，他的这次传位太子实际上是抛弃了自己的妹妹太平公主。睿宗虽然传位，但还应当"自总大政"，维护太平公主权柄的同时保留自己的帝王权力。于是，睿宗又一次搞他的政治平衡。他说，自己传位以后要不忘国家，表示仍然会过问军国大政，但是太平公主仍然掌握着朝政大权：朝廷三品以上官员的任免权和军政大事的决定权。

睿宗的让位加剧了李隆基和太平公主的矛盾。双方都在积蓄力量，准备除掉对方。

太平公主地位特殊，又拥护睿宗李旦有功，七个宰相有五个是她的门生；李隆基不敢惹太平公主，只要有一点小事惹了她就得连忙登门去告罪。李隆基的登基，使太平公主陷入了恐慌之中，也打乱了她的部署，她没想到哥哥李旦会这么快就退位。她之前无数次劝李旦废掉李隆基，改立别的太子。太平公主说李隆基当太子时一直都有二心，李旦虽然觉得也有可能，但是一直在犹豫。如果换一个太子的话，李旦可能更受太平公主的胁制。李隆基对太平公主一直怀恨在心，但是，因为李旦健在，李隆基也不敢对太平公主动手。

李隆基登基后，因为朝政的问题，令太上皇李旦越来越不满。太平公主也趁机劝李旦，应该废掉李隆基。最后，太上皇李旦决定派李隆基戍边，但事到临头又犹豫起来，没了主意，决定将李隆基戍边推到下一年。

"戍边"就是废帝的暗示，李隆基此时紧张得不得了，他很害怕，因为一旦被废就只有死路一条。最后，李隆基决定孤注一掷，在戍边的前一个月发动政变，包围太平公主府第，围困了李旦。

太平公主逃到城外的山上，伤心之下自缢身亡。李隆基也没杀自己的父亲李旦，只是终身软禁了他。太平公主的三个儿子都被李隆基处死，只有薛崇简因为平日屡次谏阻而受到其母亲太平公主责打，所以例外地被免于死刑，李隆基赐他姓李，并准许他留任原职。唐玄宗还下令将太平公主的所有财产没收充公，在抄家时发现公主家中的财物堆积如山，珍宝器玩可以与皇家府库媲美，厩中牧养的羊马、拥有的田地园林和放债应得的利

息，几年也收不完。

关于太平公主，《资治通鉴》是如此评价的："太平公主沉敏多权略，武后以为类己，故于诸子中独爱幸，颇得预密谋，然尚畏武后之严，未敢招权势；及诛张易之，公主有力焉。中宗之世，韦后、安乐公主皆畏之，又与太子共诛韦氏。既屡立大功，益尊重，上常与之图议大政，每入奏事，坐语移时；或时不朝谒，则宰相就第咨之。每宰相奏事，上辄问：'尝与太平议否？'又问：'与三郎议否？'然后可之。三郎，谓太子也。公主所欲，上无不听，自宰相以下，进退系其一言，其余荐士骤历清显者不可胜数，权倾人主，趋附其门者如市。"①

不管怎么说，除掉了姑姑太平公主，李隆基皇权在握，"九五之尊"实至名归。

自此，唐玄宗的政权宣告稳定，开启了开元之治，也结束了从626年"玄武门之变"九十年京城多次兵变的现象，内乱频仍、政变迭出的"内忧"局面终于告一段落。

开元盛世之后，继之而来的是"外患"。

按照传统的说法，这个"外患"的根源在于另外一个女人——杨贵妃。

关于杨贵妃，正史和野史都用足够的篇幅对这个中国历史上典型的"红颜祸水"进行了描述，尤其是大诗人白居易的一首《长恨歌》，几乎使她家喻户晓，以至于后来只要人们一提到唐王朝由盛转衰的转折点——安史之乱，人们似乎不自觉地就联系起杨贵妃。

李隆基当皇帝后，第一任太子是李瑛。后来，李瑛和两个弟弟一起被唐玄宗深爱的女人武惠妃谗毁而死。按照无嫡立长的原则，年龄较长的忠王李亨被立为太子。但武惠妃很不甘心，费尽心机一心想让自己的儿子寿王李瑁当太子。然而，具有讽刺意味的是，武惠妃的儿子，那个倒霉的寿王后来不但没当上太子，就连自己老婆杨玉环后来都被父亲抢走了。

唐玄宗以风流名世，他伟岸潇洒，多才多艺，尤懂音律，善八分书。他喜欢在外度假，在太白山凤泉汤沐浴，当然更喜欢在华清宫沐浴。偶尔，也出去打打猎。这样性格与爱好的皇帝自然深得女人的喜爱。当然，

---

① （宋）司马光：《资治通鉴》卷191《唐纪》，长春：吉林人民出版社，2000年，第2127页。

风流的唐玄宗自然也更喜欢女人，不仅喜欢，还会欣赏女人，也颇为钟情。武惠妃是武氏家族的姑娘，小时候便入了后宫，唐玄宗即皇帝位后，她遂渐承恩爱，她少而婉顺，长而贤明，贵而不恃，谦而益光，又生子生女，可惜年四十余而薨，使唐玄宗久久哀伤，甚至后宫数千，他也寻找不到一个新的可意的女人。

这时候，杨贵妃出现了！

开元二十二年七月，唐玄宗的女儿咸宜公主在洛阳举行婚礼，杨玉环也应邀参加。咸宜公主之胞弟寿王李瑁对杨玉环一见钟情，唐玄宗在武惠妃的要求下当年就下诏册立她为寿王妃。婚后，两人甜美异常。

只是这一次，唐玄宗并没有"邂逅"自己的这个儿媳妇。

开元二十五年十二月初七，武惠妃病逝，唐玄宗因此郁郁寡欢。在心腹宦官高力士的引荐下，唐玄宗把目光投向了与武惠妃形似神似的儿媳杨玉环身上。

问题在于，这个女人是自己的儿媳妇。当然，天下事是难不倒当皇帝的，于是，唐玄宗令她出家做女道士为自己的母亲窦德妃荐福，并赐道号"太真"，然后再招她进宫。

像他的前辈一样，唐玄宗也搞了一次"曲线求美"。

于是，开元二十八年十月，与李瑁成亲五载的杨玉环离开寿王府，来到骊山唐玄宗的行宫华清宫。

此时，杨贵妃22岁，唐玄宗56岁。

杨贵妃让唐玄宗一见即"龙颜大悦"，因为这个女人"丰艳凝润"，有着绝世之色。杨玉环天生丽质，加上优越的教育环境，使她具有良好的文化艺术修养，性格婉顺，精通音律，擅歌舞，尤善弹琵琶，其对音律之通，歌舞之精，很符合唐玄宗的口味。杨贵妃也很聪明，善于撒娇，会使小性子，发小脾气，很有小女人的味道，这更让见惯了武则天、韦皇后、太平公主那样的"政治野兽"的唐玄宗觉得新鲜异常，稀罕得不得了。

一旦宠幸，便如胶似漆，即使唐玄宗年逾半百。因为喜欢杨贵妃，便也喜欢杨贵妃的三姐妹，并封她们为韩国夫人、虢国夫人、秦国夫人。有一年姐妹在三月三日上巳节于曲江池踏青，濯其足，以祓除不祥，唐玄宗唯恐杨家三姐妹饿肚子，还派近臣送珍馐美味给她们，可见其爱屋及乌的程度之深。

唐玄宗和杨贵妃之间的小矛盾和小别扭也很有意思。天宝五载（746年），杨贵妃以忤旨遭逐，居堂兄杨铦宅。贵妃不在，竟使唐玄宗情绪大坏，魂不守舍，半日不思饮食，迁怒左右，高力士知道皇帝之病，便奏请迎接贵妃，夜返椒房，贵妃伏地谢罪。唐玄宗早就既无怨气，又无怨言，遂赶紧抚慰。天宝九载（750年），杨贵妃又以忤旨遭逐。贵妃刚刚离开，唐玄宗便又懊悔了，立即派近臣送馔给她。见御膳，贵妃也泣声道歉，并剪秀发一绺请近臣献上。唐玄宗捧贵妃秀发，慨然惊惋，立即指示高力士召还杨贵妃。

很多年了，我一直很怀疑唐玄宗对杨贵妃的"爱情"是否真如《长恨歌》里所渲染的那样美好。玄宗之所以甘冒天下之大不韪，肯定是杨贵妃与别的女人有所不同。

在玄宗的眼中，武则天、韦皇后、太平公主这些女人们过于热衷于权力，在其几十年打打杀杀的过程中，连作为一个"人"的基本人性也几乎丧失殆尽。

而杨贵妃身上具有的，恰恰是武则天、韦皇后、太平公主身上所没有的。可能正是这一点，让唐玄宗欲罢不能。

我们可以想象，杨玉环自入宫以后，严格遵循封建的宫廷体制，不过问朝廷政治，不插手权力之争，以自己的妩媚温顺及过人的音乐才华，受到玄宗的百般宠爱，虽曾因妒而触怒玄宗，以致两次被送出宫，但最终玄宗还是难以割舍。

至于杨贵妃的堂兄杨国忠以及那三个姐姐因为杨贵妃"一人得道，鸡犬升天"的事情，我以为与杨贵妃本人没有多大的关系，那是中国封建社会"家天下"的体制所决定的，哪一个封建王朝又不是这样呢？

至于杨贵妃恃宠骄纵、放浪形骸、生活极度奢华等，那是因为杨贵妃是唐玄宗的宠妃，这些事情被无限放大，以至于一千多年来人们总是拿杨贵妃吃荔枝的事情谴责这个女人。

我以为，蒙曼女士在《蒙曼说（唐）长恨歌》中对杨贵妃的评价很有道理：

> 杨贵妃虽然不是红颜祸水，但也绝不是一个贤妃。要知道，中国古代的后妃并不是一般的妻子，而是一种政治身份。人们对后妃的要求并

不是不参政，而是以合理的方式参政。

事实上，杨家一门能够飞扬跋扈，在很大程度上不也是和她（杨贵妃）的纵容有关吗？这样看来，传统史学一提到女人就是红颜祸水固然不对，但是，一味强调杨贵妃的无辜恐怕也有失偏颇。

最后，我还想说，杨贵妃是一个悲剧人物。她没有政治城府，也没有政治欲望，她只是一个爱好唱歌跳舞、爱好享乐的单纯女子。如果能够始终和寿王生活在一起，她本来可以过一种平凡而幸福的生活。但是，她始终难以把握自己的命运。无论是成为玄宗的贵妃，还是最后横死马嵬驿，都不是她自己的选择。她本来不是一个政治人物，最后却被裹挟在政治的漩涡中，被暗流吞没。①

唐玄宗就是在由几个女人搅起的血雨腥风中从幼年到青年，等到一切风平浪静，在壮年时期，他可能也厌倦了亲人之间的角力和搏杀，就在这个时候，他遇到了杨贵妃。

成长在一个特殊时期的唐玄宗，他性格的形成，他前期的励精图治和后期的怠于朝政，和武则天、韦皇后、太平公主、杨贵妃这几个女人有着极大的关系。

当然，我们也不能忘记另外一个人的作用，这个人就是高力士。

《剑桥中国隋唐史》对唐玄宗作了如此评价：唐代诸君主中在位期最长的玄宗帝是一位非常能干的统治者，王朝经过了几十年的篡位、权力衰落和政治腐败的苦难，他又使它的力量达到了新的高峰。对生活在他退位以后苦难动荡的几十年的中国人来说，他的执政期代表着一个已失去光辉的黄金时代，一个政绩彪炳、安定繁荣和在国内外同样取得成就的时期。但是他的统治以悲剧和灾难告终，这一结局主要是他自己的一些几乎摧毁这个王朝的行动和政策所造成。对在八世纪五十年代后期撰写玄宗期历史的历史学者来说，他是一个悲剧中的英雄，他在执政开始时政绩显赫，但后来被野心和狂妄引入歧途，致使帝国的行政和资源过分紧张，最后以退出政务来结束他支离破碎的统治。但所有学者都认为，他是一个出类拔萃的统治者，他给当时的历史留下了不可磨灭的痕迹。此外，他多才多艺：他精于音律、诗文和书法，是许多艺术家和作家的庇护人。他还精通道家

---

① 蒙曼：《蒙曼说（唐）长恨歌》，西安：陕西师范大学出版社，2010年，第150—151页。

哲学，成了道教的主要保护人；尽管他早期的措施对佛教组织不利，但后来仍深深地沉溺于密宗佛教。作为一个普通人，他似乎与弟兄和家属都有很深的情谊，甚至他执政时期的正式记载，也把他描绘成一个十分亲切、体贴臣属和直率多情的人①。

三

也许是因为唐玄宗李隆基是一代"风流天子"，同时又是一名"文艺爱好者"，所以，唐以后吟咏泰陵、吟咏玄宗本人以及吟咏与玄宗有关的人、事的诗文数量很多，包括一些著名的作家诗人，这其中，以唐代元稹为最，他写了多首与唐玄宗有关的诗作。从与唐玄宗有关的诗作来分析，应该说还是比较客观地对这位开创了唐代"开元盛世"的皇帝进行了评价，也对其晚年怠于政事、重用杨、李，最终导致"安史之乱"进行了批评，尤其是玄宗和杨贵妃的爱情故事，更是诗人们感兴趣的焦点所在，这类诗歌自然以白居易的《长恨歌》为翘楚。当然，玄宗朝是唐代由盛转衰的一个转折点，因此，中唐之后和元明清朝的诗人，对于一个皇皇的大唐帝国，最终走向衰落，感到了无限的惋惜。

（唐）李隆基《经鲁祭孔子而叹之》：

夫子何为者，栖栖一代中。地犹鄹氏邑，宅即鲁王宫。
叹凤嗟身否，伤麟怨道穷。今看两楹奠，当与梦时同。

作为一个风流皇帝，诗作自然是不能少的。唐玄宗的这首诗中赞颂了孔子"知其不可为而为之"的用世精神，对孔子的一生不得志深表叹息。就诗而言，并不算好，只因是皇帝写的，便作为我们这一节的首篇。

（唐）李商隐《马嵬》：

海外徒闻更九州，他生未卜此生休。
空闻虎旅传宵柝②，无复鸡人报晓筹。

---

① ［美］费正清、［英］崔瑞德：《剑桥中国隋唐史》第7章《玄宗》，北京：中国社会科学出版社，1990年，第332—333页。
② 柝：古代打更用的梆子。

> 此日六军同驻马，当时七夕笑牵牛。
> 如何四纪①为天子，不及卢家有莫愁。

李商隐的这首《马嵬》为咏史诗，以唐玄宗、杨贵妃的故事为抒情对象，把讽刺的矛头直接指向了唐玄宗，暗含指责之意。

（清）袁枚《马嵬》：

> 莫唱当年长恨歌，人间亦自有银河。
> 石壕村里夫妻别，泪比长生殿上多！

同样是咏史诗，同样题为《马嵬》，袁枚的这首诗在立意上显然超过了他的前辈李商隐。诗歌通过对战乱中平民百姓所遭受的苦难远远超过帝王、妃子之间的感情磨难的议论，表达了诗人同情百姓疾苦、关心下层劳动人民的思想感情。

（唐）郑畋《马嵬坡》：

> 玄宗回马杨妃死，云雨难忘日月新。
> 终是圣明天子事，景阳宫井又何人。

这是一首咏史诗。诗的首两句写玄宗"回马长安"时，杨妃已死多时，意谓"重返"长安是以杨妃的死换来的。尽管山河依旧，然而却难忘怀"云雨"之情。"云雨难忘"与"日月新"对举，表达玄宗欣喜与长恨兼有的复杂心理。后两句以南朝陈后主偕宠妃张丽华、孔贵嫔躲在景阳宫的井中，终为隋兵所虏的事，对比唐玄宗马嵬坡赐杨贵妃自缢的举动，抑扬分明。诗对玄宗有体谅，也有婉讽，唐玄宗的举动虽胜陈后主，但所胜实在无几。

（唐）刘禹锡《三乡驿楼伏睹玄宗望女几山诗，小臣斐然有感》：

> 开元天子万事足，唯惜当时光景促。
> 三乡陌上望仙山，归作霓裳羽衣曲。
> 仙心从此在瑶池，三清八景相追随。
> 天上忽乘白云去，世间空有秋风词。

---

① 纪：中国古代记年代的方式，一纪指十二年。

三乡驿楼是长安至洛阳驿道上最大的驿站，也是隋唐连昌宫故址，还是陕州南道水路和陆路的交会处，在今宜阳县境内。隋代以后，皇帝多走此路。隋唐有多个皇帝曾在这里驻跸，唐代许多著名诗人也在此留有诗篇。这首诗说的是，唐明皇望女几山曾作过一首游仙诗，回宫后即作《霓裳羽衣曲》，可以说此曲的由来与求仙有关。

（唐）张祜《南宫叹亦述玄宗追恨太真妃事》：

> 北陆冰初结，南宫漏更长。
> 何劳却睡草①，不验返魂香。
> 月隐仙娥艳，风残梦蝶扬。
> 徒悲旧行迹，一夜玉阶霜。

《南宫叹亦述玄宗追恨太真妃事》写晚年的唐玄宗追忆杨贵妃事，冰初结的初冬季节，因思念杨贵妃而失眠的唐玄宗回想其当年风风雨雨，凄清孤独，盼望着杨贵妃的香魂能够返回，可惜的是，这一愿望落空了，看看外面的台阶，只落下了一层白霜。

张祜吟咏与唐玄宗有关的诗作还有以下几首。

（唐）张祜《连昌宫》：

> 龙虎旌旗雨露飘，玉楼歌断碧山遥。
> 玄宗上马太真去，红树满园香自销。

（唐）张祜《杂曲歌辞·杨柳枝》：

> 莫折宫前杨柳枝，玄宗曾向笛中吹。
> 伤心日暮烟霞起，无限春愁生翠眉。
> 凝碧池边敛翠眉，景阳台下绾青丝。
> 那胜妃子朝元阁，玉手和烟弄一枝。

（唐）贯休《读〈玄宗幸蜀记〉》：

> 宋璟姚崇死，中庸遂变移。
> 如何游万里，只为一胡儿。

---

① 却睡草：传说中的草，又名五味草，食之使人不眠。

> 泣涸乾坤色，飘零日月旗。
> 火从龙阙起，泪向马嵬垂。
> 始忆张丞相，全师郭子仪。
> 百官皆剽劫，九庙尽崩隳①。
> 尘扑银轮暗，雷奔栈阁危。
> 幸臣方赐死，野老不胜悲。
> 及溜飘沧日，行宫寂寞时。
> 人心虽未厌，天意亦难知。
> 圣两归丹禁，承乾动四夷。
> 因知纳谏诤，始是太平基。

该诗写安史之乱后唐玄宗逃亡四川事。玄宗晚年荒于朝政，听不进忠臣的谏诤之言，结果导致了安禄山作乱，大唐帝国惨象迭起，而杨贵妃也惨死在马嵬坡。这个时候唐玄宗才想起了忠臣良相的谏诤是江山太平的基业。

同一题材的还有唐代诗人李洞的《闻杜鹃》：

> 万古潇湘波上云，化为流血杜鹃身。
> 长疑啄破青山色，只恐啼穿白日轮。
> 花落玄宗回蜀道，雨收工部宿江津。
> 声声犹得到君耳，不见千秋一甑尘。

（唐）刘言史《观绳伎》：

> 泰陵遗乐何最珍，彩绳冉冉天仙人。
> 广场寒食风日好，百夫伐鼓锦臂新。
> 银画青绡抹云发，高处绮罗香更切。
> 重肩接立三四层，著屐背行仍应节。
> 两边丸剑渐相迎，侧身交步何轻盈。
> 闪然欲落却收得，万人肉上寒毛生。
> 危机险势无不有，倒挂纤腰学垂柳。

---

① 崩隳：毁坏。

下来——芙蓉姿，粉薄钿稀态转奇。
坐中还有沾巾者，曾见先皇初教时。

这首《观绳伎》写观看一位女艺人玩绳技（类似于现代体育中的绳操）技艺非常高超，以至于围观的水泄不通，女艺人技艺之高令人叹服，一个动作做下来，"万人肉上寒毛生"。但这并非诗歌描写的重点，"坐中还有沾巾者，曾见先皇初教时"才是点题之句。《娱书堂诗话》评价该诗：唐刘言史《观绳伎》一篇，末联云："坐中还有沾巾者，曾见先皇初教时。"盖谓玄宗遗乐。一句话，写尽了人间沧桑。

（唐）舒元舆《八月五日中部官舍读唐历天宝已来追怆故事》：

将寻国朝事，静读柳芳历。
八月日之五，开卷忽感激。
正当天宝末，抚事坐追惜。
仰思圣明帝，贻祸在肘腋①。
杨李盗吏权，贪残日狼藉。
燕戎伺其便，百万奋长戟。
两河连烟尘，二京成瓦砾。
生人死欲尽，揳业犹不息。
肃宗传宝图，寇难连年击。
天地方开泰，铸鼎成继述。
万国哭龙衮，悲思动蛮貊。
自此千秋节，不复动金石。
悲风扬霜天，繐帷冷尘席。
零落太平老，东西乱离客。
往往为余言，呜咽泪双滴。
况当近塞地，哀吹起边笛。
抚几观陈文，使我心不怿。
花萼笑繁华，温泉树容碧。
霓裳烟云尽，梨园风雨隔。

---

① 肘腋：胳膊肘与胳肢窝，比喻事变就发生在身边。

> 露囊与金镜，东逝惊波溺。
> 昔闻欢娱事，今日成惨戚。
> 神仙不可求，剑玺苔文积。
> 万古长恨端，萧萧泰陵陌。

该诗写唐天宝年间安史之乱事，由于唐玄宗荒于政事，导致杨、李专权，安禄山造反，结果"两河连烟尘，二京成瓦砾"，给黎民百姓带来了无尽的灾难，当年与杨贵妃的欢娱事，到今日成了惨戚的回忆，留下了万古遗恨。

（唐）皇甫松《杂曲歌辞·杨柳枝》：

> 春入行宫映翠微，玄宗侍女舞烟丝。
> 如今柳向空城绿，玉笛何人更把欢。
> 烂熳春归水国时，吴王宫殿柳垂丝。
> 黄莺长叫空闺畔，西子无因更得知。

这首七言绝句写春天来到了翠微宫，当年玄宗的侍女们载歌载舞，但如今人去楼空，无人欣赏柳枝的新绿，也无人把玩玉笛。

（唐）元稹《行宫》：

> 寥落古行宫，宫花寂寞红。
> 白头宫女在，闲坐说玄宗。

这是一首抒发盛衰之感的诗。这首诗平实，但很有概括力，也很含蓄，并给人以极大的想象空间，历史沧桑之感尽在不言之中。元稹的这首《行宫》可与白居易《上阳白发人》参互并观。这里的古行宫即洛阳行宫上阳宫，白头宫女即"上阳白发人"。据白居易《上阳白发人》，这些宫女天宝末年被"潜配"到上阳宫，在这冷宫里一闭四十多年，成了白发宫人。这首短小精悍的五绝具有深邃的意境，富有隽永的诗味，倾诉了宫女无穷的哀怨之情，寄托了诗人深沉的盛衰之感。

元稹吟咏有关唐玄宗的诗作还有以下几首。

《灯影》：

> 洛阳昼夜无车马，漫挂红纱满树头。

见说平时灯影里，玄宗潜伴太真游。

《望云骓马歌》：

忆昔先皇幸蜀时，八马入谷七马疲。
肉绽筋挛四蹄脱，七马死尽无马骑。
天子蒙尘天雨泣，巉岩道路淋漓湿。
峥嵘白草眇难期，谽谺黄泉安可入。
朱泚围兵抽未尽，怀光寇骑追行及。
嫔娥相顾倚树啼，鹓鹭无声仰天立。
圉人初进望云骓，彩色憔悴众马欺。
上前喷吼如有意，耳尖卓立节踠奇。
君王试遣回胸臆，撮骨锯牙骈两肋。
蹄悬四蹢脑颗方，胯笮三山尾株直。
圉人畏诮仍相惑，此马无良空有力。
频频啮掣辔难施，往往跳趫鞍不得。
色沮声悲仰天诉，天不遣言君未识。
亚身受取白玉羁，开口衔将紫金勒。
君王自此方敢骑，似遇良臣久凄恻。
龙腾鱼鳖啽然惊，骥盼驴骡少颜色。
七圣心迷运方厄，五丁力尽路犹窄。
橐它山上斧刃堆，望秦岭下锥头石。
擘开流电有辉光，突过浮云无朕迹。
地平险尽施黄屋，九九属车十二蠢。
齐映前导引骓头，严震迎号抱骓足。
路旁垂白天宝民，望骓礼拜见骓哭。
皆言玄宗当时无此马，不免骑骡来幸蜀。
雄雄猛将李令公，收城杀贼豺狼空。
天旋地转日再中，天子却坐明光宫。
朝廷无事忘征战，校猎朝回暮球宴。
御马齐登拟用槽，君王自试宣徽殿。

围人还进望云骓，性强步阔无方便。
分骏摆杖头太高，擘肘回头项难转。
人人共恶难回跋，潜遣飞龙减刍秣。
银鞍绣鞯不复施，空尽天年御槽活。
当时邹谚已有言，莫倚功高浪开阔。
登山纵似望云骓，平地须饶红叱拨。
长安三月花垂草，果下翩翩紫骝好。
千官暖热李令闲，百马生狞望云老。
望云骓，尔之种类世世奇。
当时项王乘尔祖，分配英豪称霸主。
尔身今日逢圣人，从幸巴渝归入秦。
功成事遂身退天之道，何必随群逐队到死蹋红尘。
望云骓，用与不用各有时，尔勿悲。

《和李校书新题乐府十二首·华原磬》：

泗滨浮石裁为磬，古乐疏音少人听。
工师小贱牙旷稀，不辨邪声嫌雅正。
正声不屈古调高，钟律参差管弦病。
铿金戛瑟徒相杂，投玉敲冰杳然零。
华原软石易追琢，高下随人无雅郑。
弃旧美新由乐骨，自此黄钟不能竞。
玄宗爱乐爱新乐，梨园弟子承恩横。
霓裳才彻胡骑来，云门未得蒙亲定。
我藏古磬藏在心，有时激作南风咏。
伯夔曾抚野兽驯，仲尼暂叩春雷盛。
何时得向笋簴悬，为君一吼君心醒。
愿君每听念封疆，不遣豺狼剿人命。

《和李校书新题乐府十二首·胡旋女》：

天宝欲末胡欲乱，胡人献女能胡旋。
旋得明王不觉迷，妖胡奄到长生殿。

胡旋之义世莫知，胡旋之容我能传。
蓬断霜根羊角疾，竿戴朱盘火轮炫。
骊珠迸珥逐飞星，虹晕轻巾掣流电。
潜鲸暗噏笪波海，回风乱舞当空霰。
万过其谁辨终始，四座安能分背面。
才人观者相为言，承奉君恩在圜变。
是非好恶随君口，南北东西逐君眄。
柔软依身著佩带，裴回绕指同环钏。
佞臣闻此心计回，荧惑君心君眼眩。
君言似曲屈为钩，君言好直舒为箭。
巧随清影触处行，妙学春莺百般啭。
倾天侧地用君力，抑塞周遮恐君见。
翠华南幸万里桥，玄宗始悟坤维转。
寄言旋目与旋心，有国有家当共谴。

《何满子歌》：

何满能歌能宛转，天宝年中世称罕。
婴刑系在囹圄间，水调哀音歌愤懑。
梨园弟子奏玄宗，一唱承恩羁网缓。
便将何满为曲名，御谱亲题乐府纂。
鱼家入内本领绝，叶氏有年声气短。
自外徒烦记得词，点拍才成已夸诞。
我来湖外拜君侯，正值灰飞仲春琯。
广宴江亭为我开，红妆逼坐花枝暖。
此时有态蹑华筵，未吐芳词貌夷坦。
翠蛾转盼摇雀钗，碧袖歌垂翻鹤卵。
定面凝眸一声发，云停尘下何劳算。
迢迢击磬远玲玲，一一贯珠匀款款。
犯羽含商移调态，留情度意抛弦管。
湘妃宝瑟水上来，秦女玉箫空外满。
缠绵叠破最殷勤，整顿衣裳颇闲散。

冰含远溜咽还通，莺泥晚花啼渐懒。
敛黛吞声若自冤，郑袖见捐西子浣。
阴山鸣雁晓断行，巫峡哀猿夜呼伴。
古者诸侯绘外宾，鹿鸣三奏陈圭瓒。
何如有态一曲终，牙筹记令红螺碗。

（唐）白居易《上阳白发人－愍怨旷也》：

上阳人，红颜闇①老白发新。
绿衣监使守宫门，一闭上阳多少春。
玄宗末岁初选入，入时十六今六十。
同时采择百馀人，零落年深残此身。
忆昔吞悲别亲族，扶入车中不教哭。
皆云入内便承恩，脸似芙蓉胸似玉。
未容君王得见面，已被杨妃遥侧目。
妒令潜配上阳宫，一生遂向空房宿。
宿空房，秋夜长，夜长无寐天不明。
耿耿残灯背壁影，萧萧暗雨打窗声。
春日迟，日迟独坐天难暮。
宫莺百啭愁厌闻，梁燕双栖老休妒。
莺归燕去长悄然，春往秋来不记年。
唯向深宫望明月，东西四五百回圆。
今日宫中年最老，大家遥赐尚书号。
小头鞋履窄衣裳，青黛点眉眉细长。
外人不见见应笑，天宝末年时世妆。
上阳人，苦最多。
少亦苦，老亦苦，少苦老苦两如何。
君不见昔时吕向美人赋，又不见今日上阳白发歌。

这是白居易《新乐府》五十首中的第七首，是一首著名的政治讽喻诗。诗的标题下，作者注云："愍怨旷也。"古时，称成年无夫之女为怨

---

① 闇：同"暗"。

女，成年而无妻之男为旷夫。这里"怨旷"并举，实际写的只是怨女，是指被幽禁在宫廷中的可怜女子。原诗前另有一小序说："天宝五载以后，杨贵妃专宠，后宫人无复进幸矣。六宫有美色者，辄置别所，上阳是其一也。贞元中尚存焉。"上阳，指当时东都洛阳的皇帝行宫上阳宫。诗中没有一般化地罗列所谓"后宫人"的种种遭遇，而是选取了一个终生被禁锢的宫女做为典型，不写她的青年和中年，而是写她的垂暮之年，不写她的希望，而是写她的绝望之情。通过这位老宫女一生的悲惨遭遇，极形象而又富有概括力地显示了所谓"后宫佳丽三千人"的悲惨命运，揭露了封建最高统治者摧残无辜女性的罪恶行径。

类似的还有明代诗人韩邦靖的《长安宫女行》：

> 长安城头夜二鼓，力士敲门称太府。
> 为道君王巡幸势，选取娇娥看歌舞。
> 应酬未得话从容，阶除早已人三五。
> 仓皇便欲将我行，那肯相留到天曙。
> 平昔娇痴在母傍，黄昏不敢出前房。
> 如今却向何处去，似堕渊海身茫茫。
> 四更未绝五更连，父母相随太府前。
> 顷刻回头同伴至，亦有爷娘各惨然。
> 虽同闾里不曾亲，那得相逢及此辰。
> 清泪俱含未妆面，愁魂不附欲倾身。
> 天明却转双轮疾，送我城东坐官室。
> 生来虽在咸宁城，目中谁识京兆驿。
> 已看闺阁隔重天，乍度昏朝似千日。
> 中有数人不甚愁，问之乃是勾栏流。
> 平生谑浪轻去住，却说能观五凤楼。
> 望承恩宠心虽别，思到家乡泪亦流。
> 才言欲去去何忙，翠幕油车已道傍。
> 少小生离还死别，傍人见我空徬徨。
> 娇怜姊妹不得诀，父母送我浐水阳。
> 相看痛哭各舍去，此时欲断那有肠。

城里家家锦绣帘，我辈姿容岂独妍。
东家有女如花萼，旦入黄金名已落。
西家有女如玉莹，夜剪乌云晨不行。
我辈无钱兄弟劣，坐使芳年成诀别。
渡河渡渭还渡汾，千山历尽雪纷纷。
江流山馆猿常哭，叶落邮亭雁屡闻。
自从堕地谁窥户，此际无家却望云。
迢迢千里还岁穷，大同才得到行宫。
常言朝见何曾见，深院萧萧尽日封。
当今天子说神武，时向三边乘六龙。
近时双跸驻榆塞，不知何日来云中。
转眼还成正月末，忽然大驾还沙漠。
见说天坛礼未修，还兼太庙春当禴。
京师暂欲驻鸾旗，属车还载蛾眉归。
却向豹房三四月，欲近龙颜真是稀。
宫中景色谁曾见，宫外杨花徒扑面。
有眼但识鸳鸯瓦，有身那到麒麟殿。
凤舟时泛西海渚，采莲不唤如花女。
鸾驾常操内教场，何曾汤火试红妆。
茶饭每排新寺里，不用明眸兼皓齿。
空有娼家色艺高，随人望幸亦徒劳。
宫花枉自羞妆面，御柳何人斗舞腰。
君王不御人转贱，尽日谁来问深院。
日给行粮米半升，大官空有珍羞馔。
旁人见我入天阊，谓我将承帝主恩。
岂知流落还愁恨，荣宠何曾但泪痕。
妾家虽贫未甚贫，丝麻布帛亦遮身。
有时亦绣鸳鸯枕，翠线金针度一春。
一春鸾镜不停妆，机杼言忙苦不忙。
寒食清明邀等伴，银钗罗髻亦风光。
父母如同掌上珠，去年才许城东夫。

乘龙跨凤虽未必，并宿双栖亦不孤。
百年光景谁曾见，一旦荣华土不如。
当时同辈闻我说，珠泪人人落双颊。
亦有因缘与恩爱，谁无父母同家业。
可怜抛却入君门，九夏三秋那可言。
风雨苑深同白昼，星河楼浅共黄昏。
我曹岂是无倾国，闻道君王不重色。
宫禁幽深谁不知，踪迹民间颇堪测。
汉家多欲称武皇，玄宗好色闻李唐。
卫氏门前夸捍客，杨钊海内无三郎。
主上今来十四年，刘瑾朱宁并擅权。
往时势焰东厂盛，近日威名游击偏。
丘张谷马纷纷出，那有皇亲得向前。
又闻亲受于永戒，大辇不御思长年。
更宠番僧取活佛，似欲清净超西天。
君王贱色分明是，那用当时诏旨传。
当时陕西有廖大，此事恐是兹人专。
滔天罪恶思固宠，逢迎却乃进婵娟。
去年毡帐云钦取，狗马年来俱奉旨。
何曾竟有君王诏，此曹播弄常如此。
自从陕西有斯人，灾祸年来何太频。
闾里已教徒赤壁，闺阃还遭闭青春。
青春零落不须论，别有凄凉难具陈。
同来女伴元不少，一半已为泉下尘。
妾身虽在那常在，沟渠会见骨如银。
谁家愿作朝天户，此世空为堕地人。
中朝高官气如虎，朝廷有阙争拾补。
近时叩阙谏南巡，何不上书放宫女。
先朝罢殉有故事，万一官家肯相许。

(唐)齐己《庚午岁十五夜对月》：

> 海澄空碧正团圆，吟想玄宗此夜寒。
> 玉兔有情应记得，西边不见旧长安。

这首《庚午岁十五夜对月》写阴历十五夜海澄空碧月亮正圆，但诗人突然想到孤独冷戚的唐玄宗，月亮中的玉兔如果有情的话，就会想起此时已不是彼时，唐玄宗时的长安早都物是人非了。

(宋)无名氏《游月宫令》：

> 当今圣主座龙楼，圣寿应天长，实钱喷香烟，玄宗游月宫。海晏河清，盛朝侍，群臣喜呼万岁，万人民，开乐业，愿吾皇、增福寿。

无名氏的这首《游月宫令》写唐玄宗开元盛世的情景。初即天子位，唐玄宗便登承天门宴请百官，并令左右向承天门广场撒钱，让诸司三品以上和中书门下五品以上群臣竞赛而得。之后还召群臣聚会太极殿，赐以种种礼物。有一次过生日，唐玄宗在兴庆宫花萼楼宴请群臣，群臣快哉，便提出以八月五日他的生日作千秋节。词作本身无多大的文学价值，但也从另一个侧面反映了唐玄宗的荒唐。

(元)赵晋《重过泰陵有感》：

> 云横金粟倚苍苍，策马重经辇路旁。
> 山腹龙盘佳气在，岭头麟卧断垣荒。
> 玉环不返三生梦，石穴空遗万古藏。
> 洛水潺潺声未歇，行人独自忆莲汤。

这首《重过泰陵有感》吟咏泰陵。诗人写自己重过泰陵时看到了一片荒凉颓败的景象，"玉环不返三生梦""行人独自忆莲汤"句表达了对唐玄宗时期由盛而衰的感慨之情。

(明)曹琏《骊山》(二首)：

其一
天宝年来乐泰和，骊戎幻出锦山河。

> 温泉上下金为殿,绣岭东西玉作坡。
> 羯鼓声催花信早,明珠光照宠恩多。
> 一从胡孽兵烽过,只有遗踪长女萝。
>
> 其二
>
> 何事胡儿起范阳,銮舆远去驻铜梁。
> 闲花寂寂宫台废,细草青青辇路荒。
> 绣岭灰残凋玉树,马嵬谁为湿香囊。
> 岩前独有温泉在,浴罢令人倍感伤。

(清)何芬《泰陵》:

> 开元遗事继贞观,俗俭风淳号义安。
> 花萼楼中供大被,紫薇省里美峨冠。
> 新台丑启边愁入,马嵬神伤蜀道难。
> 鼙鼓渔阳声尚在,优伶百态解追欢。

这首咏泰陵诗,前四句写唐玄宗时代天下太平、海晏河清、文物繁多的情景;后四句写天宝中后期祸乱迭起,唐玄宗的统治最终以悲剧结束。该诗处处流露着对唐玄宗这位富有争议的皇帝的惋惜之情。

在吟咏泰陵的诗文中,今人西塞山人所填的词作《永遇乐·唐玄宗泰陵怀古》也使人眼前一亮:

> 千古江山,后世不见,秦之阿房。南内秋草,太液飞燕,几人识未央?社稷归唐,姑侄斗法,人道太子三郎。想当年,开天盛世,远迈贞观气象。
>
> 北地兵戈,梨园行当,落得西狩仓惶。四纪天子,望京兴叹,半壁属叛将。不堪回首,马嵬坡下,红颜身救明皇。何人诉,贵妃去矣,谁舞霓裳?

我再访泰陵的时候,已是初冬季节。初冬的金粟山,这个唐代风流天子唐玄宗李隆基死后长眠的地方,不由使人想到清代张崇健的《唐玄宗泰陵》:

> 大难须臾定,英雄一代才。

开元唐运盛，天宝帝心灰。
山鸟凄凄唤，寒风飒飒来。
荒凉龙凤气，金粟晓云开。

远望着实在算不上雄伟高大的泰陵，想想安卧于其中的唐玄宗，再想想他的身边仅有他的皇后和那个被后人不断丑化的宦官高力士，不仅为之怆然。白居易的一首《长恨歌》让唐玄宗和杨贵妃的爱情故事流传千年，如今古人已去，那凄美的爱情故事已经远去，唯独留下的只有这算不上十分高大的陵墓，和历经沧桑岁月的痕迹。

然而，像第一次拜访泰陵一样，偌大的陵区依然看不到几个游人。要知道，唐玄宗是中国历史上最著名的皇帝之一，他的著名，并不仅仅因为他是风流天子，不仅仅因为他和杨贵妃之间撼天动地的爱情，更有开元盛世！可是，如此著名的一个皇帝，如今静静地躺在这里，终日与山石为邻，与野草做伴。

一千多年前的唐明皇，那个风流天子，是否想到了自己的陵寝会有这么冷寂的一天？

第十章

唐宪宗景陵
——石麟埋没深秋草，金帜崔嵬空月明

一

2011年初冬，当我第一次拜谒唐宪宗李纯景陵的时候，上网一查，才发现中国古代帝王陵墓取"景陵"名者居然有四座：北魏宣武皇元恪帝的景陵，位于洛阳市北的邙山上；唐宪宗李纯的景陵，位于陕西省蒲城县城西北金帜山；明宣宗朱瞻基的景陵，位于北京市昌平区天寿山东峰（又名黑山）之下；清圣祖爱新觉罗玄烨的景陵，位于唐山遵化州西北的昌瑞山。

我驱车来到唐宪宗李纯的景陵所在的村落——陕西省蒲城县三合乡义龙村时，已是下午三点多，问明当地人，然后北出义龙村，只觉地形陡然升高。从义龙村蜿蜒向前的南北向大路切断了东西向的土崖，形成一条三四百米长的胡同，顺着漫坡爬上北侧台面。初上台面，便见东西两边由南向北排列着石马、石人等石刻，可惜完整的已经不多，剩下的就像一队残兵败将。据文献记载，清末时石刻还基本完整，到了民国年间便"石裂木颓"，而到了现在，只能用"惨不忍睹"来形容了。石刻之北为两门阙遗址的高土堆，一只石狮（一般会有两只，另外一只或许我们没有发现）在其北。再北上行，就见路的西边照例竖立有清朝陕西巡抚毕沅书写的"唐

第十章　唐宪宗景陵——石麟埋没深秋草，金帜崔嵬空月明

宪宗景陵"墓碑一通。

站在此处，唐宪宗景陵所在的金帜山尽在眼前。金帜山（又称半山）属南山山系，山势由西南向东北方向延伸，诸峰罗列（最高峰海拔806米），形成拱卫之势，巍峨壮丽，阳光映照，犹如悬帜，故名"金帜山"。其走势在此处是少见的东高、西低，由多个山头组成。唐宪宗陵墓的地宫位于大路正上方，金帜山西南一山头南的山梁上。该山梁从南向北由三个接力向上的山包组成，最下边的山包东西最宽，少有岩石出露，铺满一层金黄色的枯草，毛茸茸的像地毯一般；中间的山包裸露的岩石明显增多，枯草变得稀稀落落；最上端的山包，很少有覆土，宽厚的灰岩岩块形成陡峭的台阶，攀登起来十分困难。山顶为一南北宽约20米、东西长100米左右的平台。

地面的"走马观花"，最让人触目惊心的是神道两旁的珍贵文物石雕石刻损坏的惨状，绝大部分石雕石刻都不完整，尤其是神道两旁的翁仲，仅有一个看上去是浑全的，可走到近旁仔细一看，那翁仲的脖子居然有明显的锯痕，显然是盗取文物者已经光顾过，只是因为某个我们不清楚的原因未能得手。再就是一些破损的石雕，东一块西一块，有一匹石马的半截身子埋在地下，只有尾巴部分撅起来露在地面，看上去有一种很异样的感觉。

景陵与昭陵、乾陵、泰陵等大多数唐陵一样，都属于依山建陵，坐北朝南，陵园布局似唐玄宗泰陵，原也设内外两重城垣，四面均有城门，并在门前置有石狮等大型石刻，四角设阙阁建筑，内城还建有殿宇、宫阙、卫所、祭坛等建筑物，可惜城墙及地面建筑已荡然无存，不过门阙及甬楼遗址还算完整。据介绍，景陵的小型石狮在唐代陵园中并不多见，这些小型石狮代表了我国古代造型艺术隆盛时期的风格，也反映了唐代"元和中兴"的盛况。按照相关资料说，景陵南门石刻有华表一对，目前缺一；一对天马，损毁严重；两只驼鸟，目前缺一；五对石马；五对石人；一对石狮，目前缺一。与西边数里外被保护相对完好的唐睿宗李旦桥陵相比，景陵的境遇实在可怜，石刻多半损毁。这些损毁的石刻石雕，固然有经历千年风雨剥蚀的原因，但不难看出有近期人为因素所致的原因。据当地人说，几十年前，政府号召大家烧石灰，村民们"就地取材"，就把目光投向了那些竖立在陵墓前的石雕石刻上面。开始只是砸底座，再后来底座没

有多少了，就只好砸头、砸身子。那一次，对景陵石雕石刻的破坏应该是一千多年来最严重的一次，可以说是灾难性的。

仅仅是为了烧制石灰，景陵的石雕石刻就遭遇了一次浩劫，更不用说盗取墓葬所造成的破坏了。

在中国历史上，大规模的盗墓时有发生，汉末的黄巾军，唐时的黄巢，五代时的温韬，民国的孙连仲等，他们都对关中古代帝王陵墓进行了毁灭性的盗取，但是，当时他们盗取的是地下最值钱的文物宝贝，近年来，一些盗墓者把攫取的目标锁定在地表的石雕石刻上，新闻媒体上时有古墓葬地表的石雕石刻被盗的消息披露，甚至，就连一些普通人家门口的拴马石、门墩石、石狮子也是盗贼盗取的目标。在景陵陵区，原有一个"唐陵碑林"，立有历代碑刻四十余通，该"碑林"已大部分被毁，目前只有少量的散存于民间。

不知道"散存"于民间的那些石碑，过几年会不会易主，甚至是频繁地易主？

据说，只要能卖钱，盗贼对什么都下手！

我们无法想象，难道我们要把地面上所有年深月久的东西都锁进博物馆吗？如果那样，关中众多的帝王陵岂不就剩下一个又一个土堆、一个又一个山丘了吗？我们的后代在这里就只能看看土堆和山丘了吗？

为了钱，我们付出的代价太大了！为了钱，我们眼前的石雕石刻缺胳膊少腿儿，有些地方看上去一片狼藉，珍贵的文物，乱七八糟地丢着。这些东西在地面上存在了一千多年了，眼看着就要毁在我们这一代人手中了！

据说，相关部门要对这些文物进行扶正维护修建，可是如此的保护手段，和当前的可怕现状相比，似乎杯水车薪。简单的扶正维护，能让这些千年文物长久安然地保存下来吗？

就在我们去景陵的这一天，听一位工作人员讲起，景陵青龙门石狮丢掉了一只。印象中似乎唐肃宗李亨建陵的石雕也丢了一块。这样的稀世国宝，难道非得到丢了时才想起保护吗？

站在唐宪宗景陵的神道上，由眼前的这些损毁的石雕，不由地想起唐朝的这位"中兴之主"。

唐宪宗李纯，原名李淳，唐朝第十二位皇帝，唐顺宗长子，大历十三年二月十四日出生在长安宫中。李纯出生的第二年，祖父唐德宗即位，父亲顺宗被立为太子。李纯幼年懵懂之时，长安城里就发生了"泾师之变"，仓皇出逃的唐德宗没有能够保护宗室子弟的安全，那些没有及时撤离者有77人死于叛军之手，这件事使得唐德宗一直痛疾不已。李纯六七岁的时候，德宗刚刚重返长安。有一天，李纯被祖父德宗皇帝抱在膝上逗引作乐，问他："你是谁家的孩子，怎么在我的怀里？"李纯道："我是第三天子。"这一回答使德宗大为惊异，作为当今皇上的长孙，按照祖、父、子的顺序回答为"第三天子"，既闻所未闻，又很契合实际，德宗皇帝不禁对怀里的皇孙增添了几丝喜爱。贞元四年（788年）六月，11岁的他就被册封为广陵郡王。后来，广陵郡王依靠宦官的拥立和一些非正常的手段迅速取得了最高权力，当上了一代帝王。

唐宪宗李纯甫一登基没有先享受做皇帝的安乐，却先在政治上大显身手，充分显示了自己的才能。即位以后，他经常阅读历朝实录，每读到贞观、开元故事，他就仰慕不已。唐宪宗以祖上圣明之君为榜样，认真总结历史经验，比较注重发挥群臣的作用，敢于任用和倚重宰相，他在延英殿与宰相议事，每天都是很晚才退朝。宪宗在位15年间，勤勉政事，君臣同心同德，从而取得了元和削藩的巨大成果，并重振中央政府的威望，成就了唐朝的中兴气象。历史上，唐朝皇帝得到较高评价的有三人，即唐太宗、唐玄宗、唐宪宗。唐宪宗虽然没有能够像唐太宗和唐玄宗那样开创一个辉煌盛世，却能够和他们相提并论，这已经说明了他并非一个昏庸无能的帝王。

历史总是惊人地相似，到了唐宪宗统治的后期，也许是被所取得的成绩冲昏了头脑，因为依靠宦官而登上皇位的他又开始重用宦官，导致宦官的权力过大；同时，他像历史上的许多皇帝一样，信仙好佛，想求长生不老之药。结果，服用了所谓的"长生不老"药以后，他的性情变得暴躁易怒，经常斥责或诛杀左右宦官。公元820年正月庚子日夜，王守澄、陈弘志等宦官为了立李恒为帝，潜入寝宫谋杀了宪宗，然后守住宫门，不准朝臣入内，伪称皇上"误服丹石，毒发暴崩"，并假传遗诏，命李恒继位。唐宪宗李纯暴死时正当盛年43岁，十分可惜。

唐宪宗总共在位15年，死后谥号为"昭文章武大圣至神孝皇帝"。据记载，景陵陪葬墓有惠昭太子宁、懿安郭后、孝明郑后和王贤妃墓四座，但目前地面已无遗存,且无墓碑,详址已经无法考证。

站在景陵墓神道上,想想李纯生前在政治上的作为,以及经过他的励精图治,使唐朝几于繁荣昌盛,他的陵墓也就应该很是宏伟,可是放眼远眺,似乎没有办法将眼前的景象和"元和中兴"联系到一起。地面上那些东倒西歪的石雕石刻,据说都是经过精心保护以后才有的结果,要是没有精心保护,不知道我们今天还能不能看到这些中唐的艺术品。

不管怎么说,起码在目前,这些石刻还在忠实地守卫着自己的主人唐宪宗李纯,在这有些冷清的金帜山陪着他。

下了山,再回首眺望,残阳如血。夕阳给金帜山涂上了一层金黄色,山体似一杆向东缓缓行进的旗帜。前人云:"张若旗帜,山以此得名。"景陵地宫所在的山梁,活像旗帜中间飘扬的一个波浪。

二

要说起来,唐宪宗这个皇帝上位也很不容易。他出生以后的第三年,即建中二年(781年)正月,河北成德镇(驻守恒州,今河北正定)节度使李宝臣病死。按照以往藩镇节度使死后将职位和土地传给子孙的规矩,他的儿子李惟岳上表请求继承父位。唐德宗早想革除藩镇父子相传、不听命朝廷的弊端,坚决拒绝了这一要求。魏博节度使田悦、淄青节度使李正己、山南节度使梁崇义为了他们共同的利益和李惟岳密谋联手,准备以武力抗拒朝廷。德宗调兵遣将在战争最初阶段取得了一些胜利。淄青节度使李正己病死后,他的儿子李纳被打得大败,李惟岳被其部将王武俊杀死,只有田悦在魏州负隅顽抗。成德镇大将张忠和投降,德宗任命他为成德节度使。但是,德宗在削藩过程中,利用藩镇打藩镇,导致了参与朝廷削藩战役的朱滔等人的不满。结果,形势发生逆转。建中三年(782年)底,朱滔自称冀王,王武俊称赵王,李纳称齐王,田悦称魏王,"四镇"联合对抗朝廷。同时,淮西节度使李希烈与四镇勾结反叛。建中四年(783年)十月,德宗准备调往淮西前线平叛的泾原兵途经长安时,因为没有得到理想中的赏赐,加上供应的饭菜又都不好,士兵发生哗变。这就是历史上著名的"泾师之变"。

可以说，从开始睁眼看世界，李纯就看到了战乱。

像唐宫室的许多家庭一样，李纯自身的家庭关系也有些混乱，他的母亲王氏曾是皇曾祖唐代宗李豫的"才人"。另外，李纯还有一个同父的兄弟被祖父唐德宗收养为子。而李纯自己的婚姻关系也有些奇特。贞元九年（793年），时为广陵王的李纯娶了尚父郭子仪的孙女郭氏为妻，其父是驸马都尉郭暧，母亲是唐代宗的长女升平公主。升平公主与郭暧之间的故事被后人编成了一出《打金枝》的戏剧，流传很广。郭氏的母亲是唐代宗长女，这样算下来，郭氏与唐顺宗是表姑侄的关系，郭氏就长了自己的丈夫李纯一辈。他们结婚之后，时为皇太子的唐顺宗李诵因为郭氏的父亲、祖父对于李唐皇室"勋塞天地之间"，所以，李诵就对这位儿媳另眼观之，而李纯自己对这位妃子似乎也是宠爱有加，婚后两年，即贞元十一年（795年）时郭氏就生下了儿子李宥，他就是后来的唐穆宗。

早年的坎坷和较为特殊的家庭关系，并不影响李纯以惊人的速度当上了皇帝，尽管他当皇帝的内幕至今依然扑朔迷离。

在李纯的"履历表"中我们可以看到，贞元四年（788年），封广陵郡王。贞元二十一年（805年）四月六日，被立为皇太子，由"李淳"改名为"李纯"。七月二十八日，代理监国。同年八月四日，李纯从仅仅做了八个月皇帝的父皇唐顺宗李诵那里得到了传位，八月九日正式即位于宣政殿。这一年，宪宗28岁。

从一个普通的郡王到被立为皇太子、从太子监国到登上最高权力的顶峰，李纯仅仅用了四个月的时间，尤其是从被立为皇太子到最后登基当皇帝，每一个环节似乎都催着下一个环节，从代理监国到得到顺宗传位，居然只有短短的七天。

这个节奏也太快了一点！也正是这一缘故，李纯的登基一直被人们猜疑着。

当然，李纯登基前后，也确有一些蹊跷。

第一，李纯刚刚被立为皇太子以后，"二王"集团的陆质借侍读之机对新任的太子爷有所规劝，却当即被李纯制止："陛下令先生为我讲解经义，怎么还扯其他的事？"李纯此举似乎有点反应过度，好像有什么内情生怕别人知道一样。

第二，在这年六月最早动议皇太子监国的剑南西川节度使韦皋，在八月十七日，也就是李纯登基即位八天之后突然暴病而死。这只是偶然的巧合吗？与韦皋上表差不多同时，荆南的裴均、河东的严绶也不约而同地给朝廷发来表章，内容居然也是提议皇太子监国。剑南、荆南和河东，三地相距何止千里，如果没有统一"策划"，步调很难一致。那么，幕后的策划者是谁？种种迹象指向了那些李纯任用的在宫中掌握禁军、拥立李纯的宦官。

第三，在唐顺宗李诵以太上皇身份迁居兴庆宫以后，李纯为何不允许群臣和他相见？知情人刘禹锡在《子刘子自传》中说："当时太上皇身体有病，宰相大臣都不能得到召对。而宫掖事秘，建桓立顺，功归贵臣。"直接用东汉末年顺帝、桓帝被立的故事比附李纯的即位。唐顺宗李诵既然是"内禅"，而得到皇位的长子李纯为何不允许太上皇"召对"宰相大臣。

第四，这一年十月，有个叫罗令则的山人，"妄构异说，凡数百言，皆废立之事"，罗令则从长安前往秦州，矫太上皇诏令，向陇西经略使刘澭请兵，谋划废李纯另立皇帝。但刘澭告密，有关官员鞫得奸状后，宪宗下令将罗令则一伙全部杖死。罗令则等人想拥立的皇帝从史书记载来看，应是舒王李谊。此事的出现与因果均存在众多疑点，但是对于新任皇帝的李纯来说，获取的最大的利益是借机诛杀了政敌。

第五，舒王李谊在唐德宗李适时一直是唐顺宗李诵政治上的最强有力的竞争者，来自宫中的宦官等势力也一直看好他。罗令则矫诏废立，最大的可能也就是利用这种政治惯性拥立舒王李谊。然而，当李纯即位已成事实，舒王的政治价值在宦官眼里也就自然丧失，所以，在刘澭将罗令则押送到长安以后，舒王也就非死不可。《资治通鉴》和旧史中都说他在永贞元年十月戊戌日"薨"，这应该与李纯即位后的政治局面有关。

第六，最为蹊跷的当为太上皇李诵之死。宪宗在元和元年（806年）正月初一率群臣为太上皇上尊号；正月十八，李纯下诏宣称太上皇"旧恙愆和"①，即旧病没能治愈，这就等于是向天下宣布了太上皇的病情，此举在封建时代十分罕见。李纯接着又说自己要"亲侍药膳"，从当月十六日以后暂不听政。然而，就在宣布太上皇病情的第二天即十九日，李诵就死于兴庆宫，同时迁殡于太极殿发丧。一系列事件充满了戏剧性，这就难

---

① （五代）刘昫：《旧唐书》卷15《宪宗本纪》，北京：中华书局，1975年，第414页。

怪有人估计太上皇早就死了，正月十八宪宗向天下通报太上皇的病情，是为了掩盖太上皇已死的真相。岂不知如此做是欲盖弥彰，公布太上皇的病情，恰恰暴露出李纯和宦官的做贼心虚，暴露出太上皇死得蹊跷。将太上皇李诵直接杀死，对拥立李纯的那些人来说是一了百了，而新皇帝李纯个人在当时早已是成熟的年龄，整个过程他不会一点都不知情，皇权的巨大诱惑力不会使他拒绝对太上皇下杀手。元和十四年（819年）七月，群臣讨论给李纯上尊号时，一个宰相主张加上"孝德"二字，另一位宰相崔群认为"睿圣"的尊号已经包括其含义，再加上"孝德"有些多余。李纯听了怒不可遏，竟然把崔群贬为湖南观察团练使。对"孝德"二字如此在乎，说明他"内有惭德"，反映出他很可能参与了逼顺宗内禅的事件，最起码也是知情者。

总之，在宪宗李纯即位的过程中，一定有隐秘而又不能明言的内容。韩愈与宦官俱文珍关系尚好，在他所作的《顺宗实录》中也隐约透露出了宦官对顺宗相逼的痕迹，以至于当李纯即位后，俱文珍等屡屡说其记载内容不实，要求下诏进行修改。这样做的目的，显然是为了隐瞒事实真相。

巧合的是，15年之后，唐宪宗李纯也死于一场阴谋，而且也与宦官有关。当然，这是后话了。

无论是通过哪一种方式登上皇位的，但唐宪宗李纯的确是个奋发有为的皇帝。他即位后，刚明果断，神断武功，能用忠谋，"读列圣实录，见贞观、开元故事，竦慕不能释卷"①，他把"太宗之创业""玄宗之致理"，都当作效法的榜样。为了纠正朝廷权力日益削弱、藩镇权力膨胀的局面，即位初期，他就提高宰相的权威，任用杜黄裳、裴度、李绛相继为相，整顿了江淮财赋，平定藩镇的叛乱，致使"中外咸理，纪律再张"，出现了"唐室中兴"的盛况，结束了自唐肃宗以来，各地藩镇专横跋扈、尾大不掉、各自任免官吏、对朝廷不供贡赋的混乱局面，全国出现了暂短的统一。

由于李纯的皇位或许是由宦官通过非正当的手段获得的，因此他很信用那些立过汗马功劳的宦官们，甚至他的军队中有许多将领是宦官，有些还拥有很大的军权。在和藩镇的战争中，李纯重用宦官，任命心腹宦官吐

---

① （五代）刘昫：《旧唐书》卷15《宪宗本纪》，北京：中华书局，1975年，第472页。

突承璀为左右神策，兼河中、河阳、浙西、宣歙等道行营兵马使和招讨处置使等要职，作为统帅带兵出征，使宦官的权势不断膨胀。面对这样的局面，有大臣忧心忡忡地劝说李纯要防止宦官权力过大，但是，极其自负的李纯却回答说："吐突承璀只不过是一个家奴，不管给他多大的权力，我要想除掉他，还不是如同拔掉一根汗毛那样轻而易举。"

然而，事实却并非如唐宪宗李纯说的那么简单。

取得了一些成就以后，李纯就自以为立下了不世之功，渐渐骄侈。任用皇甫镈而罢免了贤相裴度，政治日见衰败；"宴乐过多，畋游无度"[①]，生活上也日渐奢侈；他还信仙好佛，想求长生不老之药。公元818年，他下诏征求方士。皇甫镈向他推荐了一个名叫柳泌的山人，由他配制长生不老之药。又遣宦官使至凤翔迎接佛骨。刑部侍郎韩愈上疏，恳切诤谏。李纯勃然大怒，准备对韩愈处极刑。裴度等奏言韩愈忠直，李纯才将韩愈贬为潮州刺史。次年，李纯开始服用长生药，性情变得暴躁易怒，经常斥责或诛杀左右宦官。此时，宦官集团又分为两派，吐突承璀一派策划立李恽为太子，梁守谦、王守澄一派拥护李恒为太子。

唐宪宗后期遇到了立太子的问题。郭妃是郭子仪的孙女，无论是在后宫还是朝堂，郭妃都形成了一股极强的势力，看样子她的儿子李恒不即位她誓不罢休，但是，唐宪宗不想被郭妃所牵制，也担心郭家的势力继续壮大，加上他本人不喜欢这个儿子，所以，他迟迟未立太子。

《旧唐书·后妃传》载："宪宗懿安皇后郭氏，尚父子仪之孙，赠左仆射、驸马都尉暧之女。母代宗长女昇平公主。宪宗为王陵广时，纳后为妃。以母贵，父、祖有大勋于王室，顺宗深宠异之。贞元十一年，生穆宗皇帝。元和元年八月，册为贵妃。八年十二月，百僚拜表请立贵妃为皇后，凡三上章，上以岁暮，来年有子午之忌，且止。帝后庭多私爱，以后门族华盛，虑正位之后，不容嬖幸，以是册拜后时。"[②]

从这段文字中可以看出，唐宪宗一直拖延着不册立郭氏为皇后，是惧怕郭家势力太大干涉自己对其他妃子的宠爱，但这却造成了郭氏的怨气——皇帝的女人总是想方设法要做皇后的，以郭家的功勋富贵，却

---

① （五代）刘昫：《旧唐书》卷173《郑覃传》，北京：中华书局，1975年，第4489页。
② （五代）刘昫：《旧唐书》卷52《后妃·宪宗懿安皇后郭氏列传》，北京：中华书局，1975年，第2196页。

做不了皇后，能不怨恨？迟迟做不了皇后，即意味着自己迟迟成不了正室，始终是没有地位的"妾"，而不是作为六宫之主的"妻"，她的儿子也就成不了太子、储君和将来的皇帝。

元和十五年（820年）正月，唐宪宗李纯暴死，唐穆宗李恒登基。

《旧唐书》记载：元和十五年正月庚子，"是夕，上崩于大明宫之中和殿，享年四十三。时以暴崩，皆言内官陈弘志弑逆，史氏讳而不书"①。

对于唐宪宗的"暴崩"，《旧唐书·宪宗本纪》里的记载似乎话里有话。

在中国封建社会，后宫的政治争斗毫不不逊色于朝堂之上。宪宗死后，即位的唐穆宗李恒，正是郭妃的儿子。"母以子贵"，郭妃正是因为儿子当上了皇帝，而名正言顺成为皇太后，坐上了后宫掌权者的位子。

这里暗示我们，背景极深的郭氏极有可能伙同宦官谋害了宪宗，然后，把自己的儿子推上皇位。

中国封建社会的政权更替，哪怕是亲人之间的政权交接，有时都要伴随着杀戮和流血。

唐宪宗元和一朝，掌权的宦官全都是宪宗的心腹，也全都是唐宪宗一手提拔上来的，宪宗的信任和威信是这些宦官的绝对保障。等宪宗一死，元和朝的宦官除了依附太子李恒（唐穆宗）的以外尽数被诛灭。

所以，从某种意义上，我们可以说宪宗李纯这位唐朝的"中兴之主"是"成也宦官，败也宦官，死也宦官"。

唐宪宗继承了一个烂摊子，终其一生，他都在勉力地维护、修补着这个烂摊子，但是，他的后辈们又在刚修好的窟窿上，捅出了更大的窟窿。

后世评价唐宪宗，一般都认为他通过各种方法，压制了唐代地方的藩镇割据势力，加强了中央集权，所以可以算是唐王朝的"中兴"。

站在皇权巩固与否的角度来看这个问题，确实是如此，但他的"中兴"，不过是让中央得到了更多的权力，并没有解决当时已经出现的诸多社会问题，而只是暂时掩盖了那些问题，等到他一死，不稳定的中央集权就出现了新的裂痕，为唐王朝的最后覆灭埋下了伏笔。

果然，在唐宪宗这位"中兴之主"死后的50年，就爆发了唐末民变

---

① （五代）刘昫：《旧唐书》卷15《宪宗本纪》，北京：中华书局，1975年，第472页。

中历时最久、波及最广、影响最深远的一场农民起义——黄巢起义，祸延大唐半壁江山，导致唐末国力大衰。这场历时 25 年的农民起义席卷了山东、河南、两江、福建、浙江、两广、两湖、陕西等十二行省，沉重地打击了唐朝的统治。

这一次，被击倒的李唐王朝再也没能缓过劲儿来。

后人这样评价唐宪宗李纯：

欧阳修认为："宪宗刚明果断，自初即位，慨然发愤，志平僭叛，能用忠谋，不惑群议，卒收成功。自吴元济诛，强藩悍将皆欲悔过而效顺。当此之时，唐之威令，几于复振，则其为优劣，不待较而可知也。及其晚节，信用非人，不终其业，而身罹不测之祸，则尤甚于德宗。呜呼。小人之能败国也，不必愚君暗主，虽聪明圣智，苟有惑焉，未有不为患者也。"①

司马光认为："宪宗削平僭乱，几致升平，其美业所以不终，由苟徇近功不敦大信故也。"②

苏辙认为："唐玄宗、宪宗，皆中兴之主也。玄宗继中、睿之乱，政紊于内，而外无藩镇分裂之患，约己任贤，而贞观之治可复也。宪宗承代、德之弊，政债于朝，而畿甸之外皆为畔国，将以求治，则其势尤难。虽然，二君皆善其始，而不善其终，所以失之者一道也。"

《剑桥中国隋唐史》："宪宗是一位重实干的坚强的君主，他抓住时机采取了干预的政策。……宪宗的又一个特点是，他没有从纯军事角度去看待藩镇的问题。他认识到，要削弱诸镇独立行动的能力，同样需要作出制度的改变。的确，他的改革旨在增强中央的权力而不是改善人民的生活。但直到九世纪的最后二十五年，除了河北几部分外，这些制度改革使中央政府得以在全帝国重新树立决定性的制度，从而进入了一个相对和平的时期。"③

三

在唐代的帝王陵中，文人似乎对唐太宗昭陵、唐高宗和武则天乾陵、

---

① （宋）欧阳修、宋祁等《新唐书》卷 7《宪宗皇帝本纪》，北京：中华书局，1975 年，第 219 页。
② （宋）司马光：《资治通鉴》卷 241《唐纪》，长春：吉林人民出版社，2000 年，第 2463 页。
③ ［美］费正清、［英］崔瑞德：《剑桥中国隋唐史》第 8 章《中唐和晚唐的宫廷和地方》，北京：中国社会科学出版社，1990 年，第 522—523 页。

唐玄宗泰陵更感兴趣一些，而对距离泰陵并不远的唐宪宗景陵的关注程度显然要低一些。这既与时代有关，也与陵主有关。从时代的角度来分析，唐自宪宗元和朝之后，大唐帝国的雄风不再，且有加速下滑的趋势，文学自然也就走了下坡路，尽管文学的发展与王朝的强盛、社会的繁荣并不同步，但一个"乱世"无论如何都会对文学的发展产生负面的影响。道理很简单，在一个兵荒马乱的岁月，活下来肯定比写几首诗、填几句词更重要。所以，唐宪宗之后，唐代文学的巅峰已过。从陵主的角度来分析，唐宪宗李纯虽然号称"中兴之主"，唐王朝在他的"领导"下"几致治平"，但毕竟是"接近"而非真正意义上的"治平"，且由于他晚年"信用非人，不终其业，而身罹不测之祸"，文人对此多有微词，加上玄宗朝及玄宗陵均距此不远，文人对宪宗及景陵的冷落亦在情理之中。在现有的吟咏景陵及其陵主的诗文中，作家们对宪宗的评价尚属客观，对其功过是非的分析也较全面。另外，还有一点值得提及，由于地域的原因，在吟咏景陵的诗人中，有不少人是景陵所在地的当地人。

（唐）元稹《将进酒》：

> 将进酒，将进酒，酒中有毒鸩①主父，言之主父伤主母。
> 母为妾地父妾天，仰天俯地不忍言。
> 佯为僵踣②主父前，主父不知加妾鞭。
> 旁人知妾为主说，主将泪洗鞭头血。
> 推摧主母牵下堂，扶妾遣升堂上床。
> 将进酒，酒中无毒令主寿，愿主回思归主母，遣妾如此事主父。
> 妾为此事人偶知，自惭不密方自悲。
> 主今颠倒安置妾，贪天僭地③谁不为。

这是一个以妾的口气的进酒辞，意思为主人喝酒多了颠倒了妾与主的关系，"推摧主母牵下堂，扶妾遣升堂上床"。妾劝主少饮酒，酒喝少了，"愿主回思归主母"，否则主今颠倒，贪天僭地。这首诗虽婉曲，仍然暗透消息——元稹的乐府诗，必定是有所针对而作的。诗中的"主"，可以认

---

① 鸩：传说中的一种毒鸟，用它的羽毛泡的酒，喝了能毒死人。
② 佯为：假装是。僵踣：倒地的尸体。
③ 贪天僭地：贪婪过分，超越天地之间的规范。

为是唐穆宗；主父，即唐宪宗；主母，即郭太后。作者暗讽了郭氏杀了宪宗事。

元稹与唐宪宗有关的诗作还有《宪宗章武孝皇帝挽歌词三首》：

其一
国付重离后，身随十圣仙。
北辰移帝座，西日到虞泉。
方丈言虚设，华胥事眇然。
触鳞曾在宥，偏哭堕髯前。

其二
天宝遗馀事，元和盛圣功。
二凶枭帐下，三叛斩都中。
始服沙陀虏，方吞逻逤戎。
狼星如要射，犹有鼎湖弓。

其三
月落禁垣西，星攒晓仗齐。
风传宫漏苦，云拂羽仪低。
路隘车千两，桥危马万蹄。
共蹉封石检，不为报功泥。

（唐）薛逢《宣政殿前陪位观册顺宗宪宗皇帝尊号》：

楼头钟鼓递相催，曙色当衙晓仗开。
孔雀扇分香案出，衮龙衣动册函来。
金泥照耀传中旨，玉节从容引上台。
盛礼永尊徽号毕，圣慈南面不胜哀。

（唐）杜牧《河湟》：

元载相公曾借箸，宪宗皇帝亦留神。
旋见衣冠就东市，忽遗弓剑不西巡。
牧羊驱马虽戎服，白发丹心尽汉臣。
唯有凉州歌舞曲，流传天下乐闲人。

这首诗的写作背景是安史之乱爆发后，驻守在河西、陇右的军队东调平叛，吐蕃乘机进占了河湟地区，对唐朝政府造成了极大的威胁。杜牧有感于晚唐的内忧外患，热切主张讨平藩镇割据、抵御外族侵侮，因此对收复失地极为关心，先后写了好几首诗，《河湟》便是其中的一首。河湟本指湟水与黄河合流处的一块地方，这里用以指吐蕃统治者自唐肃宗以来占领的河西、陇右之地。诗以"河湟"为题，十分醒目，寓主旨于其中，起到笼罩全篇的作用。诗可分为两层。前四句说：宰相元载对西北边事多所策划，却不为代宗所用，反遭不测；宪宗也曾锐意收复河陇，却不及西征，赍志以殁。"忽遗弓剑"采用黄帝乘龙升仙的传说，借指宪宗之死，并暗切宪宗好神仙，求长生之术。这里，作者对宪宗被宦官所杀采取了委婉的说法，流露出对其猝然而逝的叹惋。以上全用叙述，不着议论，但作者对河湟迟迟不能收复的感慨却溢于言表。后四句用强烈的对照描写，表达了作者鲜明的爱憎。河湟百姓尽管身着异族服装，"牧羊驱马"，处境是那样艰难屈辱；但他们的心并没有被征服，白发丹心，永为汉臣。而统治者又怎么样呢？作者不用直书的手法，而是抓住那些富贵闲人陶醉于原从河湟传来的轻歌曼舞这样一个细节，便将他们的醉生梦死之态揭露得淋漓尽致。

（唐）李商隐《过景陵》：

> 武皇精魄久仙升，帐殿凄凉烟雾凝。
> 俱是苍生留不得，鼎湖何异魏西陵。

这首《过景陵》写唐宪宗暴崩之后寝宫里凉雾缭绕，是因为生前相信鬼神的李纯的精魂在升天，再用黄帝鼎湖仙升喻宪宗因求仙服药而去世。

（宋）陈普《咏史下·宪宗》：

> 韩愈南投瘴海波，元和天子老中讹。
> 檀檐金墄①犹堪笑，愿作重来赴火蛾。

这首咏史诗《宪宗》写韩愈因为迎佛骨之事开罪了唐宪宗，赞扬了韩愈不畏强权的精神，讽刺了唐宪宗晚年的昏聩糊涂。

---

① 墄：音 qī，台阶的梯级。

（宋）金朋说《唐宪宗》：

能询天宝乱从生，林甫专权罢九龄。
刺史权地除柳泌，金丹燥发命随倾。

金朋说的这首《唐宪宗》写唐玄宗、唐宪宗两朝事，前两句写唐玄宗晚年李林甫专权，罢了贤相张九龄的官职；后两句写唐宪宗时重用了方士柳泌，任命他为台州刺史，驱吏民采药。宪宗服其所进金石药，躁怒，左右多得罪，不久暴死。

（宋）刘克庄《杂记十首》（其九）：

至郭陪清语，留衣示别情。
奈何凤翔骨，不得宪宗迎。

这首《杂记十首》（其九）讽唐宪宗凤翔迎佛骨事。

（明）刘震《望景陵有感》：

年自元和几百秋，云横金帜日悠悠。
夜台衣冷坤灵守，山馆香销野鹿游。
恢复已能平僭叛，握符真肯用忠谋。
可怜晚节侈尤怠，变起中和殿血流。

刘震的这首《望景陵有感》写自元和年到如今已有几百年了，景陵所在的金帜山上白云悠悠，赞扬了唐宪宗生前削藩的功绩，同时批评了宪宗之后的皇帝们由于侈怠而最终导致唐朝灭亡。

（明）原述《游景陵》：

西北山头唐世陵，千年丘垄异平生。
石麟埋没深秋草，金帜崖嵬空月明。
俎豆①历朝禋祀厚，干戈昔日冠戎清。
中兴德业留清史，怅望峰巅酒一倾。

原述的这首《游景陵》主要咏叹当年景陵的壮伟之势和历朝历代祭祀

---

① 俎豆：古代祭祀时盛食物的礼器，引申为祭祀、奉祀。禋祀：古代祭天的一种礼仪。先燔柴升烟，再加牲体或玉帛于柴上焚烧。此指祭祀。

第十章 唐宪宗景陵——石麟埋没深秋草，金帜崔嵬空月明

景陵的情景，高度赞扬了唐宪宗的"中兴"之功，"怅望峰巅酒一倾"则表达了对陵主唐宪宗的追悼之情。

（明）赵焞《游金炽山》：

> 群峰秋雨过，乘兴走崎岖。
> 松老巢玄鹤，寒云护紫芝。
> 野樵寻旧约，山鬼索新诗。
> 坐石吟梁父，乾坤日暮时。

这首《游金炽山》写作者在一场秋雨后游览唐宪宗陵墓所在的金炽山，走在崎岖的山路上，看到了路旁松树上有野鹤筑的巢穴，山巅有无人采摘的灵芝仙草，除了樵夫在寻觅柴禾的身影，只有山鬼的声音。夕阳西下，作者坐在山石上，由眼前的景物想到了这是唐中兴之主唐宪宗的陵墓，抒发了人世沧桑之慨。

对唐宪宗李纯这位"成也宦官，败也宦官，死也宦官"的唐"中兴之主"的评价，后世人称为"小太宗"，应该说是很高的评价。他即位以后确实是励精图治，使唐朝在他统治时期出现了中兴之势。在对待藩镇拥兵自重的问题上，李纯也一改前任皇帝的妥协政策，对藩镇实行强硬态度，使唐好几代皇帝十分头疼的藩镇割据问题在李纯一朝没有再出现问题。但是，"元和中兴"仅仅是大唐王朝的"回光返照"，最后的灭亡是大势所趋，这也是历史发展的规律。所以，在统治后期，宪宗却崇尚佛道，逐渐骄奢放纵起来，之后大兴土木，追求神仙之术，为追求长生不老大量服用金丹，结果性情越来越坏，对左右宦官随意责打。宦官出于自保，最终为宦官陈弘志等人谋杀。从此，宦官专权操纵了李唐王朝，唐王朝后期的宦官之乱，尤为猖狂，在这一点上，唐宪宗李纯负有很大的责任。

我们不妨看看唐代史官蒋系的评价：

> 宪宗嗣位之初，读列圣实录，见贞观、开元故事，竦慕不能释卷，顾谓丞相曰："太宗之创业如此，玄宗之致理如此，既览国史，乃知万倍不如先圣。当先圣之代，犹须宰执臣僚同心辅助，岂朕今日独为理哉。"自是延英议政，昼漏率下五六刻方退。自贞元十年已后，朝廷威福日削，方镇权重。德宗不委政宰相，人间细务，多自临决，奸佞之臣，如裴延龄辈

数人,得以钱谷数术进,宰相备位而已。及上自藩邸监国,以至临御,讫于元和,军国枢机,尽归之于宰相。由是中外咸理,纪律再张,果能剪削乱阶,诛除群盗。睿谋英断,近古罕俦,唐室中兴,章武而已。任异、镈之聚敛,逐群、度于藩方,政道国经,未至衰紊。惜乎服食过当,阉竖窃发,苟天假之年,庶几于理矣。①

"中兴之主"终归只是中兴之主!

---

① (五代)刘昫:《旧唐书》卷15《宪宗本纪》,北京:中华书局,1975年,第472页。

后　记

　　2011年暑期，我们一行六人，历时半个多月，分东线和西线对关中帝陵进行了较全面的田野调查。那是一年之内最热的一段时间，我们采用的是由远及近的调查方式，先从宝鸡、渭南开始，最后在西安、咸阳会合。就是在那一次，我个人对关中地区的几十个帝王陵墓有了较为全面和深入的了解，有了直观的认识。也就是在那一次，我们接触了从事这方面工作和研究的专业人员，是他们给我们详细地讲述了中国古代帝王陵墓的相关知识，使我们眼界大开。同时，我们也深切地体会到了这些专业人员工作的艰苦。

　　我是学文学的，文学是人学，所以，在调查的过程中，除了事先确定的题目，我似乎更关心那一个个埋在巨大的陵墓下的主人，我更想了解这些陵主的思想感情。记得在陕西武功县，在一个小的可怜的土堆跟前，我看到墓碑上赫然写着"隋炀帝陵"几个大字。"这就是隋炀帝陵？"我几乎喊了起来。同行的李教授是搞历史研究的，见我惊讶，就把目前国内好几处均号称"隋炀帝陵"的关系大致向我讲了一遍，并向我详细讲述了隋炀帝杨广为了尽快登上皇位，派张衡用白练勒死了隋文帝。还说，隋文帝杨坚的血迹溅到了屏风上，斑斑点点。

　　几年过去了，很奇怪地，每次遇到已经退休的李教授，我的脑海中浮现的总是那个血迹斑斑的屏风。

　　2011年暑期，在茁壮成长的玉米地里，在隋炀帝陵前，李教授告诉我，当张衡手持白练蹑手蹑脚地走到隋文帝杨坚的床前，杨坚突然醒了过来，认出了张衡，也明白他是受了儿子杨广的指派来杀掉自己的。

我一直想知道的是：那一刻，就在白练缠住了脖子的那一刻，杨坚是怎样想的？

这个问题一直纠缠着我。

后来，拿到了省教育厅社科基地的这个课题，就想怎么做这个课题，做成什么样子，如何把我对这个问题的真实想法体现在研究之中，而且，能发挥我个人的所长。记得有一次，教育厅负责这项工作的李梦泽先生因公来学校指导工作，我就将我自己的想法跟李先生谈了，并将自己的构想大致勾勒了一下。李先生听了对我的想法很认同，尤其是对将这一课题的研究成果写得具有一定的可读性很感兴趣。

于是就开始做了。

做的过程恕不赘述，个中的酸甜苦辣，做过课题的人都应该尝过那种滋味。当2016年8月9号早上写完了草稿的最后一个字，我久久地盯着电脑屏幕，脑子里一片空白。

当然，忐忑肯定是有的，课题的研究成果，写成这种形式，读者是不是接受、专家是不是认可、作品有没有价值？

这些，只有等待读者和专家的批评和检验了。

需要说明的是，本书中所引的诗文，除一些名气较大的诗人有权威文献资料收录之外，有相当一部分来自于地方志。这些诗文，不同的版本出入较大，选取的依据以正规出版社的为准。

感谢关心这一课题的每一个人！

作　者

2016年·冬

参考文献

(汉）司马迁：《史记》，北京：中华书局，1959年。
(汉）班固：《汉书》，北京：中华书局，1962年。
(汉）刘向：《战国策》，上海：上海古籍出版社，1985年。
(汉）刘向：《说苑》，上海：上海古籍出版社，1985年。
(汉）应劭：《风俗通义校注》，王利器校注，北京：中华书局，1981年。
(晋）葛洪：《西京杂记》，西安：三秦出版社，2006年。
(南朝宋）裴骃：《史记集解》，北京：中华书局，1982年。
(南朝宋）范晔：《后汉书》，北京：中华书局，1965年。
(南朝梁）刘勰，范文澜注：《文心雕龙》，北京：人民文学出版社，1962年。
(唐）吴兢：《贞观政要》，北京：中华书局，2012年。
(唐）吴兢：《贞观政要》（戈直集论本），长沙：岳麓书社，1991年。
(五代）刘昫：《旧唐书》，北京：中华书局，1975年。
(宋）欧阳修、宋祁等：《新唐书》，北京：中华书局，1975年。
(宋）欧阳修：《新五代史》，徐无党注，北京：中华书局，1974年。
(宋）王溥：《唐会要》，北京：中华书局，1998年。
(宋）司马光：《资治通鉴》，长春：吉林人民出版社，2000年。
(宋）范祖禹：《唐鉴》，长春：吉林出版集团有限责任公司，2005年。
(宋）洪迈：《容斋续笔》，沈阳：万卷出版社，2009年
(宋）余靖：《武溪集嘉佑集》，长春：吉林出版集团，2005年。
(明）胡应麟：《诗薮》，北京：中华书局，1958年。
(清）永瑢等：《文渊阁四库全书影印本》，上海：上海古籍出版社，1987年。
(清）赵翼：《〈廿二史札记〉校正》，王树民校正，北京：中华书局，1984年。
(清）洪亮吉、吴裕垂：《历朝史案》，成都：巴蜀书社，1992年。

（清）孙星衍等辑：《汉官六种》，周天游点校，北京：中华书局，1990年。

（清）彭定求编纂：《全唐诗》，北京：中华书局，1999年。

钱穆：《秦汉史》，北京：生活·读书·新知三联书店，2009年。

王志杰：《汉武帝与茂陵》，西安：三秦出版社，2005年。

张敏、张文立：《秦始皇帝陵》，西安：三秦出版社，2003年。

王学理：《汉景帝与阳陵》，西安：三秦出版社，2005年。

牛致功：《唐开国皇帝李渊》，西安：三秦出版社，2009年。

杜文玉：《陕西简史》，西安：陕西师范大学出版社，2013年。

张明林：《毛泽东评点古今人物》，北京：西苑出版社，2012年。

费孝通：《乡土中国》，北京：北京出版社，2005年。

陈忠实：《白鹿原〈白鹿原创作手记〉》，北京：人民文学出版社，1993年。

何新：《汉武帝新传》，北京：中央编译出版社，2004年。

翦伯赞：《秦汉史》，北京：北京大学出版社，1999年。

盛巽昌：《毛泽东眼中的历史人物》，上海：上海辞书出版社，2005年。

蒙曼：《蒙曼说唐（长恨歌）》，西安：陕西师范大学出版社，2010年。

范紫东：《咸阳经典旧志稽注·民国乾县新志》，西安：三秦出版社，2010年。

民国《富平县志》，西安：三秦出版社，1994年。

民国《礼泉县志》，西安：三秦出版社，1999年。

《兴平县志》，西安：陕西人民出版社，1994年。

民国《重修咸阳县志》，西安：三秦出版社，2010年。

王芳闻，张鸿杰等编著：《历代诗人咏咸阳》，西安：三秦出版社，2005年。

庞联昌：《皇陵破——市文物局长手记》，北京：中国青年出版社，2010年。

赵克尧、许道勋：《唐太宗传》，北京：人民文学出版社，1984年。

李世忠：《历代咏关中陵墓诗笺注》，西安：陕西人民出版社，2015年。

［英］汤因比、［日］池田大作：《展望21世纪——汤因比与池田大作对话录》，荀春生、朱继征、陈国梁译，北京：国际文化出版公司，1999年。

［日］泷川资言：《史记会注考证》，北京：文学古籍刊行社，1955年。

何满子：《咏秦始皇种种》，《中华读书报》，2010-08-26。

王子今：《吕太后的更年期》，《读书》，2010年第4期：第55页。

［英］崔瑞德、鲁惟一：《剑桥中国秦汉史》，杨品泉、张书生、陈高华等译，北京：中国社会科学出版社，1992年。

［美］费正清、［英］崔瑞德：《剑桥中国隋唐史》，中国社会科学院历史研究所西方汉学研究深题组译，北京：中国社会科学出版社，1990年。